台商研究

耿曙、舒耕德、林瑞華　主編

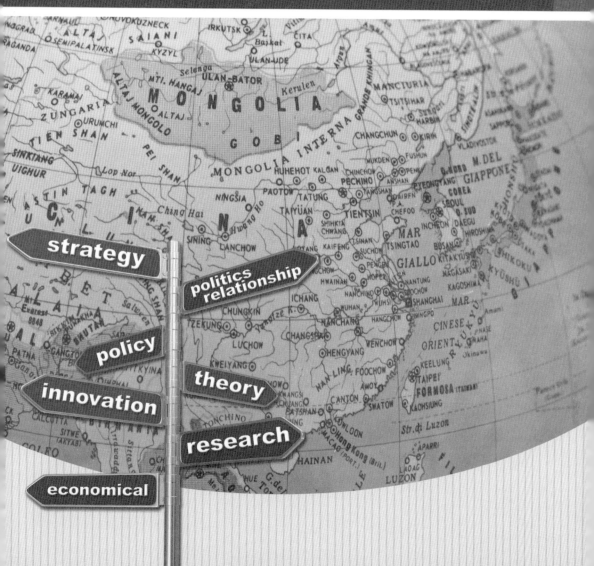

「台商研究」的社會意義

　　「台商」一詞已經成為現今台海兩岸社會普遍的用語，它指的是一群從台灣到大陸經商，並長期居留於當地的生意人。嚴格定義下的台商，應該是指廠商的老闆；而台商的台籍幹部則是用「台幹」來指稱。不過，在日常用法中，台商已經包括了這兩種人。現今在我們的周遭，大概都會有幾位親戚朋友在中國大陸做生意，甚至常居大陸。一個非常粗略的估計是，現今至少有超過一百萬個台灣人在大陸生活。由於這些人大多是公司老闆或從事經商貿易的商人，因此雖然整體人數比例不高，但是對台灣的經濟、政治和社會發展的影響卻十分巨大。

　　台灣人到世界各地做生意，在歷史上並不是新生事務。貿易一向是台灣經濟的根基，早在十九世紀中葉的清朝時期，台灣生產的樟腦、茶葉已經透過貿易販賣到世界各地，而被納入到世界體系中；1960年代之後，台灣中小企業以一只007手提箱奔走於世界各地，更是創造台灣經濟奇蹟的推手。但這些遊走世界各地的商人，並不是我們現今意義下的台商，而比較像中國歷史上出現過的「徽商」、「晉商」，是以貿易為主，而非投資生產的企業家。此外，從投資規模和數量來看，現今台灣人到大陸投資生產的人數和金額，也遠非上述現象可以比擬。因此，從歷史比較和發展的角度，台商現象有其重要的意義，需要被系統性的解釋。

　　台商到大陸投資，可以分幾個階段：初期是從1990年代開始，投資的地點以廣東和周邊的珠三角區域，並且是以中小企業和傳統勞動力密集的產業為主。到了1990年代晚期，台商開始大量至長三角投資，以專業化取向的大型電子業為主。到了2000年中期之後，中國大陸內部市場崛起，台商投資開始走向服務

業，帶動中國主要城市的消費型態。這三個階段的發展，也意味著台商類型的轉變，從傳統產業之中小企業，到大型電子業，再轉變到現今中小型服務業。這三階段的台商現象，反映了中國大陸經濟的轉型，從「世界工廠」到「世界市場」；以及台灣經濟逐漸與中國大陸整合，從加工出口的經濟活動到為中國市場生產與服務。

在台商投資大陸20多年的過程中，可以觀察到幾個重要的社會趨勢。最早到珠三角的台商，由於當時中國大陸生活環境仍然窮困，台商的生活幾乎都在廠房中，而與中國當地社會隔絕。這樣的孤立狀況直到當地經濟起飛後才逐漸改變。而在1990年代末期之後，大量專業的台籍幹部前往蘇州和上海工作。此一時期珠三角和長三角的生活環境逐漸改善，因此部分台商開始前往開發房地產，賣給台商或外商，逐漸形成聚集的台商區（例如，上海市閔行區）或台灣街等現象。部分台商也開始將家庭從台灣移到廣州、廈門、上海或蘇州，而有些台商或台商的太太也開始創業，從事服務業，例如餐飲或婚紗攝影。2000年中期之後，大陸經濟體愈來愈龐大，生活水準愈來愈高，沿海工資上漲，台商對大陸的投資，開始往內陸移動和往服務業轉移；特別是2008年之後，中國內陸大城，如武漢、成都和重慶大力吸引台商，成為台商新的重要投資地。

隨著台商長期居留大陸，出現的新現象就是家庭、通婚、就學和就業等與社會需求有關的議題，連帶地由於兩岸特殊的政治關係，帶出一個難以言說、卻非常重要的政治和社會認同的問題。事實上，現今絕大部分對台商的研究，不是從經貿的角度，就是從全球生產網絡的重組來看待，對於大量台商到大陸投資之後所產生的移民社會議題，則較少關注。本書的內容涵蓋了台商研究的重要社會面向，包括了對於台商研究的整體回顧、身分認同、台商網絡與地方政府的關係，以及台商內部管理，特別是與大陸籍幹部的關係等議題。這些議題凸顯了台商研究的社會意義。從此角度來看，「台商研究」一書填補了現今學界對台商投資大陸在研究上的空白，其成就值得嘉許與肯定。

本書的編者耿曙教授，在政治大學東亞所任教期間，持續耕耘台商研究，也訓練出一批傑出研究生從事相關研究，編者之一的林瑞華就是其中優秀的博士生。而舒耕德（Gunter Schubert）教授是德國圖賓根（Tübingen）大學大中華研

究的講座教授，也是當代歐洲台灣研究中心主任，長期關注和鑽研台商的議題。本書也是二位教授在蔣經國國際學術交流基金會支持下，將其研究成果與國內和中國大陸相關學者成果結合的產品。該項計畫的進行，也得到政治大學中國大陸研究中心的部分支持，現今有這樣傑出的成果問世，中國大陸研究中心與有榮焉。當然，如何在理論上提升台商研究，並放在世界經濟社會發展的脈絡中來比較，有待更多學者和研究生的投入，但我也預期，本書的出版將為台商研究做出新的定位，為後續的研究奠立新的立論基礎。從此角度，本書無疑已經做出重要貢獻。

王振寰

政治大學講座教授

中國大陸研究中心主任

作者簡介

耿曙
上海財經大學公共經濟與管理學院副教授

林瑞華
政治大學東亞研究所博士候選人

舒耕德
當代歐洲台灣研究中心主任
大中華研究講座教授
德國圖賓根（Tübingen）大學漢韓學研究所

鄧建邦
淡江大學未來學研究所副教授

林平
中正大學政治系助理教授

曾于蓁
政治大學東亞研究所博士候選人

曹敏娟
銘傳大學公共事務研究所碩士

李駿怡
英國諾丁漢大學政治與國際關係學院助理研究員

劉玉照

上海大學社會學系副教授

王平

上海大學社會學系碩士

應可為

上海大學社會學系碩士

林家煌

政治大學東亞研究所博士生

林芷榕

政治大學東亞研究所碩士

目　次

第五篇　勞動體制

林瑞華、耿曙、舒耕德

　　從學術研究的角度來看,「台商研究」是政治、經濟、社會學理論會合之處。當前學界對台商研究的興趣雖然方興未艾,但論述重點往往在總體的投資趨勢與產業發產,未將台商當作「研究主體」,能否稱為「台商」研究仍有疑義。正因如此,前述研究只從宏觀層次進行推論,一方面難以解釋宏觀結構的變化如何可能,另一方面亦無法在變化發展之初以小見大、見微知著。為了彌補這方面的缺憾,本書收錄文章除首篇為對「台商研究」學科的定義之外,均為具有微觀基礎的實證研究,為各作者投注大量時間、精力,從受訪者的生命歷程中,深度挖掘並整理出的各種台商意義。本書共收錄九篇文章,首先將對台商研究進行回顧與前瞻之,之後將以跨界經驗、身分認同、制度環境、勞動體制等四個主題,勾勒出「台商研究」的總體輪廓。

台商研究的回顧與前瞻

　　台商西進已四分之一個世紀,但是所謂的「台商研究」究竟研究什麼?台商研究的問題意識與理論觀點又有哪些?對於這些看似基礎卻難以清楚界定的問題,從事台商研究的學者未曾給予應有的關注。耿曙、林瑞華、舒耕德在「台商研究的起源、發展與核心議題」中,首次以專文探討這些問題。

　　耿等認為,「台商研究」首先必須以「台商」本身做為研究觀察的對象,重點在台商的「人」,而非只在台商的「活動」。就此而言,台商一方面既屬「經濟人/商人」,又具有「社會人/移民」的雙重身分,彼此交纏於「利

益」與「認同」兩種力量之下；另一方面，兩岸分治分立，台灣已發展出不同於大陸的「生活文化」，因此台商也是觀察「大陸—台灣碰撞」的絕佳機會。

文中將台商西進分為四個階段，分別為「地下經濟」、「跨境投資」、「生活融入」以及「深化／轉型」，每一階段的產業特性、規模和地點均有相當大的差異。除了縱向時序演變外，也可從橫向的切入角度觀察，從「觀察台灣」、「觀察兩岸」以及「觀察中國」三個迥異的出發點研究台商。至於最重要的「台商研究」問題意識，則可歸納為「台灣企業的組織調適」以及「台籍人士的認同變遷」兩大類，前者著重企業層次，又可分為三個更具體的研究問題，分別為：網絡組織（企業間）、企業組織（企業內）以及政社組織（政企關係）的調適；後者則側重台商個人，分為支配台商的力量、台商的身分認同以及影響台商認同的機制三個主題。

耿等最後並提出，當前「台商研究」的困境在於與理論的對話不足，背後的原因為學者將台商西進視為兩岸獨有的現象，忽略與其他類似的趨勢進行類比。為超越此一障礙，作者認為有兩條路徑可行，一為從移民觀點詮釋台商：隨著台商越來越傾向長期居留、融入當地，不難發現台商社群有漸趨「移民化」的趨勢，此正可與豐富多元的移民研究文獻進行對話，深化台商研究的理論意涵。另一條路徑則可採取「比較研究」，將台商與相類似的移民社群對照，一面進行案例比較的創發，一面接引理論資源，解釋不同移民社群的異同，如此才能豐富現有的「台商研究」。

跨界經驗

台商西進大陸，代表的不僅僅是換個地方工作，還包括對生活方式、人際網絡、生涯規劃的重新安排。在抽離與重置的過程中，跨界流動者無論在客觀生活上或者心情感受上，勢必經歷種種衝突與掙扎，也因此，每一位台商的跨界經驗，都是一篇精彩豐富的故事，值得細細探究。

鄧建邦在「彈性下的限制—理解中國台幹的跨界工作流動與生活安排」一文便提出，當前的台商，常被描述為是一群享有較好的收入、具有優勢社會位置的菁英或白領階級，可以跨越國家疆界取得更好工作機會，因而被假定為不受拘束、自由移動的一群人。但作者卻發現，當前在中國大陸工作者多半屬於中產階級技術勞工，他們被視為專業勞動力，擁有管理、專業知識與技術的特長，加上嫻熟台灣廠商的生產與運作模式，相當受到台資廠商的青睞。但如是的能力與定位，並不等同於全球菁英。其次，對台籍幹部而言，流動不僅象徵自由、獨立，其所表達的，其實也是一種強制，他們雖然從台灣流動到大陸，卻不意味他們可以自由選擇自己要去的工作地，而是必須隨時聽候派遣吩咐而移動。最後，跨界流動的台籍幹部，選擇的是一種彈性勞動體制，需面對高度的風險與不安定感，尤其當他們把家庭的生活安排與工作流動合在一起考量時，往往陷入選擇上的兩難。

林平在「雙重邊緣人：在中國大陸的外省台灣人」一文，則以「大陸的外省台灣人」為研究對象。相較於大部分移民研究與台商研究以「追求經濟利益」做為移民選擇移居地的考量，林平對於「返鄉移民」的研究卻說出另一段截然不同的故事。他所訪談者為原本在台灣的「外省人」，這群人基於幼時記憶與親情聯繫，對大陸多半有說不出的濃厚情感，但是這種情感隨著他們逐漸融入台灣，並不足以誘使其返回中國。真正促使他們「返鄉」的關鍵，在於台灣的政治紛擾與日漸尖銳的族群對立，當外省人越覺得他們在台灣遭受排擠，將中國大陸視之為「家」的感覺就越強烈，因此「移居中國大陸」就成了「回家」。諷刺的是，移居後的生活使他們發現，真實的中國早已脫離了自己的記憶與想像，加上兩岸文化素質與經濟發展的差異，他們不但無法融入當地，反而常被要求金錢上的捐輸，「身在家鄉為異客」的情況，使得他們難以面對這個看似熟悉卻又陌生的環境，也不知如何對外界表達自己的困擾，其實是「移居前的情感投射」與「移居後的實際生活」差異太大所造成。由此可知，對台灣的政治發展與大陸當地生活經驗的雙重失望，使得他們既不願意留在台灣，又不願意積極的參與當地社會，這種融入的「雙重困境」，使得他們成為兩岸

的「雙重邊緣人」。

身分認同

　　台商西進後的認同變化，不但是研究者最關切的議題，往往也是台商自身難以一語道盡的主題，因為認同牽涉者，乃個人內心深處的情感聯繫，這種情感不論表現在社會認同或政治認同上，理應根深蒂固、難以撼動。也正因為認同不輕易變動，所以只要有些微的變化，都足以撩起學者的研究興趣，因此對於認同的變與不變，以及影響認同的因素，遂成為學者關注的焦點。

　　舒耕德在「大陸台商的政治思維：田野初探」一文中，便以在東莞與上海、昆山所做的半結構式問卷與深度訪談資料，描繪出大陸台商在政治與社會認同層面的各種觀點與態度。在社會認同部分，他發現台商通常認為台灣人和大陸人之間仍存在著相當大的文化和社會落差，這是因為前者具有較佳的經濟優勢及社會地位，正是經濟差距以及由此延伸的生活方式差異，使得台灣人傾向群聚，過著飛地式的生活；相對於此，他們與大陸人的往來則只限於同事或客戶關係。其次，在兩岸政經層面，台商幾乎一致肯定兩岸直接接觸將有利於台灣的經濟發展，並相信經濟整合及兩岸共同市場的建立，不只對個人事業來說相當重要，也是台灣經濟和政治長久發展與存續的唯一選項。與此相關的是台商在兩岸關係當中所扮演的角色，對此，台商多半不認為自己有可能成為中國政府用來威脅台灣的「人質」，或被迫做為遊說台灣政府的「說客」，原因在於隨著中國大陸開放，大陸可以用其他方式對台施壓／讓利，無須利用台商。除此之外，台商也沒有興趣自發扮演「走卒」角色來對抗中國和台灣政府。在此情況下，台商通常會維持著「情境性認同」（situational identity），隨不同情境回答自己是「台灣人」或「中國人」。

　　曾于蓁、曹敏娟、耿曙在「作為政治社會化機制的東莞台校：台生身分認同來源」一文中，則以就讀於東莞台商子弟學校的台生為研究對象，探討他

們的身分認同。研究發現，台校學生在身分上仍維持原有的台灣認同，但這並非源自課堂上正式的公民教育，而是台校教育環境的「非正式制度」本身營造了一個有效隔離於中國大陸的學習環境，包括校園設備的配置、同儕生活的型塑、教學教材的控制、節制社會互動、決定課外生活及安排發展規劃等，凡此均在學校內創造了一個屬於台灣人的新社群，發揮維繫學生認同的功能。由於當前相關研究都只著重在正式教育下意識型態的灌輸，三位作者的研究利用東莞台校這個特殊個案，說明當灌輸的作用無法充份發揮時，社群建構的功能仍然強大，而在這個環境下創造的社群，也間接造成了東莞台生與大陸環境的社會隔離，維繫也延續了台生的身分認同。

制度環境

　　台商既身處中國大陸，則不論投資經營或日常生活的各方面，便需受當地制度制約。然而，從兩岸對照的角度觀之，吾人深知大陸在政治制度上仍屬威權體制，許多政策的制訂與執行不但不透明，對於制度延續的可預期性也無法樂觀以待，因此與台灣相較，大陸的制度環境本就存在較高風險。再就同處當地制度環境下的外籍人士與本國居民角度來看，許多正式與非正式制度獨厚當地人／歧視外國人的結果，不但使得台商難以在公平的基礎點上與當地企業競爭，吃虧後更有可能申訴無門。當台商遭遇這些不公平與不合理的待遇時，他們能否對抗這個制度？進一步論之，在大陸的制度環境下，台商是否有可能組織起來，以集體力量謀求更佳福利？

　　林瑞華、耿曙在「中國大陸的自發協會與公民社會：昆山與東莞台協的個案研究」一文中，便以台商協會做為「關鍵個案」（crucial case），從「社會資本」（social capital）、「政治資本」（political capital）以及「專享福利」（selective incentives）三個角度，探討中國大陸現今的制度環境將如何影響台商協會的組織效能，並由此推論大陸公民社會的發展。他們的研究發現，台商

協會無論從哪個角度觀察，都難以吸引台商投入。首先在「社會資本」方面，由於台商入會僅能與協會成員發展出「弱關係」，若未於入會後進一步投注時間、資源與其他成員建構「強關係」，則難享「社會資本」的好處；但若與人發展出「強關係」，這些關係又往往成為自己的「個人」網絡，台協便不再重要。其次就「政治資本」面而言，台協無論在「集體議價」或「個人尋租」上均未具特別優勢，一來對岸中央體制仍屬威權，難容社團自由發展組織，而以往任台商予取予求的地方政府也因經濟實力提升，不再給台商超額優惠；二來就個人尋租言，由於政府掌控「設租」主動權，拉攏台商不須假手台協，組織因此無法發揮尋租功能。最後就「專享福利」面來說，身為台協會員固能滿足急難救助、情感交流與訊息分享的需要，但此類效益往往難以排除「非會員」藉機分享，結果不免「搭便車」者眾，付出者寡，亦無法吸引潛在會員的加入。因此，處於當前大陸的制度環境下，台協上有強勢的國家機器，下有有力的社會網絡，加上協會規則又無法保證會員的專享福利，協會效能便相當有限。

李駿怡的「台商與中國地方政府的互動—在依賴與自治間擺盪」一文，則在解析台商與中國地方政府間的關係變化。該文藉由四個不同時序中，台商與地方政府會面的密集度、機制性程度以及地方政府對於政策的執行力道，分析台商與中國地方政府互動過程的變化。作者發現，台商是中國政府的一項「策略性」資產，不論是中央或地方政府，對於台商都有一套策略性的考量。對大陸的中央政府而言，台商的多元化效益隨著兩岸關係的變遷，以及台灣民主化的成形而日益明顯；對大陸的地方政府而言，他們對台商的歡迎不僅只是聽從中央政府的指示，更是因為深知台資或其他非本國資本在經濟上的重要性，因此吸引台資不但是得到中央資源的方式之一，更是個人官位升遷的最佳捷徑。

勞動體制

　　台商在大陸另一個值得研究的議題，便是企業內部的幹群關係。一如所有的外資企業，台商設廠之初總不免重用自己人，令其擔任高位、領取高薪和較佳福利。對於許多外資企業而言，這是因為自己人較熟悉企業經營模式，因此在打天下之時，業主需借重他們的經驗和能力。但是對於華人企業來說，「自己人」的意義卻不止於此，所謂的「自己人」，指的是「差序格局」中位居核心者，通常代表彼此之間有深層的「信任關係」。而這樣的關係遠近，在台資企業中就表現為台灣人—大陸人的族群差異。只是，這樣的信任關係以什麼樣的方式表現？產生什麼樣的影響？是否有轉變的可能？

　　劉玉照、王平、應可為「大陸台企中的組織『斷裂』與『台灣人』群體的社會融合」一文，便從組織研究的視角，探討大陸台灣人與大陸員工／當地群體的社會融合問題。在正式進行研究之前，三位作者認為台灣人與大陸人既然「同文同種」，則不論在組織內部的制度公平性和彼此的社會相處上，均應較其他外資企業更為融洽。但是通過對長三角、珠三角地區的調查與訪談，他們發現，外資企業中經常出現的「超階級」勞動生產體制、「族群隔離」與「天花板效應」現象，並未在台資企業中得到緩解。在台資企業內部，他們看到的是一個無論在人力資源配置、晉升和監控體系、薪酬制度，或是企業內部的空間分布和社會交往方面，均呈現嚴重族群差異，甚至彼此隔離的狀況，是一種「斷裂」的結構特徵，而這種「斷裂」，更嚴重影響到台商群體與當地社會的融合。也正因為大陸台灣人與當地社會的交往主要是在企業「場域」發生的，他們與當地社會的聯繫大部分也是通過企業這個「場域」逐步建構起來，因此，台資企業中的組織「斷裂」結構，在很大程度上塑造和固化了這個「新移民」群體與本土社會的經濟、文化差異，成為阻礙他們實現社會融合的重要原因。換言之，台商對於台人／陸人族群間的信任關係難以置換，並將這種信任差異凸顯在企業場域中各種不平等的正式與非正式制度安排，此將進一步成為族群社會融合的阻礙。

　　與此相對，林家煌、林芷蓉、耿曙在「世界是平的：全球化、在地化與大陸台資企業台、陸幹關係」中則有不同的見解。該文從「全球化效應」與「華人文化」的辯論出發，探討在企業發展初期有利於降低交易成本的「關係網絡」，是否會在企業逐步走向全球化之後有所轉變。研究發現，那些離開台灣時間越長、全球佈局越廣的組織，企業內部的「區別對待」、「局內局外」、「玻璃天花板」等現象越不明顯，一方面企業的「正式制度」強調一視同仁，不論是雇用標準、薪資福利或升遷管道上一律強調「用人為才」；另一方面，企業在空間安排等「非正式制度」上，也走向公平化，過去存在於台陸幹之間的「食堂」、「宿舍」空間差異，以及「進出企業方式有別」等不平等的待遇，在跨國程度高的公司幾乎看不見，先前的「族群管理」被「階層管理」取代。由此可知，華人企業中強調差序格局的關係網絡模式，固然在組織創立之際發揮強韌的社會資本優勢，但倘若企業越邁向全球化、跨國企業模式，則這種差序格局文化將逐步消失。

　　「台商研究」發展時間尚屬短暫，學界還未系統地聚焦，再加上研究領域定位不明，難以自成一派。但是，從本書收錄的九篇文章可看出，「台商研究」正逐漸走出一條自己的路，我們也願以此書拋磚引玉，喚起更多人對台商研究的興趣與投入。由於本書多項調查以及出版經費，均蒙蔣經國國際學術交流基金會計劃補助，謹此向基金會與執行長朱雲漢教授致謝。此外，本書出版過程中，承蒙政治大學講座教授王振寰老師多所關懷且惠予賜序，也再此深深表達謝忱。

第一篇
台商研究的回顧與前瞻

耿曙、林瑞華、舒耕德

壹、開宗明義

本書所關注的大陸台商，[1]就其社會影響而言，可說舉足輕重、動見觀瞻。就經濟影響而言，兩岸經貿是台灣繁榮所繫，貿易平衡所賴，其乃台商西進所開拓（陳德昇編，2005；耿曙、林瑞華，2007a；高長，2008；田弘茂、黃偉峰編，2010）。[2]就政治衝擊言，台灣政治爭議的焦點，在國家認同／統獨抉擇，台商恰處風暴核心：他們是否背棄台灣？又是否歸心對岸？為台灣社會關注的焦點（童振源，2000；耿曙、林琼盛，2005；Keng & Schubert, 2010）。

若就社會意義言，台商又是台灣社會中「涉外聯繫」最深的社群之一，既反映也觸動社會變遷——包括身分認同的轉變（耿曙，2002；陳朝政，2005；林瑞華、胡偉星、耿曙，2011）[3]、公民權利的界定（曾嬿芬、吳介民，2010；鄧建邦，2010；Tseng & Wu, 2011）、分配正義的憂慮（耿曙、陳陸輝，2004；耿曙、張雅雯，2007；林宗弘、胡克威，2011）等，都離不開台商社群。當然這還都是基於「台灣中心」的思考，倘若再放開來看，台商在觸動大陸改變（Chien, 2008a; Steinfield, 2011；田弘茂、黃偉峰編，2010）、貢獻大陸發展（童振源、洪家科，2010；田弘茂、黃偉峰編，2010；Keng, 2010）、驅動兩岸、東亞甚至全球的經貿互賴（Naughton ed., 2005; So, Lin & Poston eds., 2001; Steinfield, 2011）等方面，也扮演最核心的角色。

---

[1] 以下簡稱台商。
[2] 兩岸經貿向來都以台商採購為主，本質上是投資驅動的貿易。
[3] 據2005年台灣社會變遷基本調查，台灣民眾中，自己及親友曾在大陸工作者，比例高達36.4%（鄧建邦，2011）。

這樣說來，我們能不重視台商嗎？

進一步考察對台商的「研究」，我們又可以發現另一層深刻的意義。對台灣研究來說，學者關注的焦點，已從早期「新興工業化」階段（Gold, 1986; Deyo ed., 1987; Haggard, 1990），走過「新興民主化」歷程（Lin, Chu & Hinich, 1996; Diamond et al. eds., 1997; Tang & Tang, 2000），邁向「新興全球化」範疇（王宏仁、李廣均、龔宜君編，2008；耿曙、張雅雯，2008；朱柔若，2009；Lan, 2006）。[4]台商現象誕生於台灣民主轉型、認同重構的時代背景，這些跨境人群正展現台灣與大陸兩個「同文同種」卻「發展殊途」的文化在碰撞之後會產生什麼樣的結果，遂成為關照相對於中國的「台灣性」最好的對象（鄧建邦，2002；林平，2009a）。[5]另方面，依託於「經濟融合，政治疏離」的兩岸格局，是否讓弄潮於經貿融合的台商社群，扮演兩岸統合前卒的角色？這同樣引發學者的高度關注（童振源，2003；群策會編，2004；耿曙、林琮盛，2005；Keng & Schubert, 2011）。

最後，台灣學界歷經90年代始的反躬自省、關照自身運動後，超越台灣本島的研究中，大概只剩「中國研究」尚存一席之地，然而在這個開放競逐的研究場域，台灣學者相較於歐美、大陸學者的利基，恐怕也在藉由台商掌握大陸的發展，如早期對珠三角（如吳介民，1996、2005；楊友仁、夏鑄九，2005；黃德北，2009；Wu, 2000、2001），與稍後對長三角（柏蘭芝、潘毅，2003；陳振偉、耿曙，2005；Chien, 2007、2008a、2008b; Chien & Zhao, 2008; Keng, 2010）的研究，均可見結合「台商研究」與「中國研究」的優勢。

綜合上述，台商既然獲得如此多的關注，「台商研究」又饒富意義，我們不妨扼要回顧一下過往10年間，這個新興領域的發展軌跡與核心議題，並藉此反省與再出發，創造一個「台商研究」的輝煌時代。此即本章撰寫的目的所在。

---

[4] 典型研究如夏曉鵑，2002；陳志柔、于德林，2005；Lan, 2006等，可參考夏曉鵑，2005；曾嬿芬，2007；王宏仁，2008的文獻回顧。
[5] 包括不同於傳統的台灣文化特性、台灣企業特性、台灣認同堅持等。

貳、台商與台商研究：界定、分辨與特徵

　　從台灣出現對台商的關照與探討（早如王振寰，1995；吳介民，1996），迄今已經超過15年，觀察近5年的發展，環繞台商的研究，每年可積累數十篇期刊論文，加上近百篇的學位論文，也算盛極一時。時間既久，累積已富，也該是回頭檢視成果積累的時候了。但在回顧之前，必須先對「台商研究」有所界定，否則無法廓清涉及的範圍。[6]

界定〔大陸〕台商

　　顧名思義，「台商研究」是針對「台商」的研究，那麼何謂「台商」呢？根據多年的斟酌與探索，本章作者們對「台商」的界定是：因經營需要而長住境外的台灣人士。[7]換言之，做為「台商」必須符合如下要件：(1)以經營獲利為主要目的；(2)在境外居住／生活相當一段時間，兩者缺一不可。後者由於涉及兩岸交流的治理機制，學者約定俗成以「在大陸持續停留超過3個月的台灣人士」為「定居／常住」的操作界定。[8]

　　同時必須說明，本章後續所指涉的「台商」，只以現時的大陸台商為限，既不包括全球他地台商，也不包括歷來旅居對岸的台籍商客。論及全球的台商社群，雖然大陸台商人數最眾、[9]影響最大（如童振源、洪家科，2010推估）、且極富研究意義（見後續闡述），但由於政府支援，過去學界對東南亞

---

[6]　當然，此處有關界定台商／台商研究的嘗試，只是研究團隊思考所得，雖曾在不同場合發表，學界同仁有所指正，但還是只算管見所及，但盼在此拋磚引玉，引發討論交換，形成初步的研究共識。

[7]　首公開於2005年〈台商研究資料庫〉（可參考耿曙，2008c）。

[8]　就作者所知，此為上海台研系所首先創用。

[9]　目前最新而系統的調查是上海2010年人口普查，根據正式公布的說法，居住在中國境內並接受普查設計的台灣居民有17多萬人。這個結果明顯低估大陸的台灣人數。根據各地台協、台辦等非正式的推估，台商聚集的地區，上海至少有20萬人，昆山約7-8萬，整個蘇州約15萬，珠三角估計50萬，據此推估大陸台商人數，總數似應超過百萬，占台灣人口的5%強，若再計入其家人（immediate family），數量可達十一之比。

台商的研究，反而領先大陸台商（代表性著作如蕭新煌、王宏仁、龔宜君編，2002；龔宜君，2005；王宏仁、郭佩宜編，2009；Chen, 1998）。[10]這正是編者希望藉本書予以轉圜的。

回到之前的台商界定，根據所列的要件，持續往返兩岸，卻未在大陸「長住」（非「常住」）者，不算台商。在大陸長住，卻不以經營獲利為目的者，亦非台商，如家族尋根、婚姻關係、退休養老、子女教育均若是。[11]但另一個經常被拿來與「台商」對立的「台幹」，本身雖非投資者，卻仍因「經營獲利」而停留對岸，所以應該符合界定，是為廣義「台商」的一員，[12]差別只在「台幹」受派遣輪調支配，進退去留的自主權較小。

刻畫「台商研究」

台商研究的確以台商為物件，但並不是說只要以台商為物件，就都屬於「台商研究」。台商研究的正宗，必須以台商為主體，而且需細緻到逐個台商——必須有涉及微觀層次的研究——反之，那些只關注台商經營活動及其政經影響，而只停留在宏觀層次者，一般被劃歸「兩岸經貿」範疇（典型如陳德昇編，2005，其餘如張榮豐，1989；陳德昇，1994；童振源，2003；高長，2008）。換言之，台商研究的重點，在台商的「人」，而非只在台商的「活動」：必須關心其如何為生計所迫或為理想所驅而離鄉背景、如何在異地打拼、如何面對各種環境壓力，不斷掙扎調適、又如何尋求生活上的調和以及身分上的妥協。也因此，台商研究的意義與興味所在，在將台商視為「人」，既

---

[10] 涉及東南亞台商的研究，為台灣政府所積極鼓勵，中研院特設「東南亞區域研究計畫／中心」，由望重士林的學者主持，擁有極為可觀的經費，也培養了一批極其優秀的學者，因此累積的成果非常豐碩，可參考其網址：http://www.sinica.edu.tw/~capas/。政府的支持，是大陸台商研究極度所缺乏的。

[11] 必須說明的是，近年有關「〔大陸〕台商」的研究，正逐步拓寬為「〔大陸〕台人」的研究，台商研究的稱呼，也許屆時會被逐步捨棄。

[12] 有個不算廣泛接受，但約定俗成的用法是，狹義的「台商」只指「老闆」與「高階經理人」，而廣義的「台商」則包括中低階幹部，包括受雇外企／陸企的台籍人士。

屬「經濟人／商人」，又具有「社會人／移民」的雙重身分，彼此交纏於「利益」與「認同」兩種力量之下，成為不同理論假說的支撐點（耿曙、林家煌，2008；林瑞華、胡偉星、耿曙，2009）。

此外，若從文化角度觀察，大陸台商身處的「異鄉」，其實是系出同源，風俗近似的中國，也正因為兩岸同文同種、語言無礙，台灣企業的轉型過程中，台商才會以對岸為主要出路，因此孕育出今天的台商研究（耿曙、林瑞華，2007a；鄧建邦，2011）。但另方面，兩岸分治分立，睽違半個世紀，再追溯明清墾植、日治遺業，台灣已發展出不同於大陸的「生活文化」，加上兩岸再次接觸的時間點，正當台灣民主轉型，重建自我／認同當口，彼此擁有迴異的生活方式，這些「彼此有別」的刻板影響，使得重踏大陸土地的台灣前鋒，成為觀察兩岸文化碰撞，重新認識台灣的絕佳機會（耿曙，2002；鄧建邦，2002；林平，2009a、2009b）。

綜言之，上述「經濟—社會拉鋸」與「大陸—台灣碰撞」兩點，既是台商獨具的特質，也是台商研究的利基所在。這樣的認定，非常不同於之前的見解，認為台商應聚焦其「外向性」與「網絡性」（蕭新煌、龔宜君，2002，這雖然是基於東南亞台商所發揮的特徵，卻同樣適用於大陸台商（潘美玲、陳介玄，2005；龔宜君，2005）。若仔細分辨，「外向性」本就是台商的內涵：唯有跨境移動，才能稱為台商，既然如此，「外向性」蘊含在對台商的界定之中，如此提取台商特質，並非十分必要。

「網絡性」雖是台商社群的結構特徵，但根據學者的跨國比較，網絡性並不限於〔跨境〕台商，甚至不限於台灣商人——從跨國華商到東亞跨國社群，同樣可見綿密的社會網絡（Redding, 1995; Orru, Biggart & Hamilton, 1997; Yeung, 2004），而他們正是台商研究所希望區隔的物件——用以觀察遷移前後的變化與差異——若一味凸出其網絡性，恐怕無助彰顯「台商研究」相對「台企研究」的價值。此外，此處的「植根性」（embeddedness）或「關係取向」，既屬於文化慣習／社會制度，卻也內蘊經濟理性，因此最好能連結前述「經濟—社會拉鋸」進行考察。最後，只從「外向性」與「網絡性」觀察台商

特質，不易凸出台商跨境過程中，最值得關注的認同變化，而後者恰是「外向／跨境」移動後，台商「族裔資本」（乃網絡性／植根性的基礎）充分展現的前提。因此，認同問題在近年台商研究中，也獲得愈來愈廣泛的關注。

　　根據作者群所見，「經濟─社會拉鋸」與「大陸─台灣碰撞」兩點，更適合作為台商研究的側重所在。

參、台商研究源起與發展

　　論及台商研究的源起，當然得溯及台商西進，事實上，前者基本上追隨著後者，發展出四個問題焦點迥異的西進／研究階段。此處將對台商西進的步履，進行扼要回顧（耿曙、林瑞華，2007a；鄧建邦，2011）。

台商西進與台商研究：四個發展階段

　　台籍商人的跨海發展，大概始於1980年代初期，主要為抓住大陸改革開放、放鬆控管創造的獲利機會，在海峽之間搬有運無。但當時並無迫於生計、離鄉背井的壓力，所以雖有往來兩岸，卻不多符合所稱的「台商」，其所從事的行業多屬地下經濟，少數西進者甚至為走私亡命。這是兩岸接通的第一個階段，此時學界尚未留心於此，基本不存在台商研究。

　　之後兩岸逐步走向開放。由於當時台灣內部工資節節上升、環境意識覺醒，致使勞力製造困頓，加上外有美方壓力，使得台幣巨幅升值，出口加工部門發展榮景不再，更由於處於政治轉型前夕，國家控制漸弱，社會勢力抬頭，因此勞工組織遂串連爭取各種權益。在這樣的背景之下，出口導向的勞力密集產業首當其衝，必須另覓出路。恰於此際，台灣政府開放赴大陸探親（時當1987年），台灣產業遂開始利用各種藉口考察西進。此時有意轉進的企業，多為追逐廉價工資、土地稅賦優惠的勞力密集型產業，規模不大，但礙於直接投

資的管制，多由香港繞道轉進，加上大陸的特區政策，因此促成「珠三角」台商聚集的崛起。時當1980年末，延續到1990年中後期。此時西進熱潮已隱約浮現，得少數學者垂青，卻未見廣泛關注。這是台商西進的第二個階段。

第三個階段的西進熱潮，則相應於大陸的市場體制確立，經濟高速發展。自鄧小平「南巡講話」之後，大陸經濟飛速增長，歷經金融危機仍屹立不搖，國際／台灣業界眼見大勢所趨，且西進獲利頗豐，乃紛紛跨海投資，即便台灣政府先誘以「南向政策」（1993年），後祭出「戒急用忍」（1996年），也無法有所管制、阻遏。這波熱潮，從1990年代中期，歷經2000年政黨輪替，2001年兩岸入世，直到2000年代中期。此時西進的台商，雖然散佈大陸各地，清晰可見的卻是長三角台商聚落的興起；產業雖涵蓋不同部門，卻以光電產業為大宗；規模雖各有不同，卻逐漸以中、大型產業為主。這波的大舉西進，終於引發台灣社會普遍關注，促成台商研究的興旺。

上述熱潮直到2006年、2007年，由於大陸內外經營環境丕變，大陸也持續調整政策，台商西進的步伐終於漸緩，代之而起的是台商轉型升級的窘迫（耿曙，2008b）。這是台商投資的最近一個階段。

回顧台商西進的各個階段，台商研究也各有不同的焦點問題，雖然時序上有所落後，仍可見亦步亦趨的痕跡。第一個階段，台商渺無蹤跡，也無研究可言。之後針對1990年代中期台商，研究焦點在如何理解、治理這種「跨境投資」（吳介民，1996；王振寰，1997；鄭陸霖，1999）。之後的發展，一方面企業熱切挺進，另方面政府束手無策，因此，對台商的關注逐漸以「實用傾向」為主，關切台商的經營實務（整體如李道成、徐秀美，2001；商周，2001；朱炎，2006；個別如陳彬，2000、2001；金碧，2001），間或部分具有學術意義的研究，例如有關大陸發展（吳介民，1996；陳德昇編，2005；陳振偉、耿曙，2005；張家銘，2006）、產業網絡（曾紀幸，2004；程永明、蔡明田，2004；楊友仁、夏鑄九，2005；何素美，2006）、政經衝擊（張家銘、吳翰有，2000；耿曙，2003；耿曙、陳陸輝，2004；耿曙、林琼盛，2005；Keng, 2007）、台商認同（耿曙，2002；方孝謙，2003；陳朝政，2005）等，

但仍屬鳳毛麟角。其中耿曙一篇未曾發表的討論（2002），由於揭示不少亟待研究的問題，也受到廣泛的引用。

　　2000年中期之後是台商研究的第三個階段。此時，西進潮流已不可遏抑，治理模式也逐步定型，加上台商客居已久，「經營」之外，「生活」問題也逐一浮現，台商研究乃漸從「投資觀點」轉向「移民觀點」，開始關切「社會融入」（social incorporation/assimilation）層面，例如台商自組協會（吳介民，2004；耿曙、林瑞華，2007b）、台陸幹關係（鄧建邦，2002；劉玉照，2005）、台商家庭安排（王君琳，2002；吳孟潔，2006）、子女教育問題（林志慎，2001；陳鏗任、吳建華，2006）、尤其是身分認同轉變（耿曙，2002；陳朝政，2004；曹敏娟，2007）。最後一個階段，在遭逢近期經營窘迫後，台商研究除接續探索之前的認同變遷、社會融入外，也開始關心升級轉型（耿曙，2008b）、單身女性（林平，2009a）、台商二代（鄧建邦、魏明如，2011）等問題。

　　根據上述四個階段的劃分（如表1.1），台商研究的問題焦點基本上離不開與台商相關的切身問題。

表1.1　台商西進四階段

	源起	發展	壯大	轉型
西進時間	1980年代後期／兩岸開放前	1980年代後期—1990年代中後期	1990年代末—2000年代中期	2000年中後期迄今
產業部門	地下經濟為主	傳統製造（勞力密集產業）為主	光電製造（技術／資金密集產業）為主	製造業趨緩，服務業漸多
產業規模	流浪、單幫居多	中小規模居多	各種規模類型均有	中大型趨緩，微型仍多
產業聚集	福建、廣東的城市為多	珠三角為中心的產業聚集（典型東莞）	長三角為中心的產業聚集（典型昆山）	向二、三線城鎮擴散（典型上海）
年齡世代	不明	50～65歲居多（台灣奇蹟／小頭家世代）	45歲以下漸成主流（科技專業／科技人世代）	更趨年輕，漸多初次就業
教育水準	不明	多為大專及以下	大專、研究所成為主流	教育水準持續攀高，大專以下漸少
台商研究	幾乎沒有	極少學者留心	開始廣受關注，論述趨「實用取向」	社會廣泛關注，焦點兼及投資與生活、認同問題

資料來源：作者群根據相關著作整理（王振寰，1997；耿曙，2002；耿曙、林瑞華，2008a）。

台商研究與背景學科：三種關注台商的動機

除了從時序演變角度觀察，「台商研究」又能條理出幾個不同的切入角度：從台灣研究出發的台商研究、從兩岸研究著眼的台商研究，以及立基於中國研究的台商研究三者。這涉及學者先前因不同考慮側身台商領域，之後自然也從相應立場關注不同主題，對此勾勒如下。

首先是從「觀察台灣」的角度來研究台商。採取這個角度的台商研究學者，相當比例是從台灣企業研究轉換而來，在其追蹤調查台企的過程中，研究對象紛紛西進，於是他們被迫追隨這樣的步伐，從「台灣企業」的研究者化身「大陸台商」的研究者（鄭陸霖，1999；陳明祺，2005；張家銘，2006）。也因此，他們關照台商的角度，仍傾向將其視為「台灣企業」，而且認為台企特質不會因跨境而有所流失——例如凸出台企網絡的排他拒納（耿曙、林家煌，2008），與台商網絡的「去鑲嵌」性（鄭陸霖，1999）等。稍後一波學者則置身兩岸開放、直接交流的背景，希望從雙方接觸的過程中，找出兩岸文化上的差異（鄧建邦，2002；林平，2009a）、台灣認同的堅持（林平，2009b），並探索差異、堅持的基礎（郭姿秀，2008；林平，2011；林瑞華、胡偉星、耿曙，2011），觀察其是否恆久不滅。

從「觀察台灣」的角度關照台商，可能會帶有「台灣中心」的有色眼鏡，過份凸出台商背負的「台灣性」，而忽略生根地方的「當地性」（如經營模式的當地調適、身分認同的妥協變遷等），但若認定台商因此萬年不變，或者萬變不離，則也可能造成部分盲點（蔣逸青，2008；蘇佑磊，2008；郭姿秀，2009）。

其次是從「觀察兩岸」的角度關注台商。採取這個角度的學者，多出身兩岸研究領域，人數上則遠不如前者。他們多從兩岸獨特的「政治—經濟相悖」與「文化—認同乖違」（論及「傳統文化」則同文同種，「生活文化」則迥不相容）兩個層面，觀察兩岸未來的統合。就前者言，學者們希望瞭解做為經濟前鋒的台商，是否也將扮演政治走卒（耿曙、林琮盛，2005；Keng &

Schubert, 2010）？若是，他們能否做為促進統合的力量（Keng, 2007; 耿曙，2009；Schubert & Keng, Forthcoming）？就後者言，學者們則主要關注做為首波深度接觸的兩岸人民，台商、陸人間的互動究竟是強化隔閡還是走向融合（鄧建邦，2002；林平，2009a、2009b；林瑞華、耿曙，2009）？這當然也受到台商接觸機會（林瑞華、胡偉星、耿曙，2011）、政治認同（郭姿秀，2009；林瑞華、胡偉星、耿曙，2011）、階級地位（林瑞華、耿曙，2009；林平，2011）、接觸經驗（蔣逸青，2008；蘇佑磊，2008）等的影響，因此各有不同的融入模式與認同軌跡。從這個角度講，台商認同不但是「情境的」，也處於不斷的建構與再建構之中（Schubert, 2010）。

　　最後，為數更少的學者，是基於「觀察中國」的目的來理解台商。這部分一方面是基於中國研究的需要，透過台商來觀察沿海發展（Hsing, 1998; 張家銘，2006；耿曙，2008a；Keng, 2010）、政企關係（邢幼田，1996；吳介民，1996；Hsing, 1999）、民工處境（吳介民，2005；黃德北，2009；彭昉，2009）、公民組織（宋曉薇，2005；耿曙、林瑞華，2007b）、園區體制（張家銘，2006；Chien, 2008; Keng, 2010）。這部分學者雖少，卻是台灣從事中國研究的利器。當中最特別的研究類型，是利用當地觀看台商的態度，蠡測大陸社會的文化多元性（陳威仰，2008；張家銘，2008；園田茂人，2008）。

　　綜合以上，從縱向的「發展順序」，加上橫向的「切入角度」，兩條線索都有助觀察「台商研究」的內涵。「發展順序」的四個階段分別關注台商的：(1)地下經濟；(2)跨境投資；(3)生活融入；以及(4)深化／轉型等進程；再加上三個關照角度，分別基於：(1)觀察台灣；(2)觀察兩岸；與(3)觀察中國三個目的，各自理解台商動態。當然，這樣的劃分流於淺層刻劃，以下再就台商研究中更深層的問題意識，條理這個領域聚焦的主題。

肆、全球衝擊——地理轉移與台企的組織調適

　　論及台商研究的著述，可以根據其立論角度，劃分為兩種問題意識：一

類聚焦「全球衝擊─地理轉移」下「台灣企業的組織調適」，一類處理「全球衝擊─地理轉移」下「台籍人士的認同變遷」。前者著重台商企業，後者側重台商本人，但兩者都產生自共同的背景，就是80年代中期，因應政經轉型所提出的「自由化、國際化與制度化」變化（1984年）。自此之後台灣逐步走向國際，也正是在這個全球化的洪流之下，開啟台灣企業與企業人士的跨境經驗，而對「企業組織如何調適」、「身分認同如何變化」等問題的關注，也應運而生。

　　換言之，吾人今天所見的台商及台商研究，其實都誕生於台灣邁向全球化背景之下，而上述兩類由全球衝擊所激發的問題意識，也構成今日台商研究的問題內核。但由於學者對「全球衝擊─地方回應」看法迥異，因此也持有不同論點，彼此相互詰難，讓這個新興領域如繁星錦簇，更加繽紛多姿（Keng, Schubert & Lin, 2011）。

　　作為文獻檢閱的本章，希望能對上述問題意識扼要疏理。首先就全球衝擊─地理轉移下台灣企業的組織調適而言，又可分為三個更具體的研究問題，分別涉及：(1)網絡組織（企業間）的調適；(2)企業組織（企業內）的調適；以及(3)政社組織（政企關係）的調適等，以下將分別介紹。由於相關研究成果頗為豐碩，本章只能扼要條理，必有掛一漏萬之失，還請讀者見宥。

企業間組織的調整適應

　　首先，台商網絡的相關研究為迄今成果最豐者，一方面，這原本就是台灣企業的重要特質，另方面，台灣產業研究也特別予以重視（例如張笠雲編，1999；張維安編，2001；熊瑞梅，2008）。然而，既有研究多只涉及網絡的組成機制，少能關照其動態演變，更缺乏跨境重組的經驗，部分東南亞台商的研究雖有所涉及（蕭新煌、王宏仁、龔宜君編，2001），但終究不如大陸台商涵蓋之廣、影響之大。就後者而言，台商網絡可說攸關台灣經濟命脈，若產業網

絡仍由台商主導，與台灣維持聯繫，那麼台商之西進，應該視為台灣勢力的擴張；反過來說，如果產業網絡已經融入當地，不再與台灣保持聯繫，那麼台商之西進，可能得視為台灣產業的出走（張家銘、吳翰有，2001；陳博志等，2002；群策會編，2006）。兩者天差地別，不可以道里計，學者乃對此有所留心。

在全球衝擊、地理轉移後，台商網絡究竟如何重整調適？對此，學者的發現不盡相同（徐進鈺，2005），有的學者側重國際層面，認為台商出走大陸，本來就是隨「全球生產網絡」（global production networks）轉移，目的在各方最大獲利（陳明祺，2005；張家銘，2006）。而台商處於如是生產體系中，位置在國際品牌廠與當地製造商之間，其生存／利益都來自半邊陲結構下的「居間角色」（mediation），因此產業網絡只能是有限開放的，否則將盡失居間優勢（鄭陸霖，1999；龔宜君，2005）。另一些學者傾向從企業史或「路徑依賴」角度，分析台商網絡的強韌與排他。根據他們的分析，台商協力網絡多整網移植，在當地重建（王信賢，2005；張家銘，2006），原有的互賴、信任與默契均未稍微改變，因此整個台商社群表現為「飛地產業」的型態（耿曙、林家煌，2008）。

也有研究不採上述結構詮釋，傾向從微觀決策角度，分析台商產業網絡的變遷。其中有強調理性利益的考慮，認為基於成本計算，台商「當地化」當為不可阻遏的趨勢（黃凱政，2003；張家銘，2006）；也有認為雙方同文同種，便於溝通協調，利益分享，因此將大陸的各種要素組織進國際生產體系，才是台商利基所在（邢幼田，1998；張家銘，2006；林瑞華、耿曙，2007a）。換言之，台商西進本身便代表「國際」與「當地」網絡的交錯，至於是否開放當地廠商進入原有網絡，則隨環境需要而有所調整（徐進鈺，2005；Hsing, 1998、1999、2003）。同樣基於華人文化角度，也有不同於上述發現的，例如凸出「差序格局」式的人際信任，認為非如此不能應付「彈性專業」（flexible specialization）與經營風險，但也正因如此，台商網絡依賴於原有的相互信任，不易納入當地廠商（耿曙、林家煌，2008）。

這部分研究的問題，在其過度「台灣中心」，不但研究動機總是以「台灣為本」，研究視角也延續「台灣產業研究」的框架。前者雖然有助台商研究的熱潮——今日的研究發現，明日可能是辯論主題——但過份單一且偏實用性的出發點，難以在理論層次有所提升，加上受制於既定的分析框架，台商研究恐怕不易走出「台灣產業研究」的格局。

企業內安排的調整適應

其次是近年浮現的新興領域，聚焦於台商企業內部的人事關係／組織關係與勞動體制／生產安排。這部分的研究十分有限，原因在昔日多從管理階層切入，凡涉及內部人事或雇傭關係時，當事人或覺得事涉敏感或認為並不光彩，總不欲為外人知。但近年學者對此關注日多（例如潘毅，2007；黃岩，2011；黃德北、馮同慶、徐斯勤編，2011；Lee, 1998、2007），台商研究學者也積極開拓，研究發現積累快速。

迄今的研究成果，可以分中高層的「人事關係」與底層的「勞動體制」兩部分考察，但研究發現同樣分歧。就前者而言，學者多聚焦企業內的「台陸幹關係」，對此，有學者發現台商企業裡的經理層清一色為台籍，明顯存在「族群天花板」（glass ceiling，劉玉照，本書論文），他們又經常往返流動，並未有融入當地的打算（鄧建邦，2007；鄧建邦，2009a），兩者都有悖於傳統「移民研究」的預期（劉玉照，2005）。接續的研究發現，傳統台商企業深受組織內差序格局影響（鄭伯壎，1995；陳介玄，2001；鄭伯壎、林以正、周麗芳，2009），存在差等的、排他的人際信任模式（耿曙、林家煌，2008）。但另方面，由於跨境過程的「推平」作用，台企內部的族群疆界，在某些已逐漸走向跨國的台資企業中消失無形（林家煌、林芷榕、耿曙，本書論文）。

此外，另一些學者則聚焦於底層的勞動體制，特別是台資企業中「階層化」的勞動關係（廠內的「身分差序」，吳介民，2000、2011；Wu, 2010）。

從宏觀層面觀察，這樣的階層化安排，同時體現世界體系中邊陲國家的競向下流（racing to the bottom），與大陸民工的層級身分體制（戶口的城鄉分割，吳介民，2005）。在這個意義上，台商雇用的民工，實際上體現了「雙重邊緣」的身分（吳介民，2005；黃德北，2009）。但若從微觀層面切入，這樣的勞動體制又受制於「脆弱的團結文化」（黃岩，2011），以及「資本主義制度／文化」的宰制（例如將勞資衝突導向班組競賽，彭昉，2009）。這些採取「勞動政治」角度的研究，關照了台商擴張、獲利背後不為人知的一面，誠屬饒富意義的研究。

上述有關廠內體制的研究，尤其涉及勞工體制者，受諸如富士康連跳事件的刺激，加上遷移民工、血汗工廠等研究有所啟發，更顯方興未艾，潛力無窮（林宗弘、楊友仁，2010）。然而現有研究，仍多拘泥於既有「勞工研究」範疇，謹守「勞工政治」（傾向社會主義）觀點，涉及台商的勞動研究因此不易有所突破，提出原創度高的理論貢獻。更何況在研究底層勞工上，傳統的台商學者（多為台籍）並不具備任何研究優勢（他們熟稔的台商朋友，可能有所「糊弄」甚或阻攔）。但進一步思考，吾人能否從「勞工政治」角度，觀察「非傳統勞工」的可能呢？例如看似衣著光鮮，全球為家的台籍經理或技師，是不是也有環境驅迫的無奈（鄧建邦，2009）？這個角度是否有助從台商身上，找到新的理論研究價值？這顯然是結合「勞工政治」與「台商研究」而能讓學者大展手腳的領域。

政府─企業關係的調整適應

最後一個研究領域是跨海台商與當地政府的關係。由於對岸無所不在的政府介入，加上官僚資本主義的特質，因此維繫良好的政企關係是台商獲利發展所必須。但雙方政企關係的本質如何，學者見解卻各有千秋。首先是邢幼田「血濃於水」式的解釋：台資企業的當地結盟，關鍵正在政商間的人際網絡。

這種背倚文化傳統的結合機制，讓前者得到優惠與保護，後者獲得政績與私入（邢幼田，1996；Hsing, 1996; 2003），結果則是沿海省份的出口奇蹟。但根據吳介民的分析，官商勾結固然存在，卻是權宜性質——本質上是「尋租—設租」雙方的相互利用——再怎麼搭配，不過就是「同床異夢」罷了（吳介民，1996；Wu, 1997; 2001）。另一類研究不從個別的商—官互動，而從整體的「台商社群—地方政府」角度切入分析，過程中尤其側重台商協會的力量。學者中也有認為台協能量巨大，可以動員集體行動，維護台商權益者（李道成、徐秀美，2001；童振源，2003），但耿曙與林瑞華的研究（2007b；本書論文）卻不認為如此。他們從社會資本、政企互動、集體行動等不同角度進行分析，發現處於「私人關係」的文化、強勢政府的主導、加上社群疆界模糊等背景，台協很難發展為強勢的民間組織。[13]

　　綜合上述，雖然台商政企關係吸引不少學者的關注，但具體深入的研究仍然相當有限，其中如耿曙對昆山的研究發現，台商與當地政府互動模式其實隨時間而不斷改變，而決定雙方「談判地位」的，則是資源的相對稀缺性——在政府為土地，在台商則為資本（Keng, 2010）。這樣的分析，似乎超越了狹義的台商研究，可以借此探討更大的議題，如大陸的外向型發展、第三世界國家的政府—外資關係；這不再是就台商研究台商，而是從一個關照更恢宏的角度，觀察研究者所熟悉的社群及其聚集（如昆山、東莞、上海等）。

　　總結前文，歷來台商研究核心的關注，是觀察台灣企業如何在「全球衝擊」與「地理轉移」下，展現其組織調適或制度回應。但在簡單回顧之後，我們不難發現兩類不足。首先，許多涉及台商組織調適的問題，仍然未見系統的調查——即以東南亞台商研究為例，其中如生產網絡如何重構、網絡內部組織如何學習、網絡如何生根地方、網絡如何勾聯台灣、網絡如何鑲嵌全球、產業如何族群分工、企業如何建構組織層級、企業如何應對工會等等已經頗有所成

---

[13] 台協這類「移民組織」的活動絕不僅於經營政企關係，但其他層面的功能也未見系統的研究。

的部分（參考蕭新煌、王宏仁、龔宜君編，2002；龔宜君，2005）——在大陸台商領域中，都還談不上初步的研究。

其次，目前有關台商組織的研究，似乎有「個殊化」的傾向，研究的意義旨在「解讀台商動態」。但台商現象的意義，絕不僅限一時一地，學者何不就其西向轉移的國際脈絡、落戶當地的生存策略，以及適應融入的轉變過程等等，發展出一些更具普遍意義、關照全球衝擊的案例研究？這樣的研究策略，不也能順勢將台商研究帶向國際學界（少數成功的案例為Hsing, 1998; Chien & Gordon, 2008; Tseng & Wu, 2011）？

伍、全球衝擊——地理轉移與台人的認同變遷

前節所針對的主題，主要在觀察受到「全球衝擊」、經過「地理轉移」後，台商的組織調適，觀察重點在「企業」。本節的主題，則探討在相同背景下，台商的認同變遷，關注焦點在「個人」或「生活」。後一類研究的起步較晚，[14]但近年成果卻絲毫不遜，頗有後來居上的勢頭，本節將對此扼要回顧。與之前類似，這類研究也可細分為三個具體的研究類型，分別關注：(1)支配台商的力量為何（利益抑或認同？）；(2)台商的身分認同為何？（認同如何變化？）；以及(3)影響台商認同的機制為何？（文化、階級、政黨抑或接觸？）以下分別進行介紹。

支配台商的力量為何？

若非為了生計發展，誰會願意離鄉背井？觀察台商，他們如果不是因為廉價勞力、投資獎勵而西進，就是因為工資翻倍、無路可投而跨海覓職（耿曙、

---

[14] 大多萌芽於2000年之後，當中獨具慧眼，首先分析者為李英明（1993），下一個研究大概得等到耿曙（2002）、鄧建邦（2002）及Keng（2003）了。

林瑞華，2007a）。因為如此，早期研究往往將台商視為「投資者」：在「經濟人」背後的預設是他們將唯利是圖，也逐利而留（例如張家銘，2006）。就像傳統移民理論中，基於個人利害的推—拉或者家庭單元的計算一樣，台商的行止被理解為受利益驅動，因此，「台商的跨界行為，遵循的仍然是依據個人利害的衡量為主，如果以民族／國族主義的觀點，討論台商現象，不僅不能幫助理解台商為何遷徙，其實反而還阻礙對台商遷徙、認同的理解」（鄧建邦，2009，153）。

　　但接續研究發現，隨停留時間日久，台商不僅「遷徙」，還得「定居」，不僅「經營」還得「生活」。但接踵而來的生活問題——例如居家、教育、擇居、交友等——卻不像投資那麼單純，純粹以獲益為依歸。因此，觀察持續停留的台商，除以「經濟人」視之，還得考慮其「社會人」的一面：他們不僅是「商人」，還同時是「移民」（耿曙，2008）。當然，經營之外的「生活」也有客觀計算的部分，例如從工資收入到生活便利、從家庭安排到消費習慣等。

　　台商這種種務實考慮中，曾被仔細掂量如：(1)跨界安排（鄧建邦，2009a；吳介民、曾嬿芬，2010）；(2)家庭安排（王君琳，2002；吳孟潔，2006；蔡境予，2009；Shen, 2005）；(3)子女教育（曹敏娟，2007；陶孟仟，2008；賴慧宜，2009）；(4)住居安排（林平，2009b；林瑞華、胡偉星、耿曙，2011）；以及(5)移民權益（包括入境居留的權利、社會福利權益等，吳介民、曾嬿芬，2010；蔡馥宇，2010）。這幾方面的考慮，深刻影響台商是否舉家落戶。但這並不排除情感因素，例如根據林平研究（2009a），外省台商多挾情感因素而返鄉，其後卻苦於兩岸差距，終難融入當地。換言之，他們既為情所驅，卻也因感失落，「情感」的斧鑿支配，由此可見一斑（鄧建邦，2009）。

　　但是否只有台商才會陷於情感掙扎之中？根據學者研究，應該不只於此。首先，凡人皆有「偏好交纏」問題（non-separable preference，耿曙、劉家薇、陳陸輝，2009），凡人就有理性—感性問題，因此，倘若面對「情感」與「理智」衝突時——典型如兩岸議題的「利益—認同」兩難（吳乃德，2005；

Keng, Chen & Huang, 2006; 陳陸輝等，2009）──往往形成兩種「偏好」的拉鋸（耿曙、劉家薇、陳陸輝，2009）。結果或因獲利而犧牲認同，或在涉入交易之前，先再肯認認同〔往往因此「矯枉過正」（over-justification）〕，此外也有「生意歸生意、立場歸立場」的區隔機制。換言之，此時「利益」與「認同」扮演著相互制約的角色（Keng, Chen & Chen, Forthcoming）。

台商的義利之辨，呼喚進一步的理論思考。首先，論及對於行為的影響，能否簡單將「認同」與「利益」對立。例如對許多擠過大陸地鐵的台人來說，人人相貼、沒點距離的經驗「往往感覺難受」；對子女就讀當地學校的父母來說，孩子「一口一個共產黨那套宣傳」，也讓人「非常不舒服」。此處源於認同的「感受」，雖然迥異於物質利益，但若從韋伯的分析角度看，又何嘗不是一種「利益」（感受快樂、成效計算）？因而發揮著類似「利益」的影響，同樣可以作為「偏好」來觀察。

其次，認同還會影響「看事情的角度」。因為立場有別（所謂認知基模的作用，schema），台商往往計算出完全不同的成本─效益；也由於「戴著有色的眼鏡」，許多台商不必通過經驗，「早就知道」陸人絕不能信任（林家煌、耿曙，2008）。甚至基於「社會認同」（theory of social identity）心理的影響，[15]台商往往有意無意凸出、放大彼此差異（蔣逸青，2008），例如將1、2件特殊個案，推論為「阿陸仔」都如何如何之類。綜合上述，雖然涉及台商「認同─利益協商」的研究尚屬有限，卻仍有助吾人就「族群接觸」的經驗，進行初步的理論歸納。

台商的身分認同為何？

也許台商研究當中最核心的問題，就是他們的身分認同為何？是否發生轉變？又如何發生轉變？對此，學者看法可謂人言言殊，本章作者建議從兩個

---

15 一旦「已經認為」彼此不同，愈看愈覺得不同。

層面條理現有研究：首先是「認同物件」，其次為「轉變過程」，分別梳理如下。

　　就認同物件而言，台商認同的歸屬，起碼可以條理出6種可能（參考陳朝政，2005）。首先是「認同台灣」，例如林平發現台商無法融入（2009b），鄧建邦則凸出不斷流動（2009a），台灣認同並未有所鬆動。其次是「認同對岸」，例如方孝謙（2003）提出「5年轉變」的共同趨勢等（胡蘇雲，2006也有類似發現）。更進一步看，這樣的認定又可區分為：(1)「認同國族」，情況絕少（耿曙，2003；舒耕德，本書論文）；(2)「認同城市」，案例稍多，如「新上海人」的身分歸屬（耿曙，2003）；以及(3)「飛地式的認同」，歸屬的對象是在當地所創造，但又隔絕於當地社會的社群飛地（林瑞華、耿曙，2007a；林平，2009b），例如古北的族群聚居地。但若從台灣—中國相對立的角度來看，飛地式的認同究竟應理解為「認同當地」抑或「歸心母國」，仍有相當爭議。第三種類型是「同時認同兩岸」，無法有所軒輊，屬於「雙重認同」（double identities，或者「居間的認同」／inbetweenness，參考石之瑜，1995；耿曙，2002；陳朝政，2005；鄧建邦，2009），當然這又可分為高度交集（中—台互斥），及嵌套其中（台灣包涵於文化界定的中華）等模式。

　　第四種可能是認同一種「〔兩岸間〕的流動空間」（space of flows），或稱為「兩岸／跨海峽的新社會空間」（石之瑜編，2003；吳介民、陳明祺、陳志柔，2007）。這可能因為不斷流動而形成（鄧建邦，2007、2009a）、頻密網絡所編織（吳介民、陳明祺、陳志柔，2007），也可能因為「雙重邊緣」心理的積壓（林平，2009a）。但就結果而言，雖接近但又略不同於上述「同時認同兩岸」。第五種可能是種「〔全球的〕流動的空間」，比較接近Castell的原意。例如耿曙（2003）所提及四海為家的「全球人」案例（cosmopolitanism）。此外，由於此處所言都是正向認同，而所謂認同，指涉的都是「國族或地域認同」。最後一種可能是「無所認同」（耿曙，2002），或者是超越狹隘的國族／地域認同。當然在這個意義上，這與第四、五種認同模式並不互斥。

在進一步確認西進如何影響認同前，一個更根本的問題是：如何理解台商的西進經驗？它究竟是「跨疆界」或是「跨文化」（耿曙，2003）？相信對不同台商而言，「跨境」具有迥異的意義。對某些台商來說，移居大陸與彰化北上沒啥區別，面對不同的人、不同的制度，但照做原來的生意、過原樣的生活。甚至常見於東莞台商的情況是：供貨是原來供貨的，競爭也是原來競爭的，連KTV唱的歌都不曾稍變，且就算兩邊制度不同，但一樣可用賄賂、關係擺平。對這些台商而言，西進不過是產業發展過程中的搬遷／調整罷了（耿曙，2003）。但是對另一些台商來說，大陸不過是全球佈局下一個暫時的落腳點：他們可能在加州讀書、竹科工作，在馬來西亞建廠，家人則安置在澳洲，「那麼，人生下一站呢？」面對這樣的問題，有人隨緣，有人無奈（耿曙，2003）。對於他們而言，西進是邁出國門、跨進全球的一大步，[16]這一步，往往帶來全然不同的關注、不同的立足點與不同的生活方式，與前一類台商相較，跨境的意義迥異，衝擊與回應自然也大不相同，學者最好能夠分別加以探討（耿曙，2002；耿曙、李欣儒，2004）。

再回到之前的研究結果，首先讓人質疑的是：為何預設台灣、中國處於兩端的認同光譜？這樣的概念設定，似乎暗含著兩岸的互斥與零和。但在吾人的調查發現，有的台商質疑兩岸互斥，有的則超越兩岸格局（例如認同全球），讓人時感鑿圓枘方，常須削足適履。因此，上述的概念設定，會不會只是特定歷史階段，特定論述影響下的產物，未必適合分析多數台人的認同？而台商學者能否透過調查與反省，超越上述制式思維？其次，另一個用以觀察認同的框架，則是「地域認同」在一端，「全球認同」（或超越地域）在另一極端，但這也存在類似的二元對立：我們的認同只能全球vs.國族，而不能「你泥中有我，我泥中有你」嗎（鄧建邦，2009）？這是否也屬制式思維，且深受庸俗的全球化研究所影響？

認定方向之後，台商認同如何變化呢？其經過軌跡為何？這方面的研究

---

[16] 當然，不排除有許多台商在台灣時已經置身全球。

可以依據融入當地、認同轉變的歷程，歸納為如下幾種類型。首先是單向、不可逆，而且命定方向的融入──類似「目的論」，例如方孝謙（2003）、胡蘇雲（2006）等。其次是完全不能融入，或者撤退返台，或者保持距離，且後者必須以一定的憎惡與距離感為基礎，不會完全建立在既有認同的堅持上（蔣逸青，2008；林平，2009a）。但這樣的感受若非絕對，而是隨時間調整的話（原因下節檢討），那麼就會出現第三種可能，就是「階段起伏」式的融入，可能因為特定事件、感受而讓當事人的融入出現諸如停滯不前、緩步漸進、突飛猛進、甚至因此倒退的種種階段歷程（耿曙，2006）。

　　上述的分析，除目的論式的預設外，重點都在「接觸經驗」，但另方面由於認同既難捉摸，其轉變又屬於最後才會出現的變化（所謂「終極認同」），學者也曾嘗試將「社會融入」（social assimilation或social incorporation）劃分出不同層面，包括居留、生涯、社交、認同四個層面（耿曙，2002）：在生活的安排上，有暫定的安排與長期的安排（舉家、置產、教育、神主牌位）；在生涯規劃上，也有嘗試與終生的安排（可進可退，還是退休不還）；[17]在社交網絡上，有「有限─深度」的關係（鄧建邦，2002；林平，2009a）、「主動─消極」（正面迎上或迫於需要）的交往（林瑞華、耿曙，2007b；蔣逸青，2008）、「工具─情感」的聯繫（耿曙，2002；Hsing, 1996; 2003）等；而認同變遷的模式則如前述。因此，在各個不同的社會融入，也必須分別進行分析與掌握。[18]

　　追溯認同變遷的軌跡當然有其必要，困難在於變遷的方向既難確認，認同本身又變動不羈，不易加以清楚刻劃（只有靜態視之，才能具體刻畫），加上前述多重層面問題，有關台商認同變遷的研究，學者還處於不斷嘗試、探索中。

---

[17] 根據作者的研究印象，幾乎沒有台商考慮改拿大陸身分證，尤其當必須因此放棄台灣護照。此外，多數台商雖然定居多年，仍然保持兩岸流動的習慣，甚至不少還保有台灣的房產、戶頭以及全民健保等。

[18] 例如林瑞華、胡偉星、耿曙（2011），對此分別以不同指標進行測量分析。

影響台商認同的機制

　　針對台商認同的轉變，除了追溯與描繪外，進一步的理解與前瞻，有賴掌握「哪些因素左右認同變化」。這部分的探索，必須建立在前期研究的基礎上，所以是台商研究的最高階段，因此，學者雖然嘗試頗多，成果卻仍十分有限。根據迄今的研究，對台商認同至關重要的因素，大概有如下幾類，茲以社會接觸為中心，分述如下。

　　首先是「接觸經驗」。認同並非一成不變，有賴接觸方能有所調整（蔣逸青，2008；蘇祐磊，2009；林平，2009b；林瑞華、胡偉星、耿曙，2011）。但接觸的機會並非人人相同——例如服務業必須接觸大陸社會，而製造業則局限廠內民工——因此，台商安身落腳的久暫、社會接觸的頻密與深度，必定有所差異。但這似乎又不如「接觸感受」重要，因為人可以選擇接觸的物件，若接觸結果極其負面，台商會選擇保持距離，認同也就無緣調整（蔣逸青，2008）。根據現有研究，接觸後少有血濃於水的結果，反多陌生感受（鄧建邦，2002）、距離感覺（林平，2009a），似乎相見不如不見。

　　此外，社會接觸往往不是發生在真空中，常受各種結構因素所制約。從主觀層面來看，接觸經驗深受當事人「先入為主」的立場所制約（基於社會認同理論、認知基模作用等的看法）：若從不同角度看，愈發感覺不同；倘從相同的角度看，往往看不出什麼區別（耿曙、曾于蓁，2010）。因此，既有立場必定會制約台商的接觸經驗。根據實地調查發現，台商的省籍背景（本省／外省）、身分認同（台灣人／既是台灣人也是中國人）、政黨傾向（傾藍／傾綠）等，都對台商認同有所影響（郭姿秀，2009，有關外省台商，參考林平，2009a），畢竟，他們在踏上這塊土地前，就對「中國」有完全不同的認定：對某些人來說是夢回的故土，對另一些人而言則是不共戴天的敵國。

　　既有認同的制約，屬於主觀層面，但客觀的來說，人際接觸中所凸顯的文化差異，更形塑雙方的接觸經驗。只是論及文化差異，似乎又涉及既有「同文同種」與戰後「生活文化」間的拉鋸（耿曙，2002）：根據前者，雙方應該

血濃於水（Hsing, 2000），水乳交融；後者則是陌生、距離感受的由來。有關文化差異的分析，又可以與世代研究交叉觀察（耿曙、曾于蓁，2010）。兩岸青年文化比較接近，也許容易打成一片，但台灣青年並未歷經威權統治，可能又有適應困難，中年之前的台商，反覺大陸多有親切，「很像三十年前的台灣」。另方面，在大陸成長就學，甚至出生於斯的台商二代，是否仍存在文化隔閡？此處涉及的多項議題，都有待學者進一步探究。

此外，也有學者超越既有分析，提出第四種可能，認為所謂文化差異，關鍵還在雙方的階級地位（林瑞華、耿曙，2009；林平，2010；林瑞華、胡偉星、耿曙，2011），例如林瑞華曾就不同地域環境（東莞—上海）、產業部門（製造—服務）、教育背景、社會階級（收入—消費）進行比較，發現生活文化背後的階級屬性既制約接觸物件，也決定接觸經驗（林瑞華、耿曙，2009），進一步透過多元分析確認上述發現（林瑞華、胡偉星、耿曙，2011）。而林平則發現，這樣的影響，在女性台商身上特別凸出（林平，2011）。

最後，接觸經驗的不同，也涉及接觸的物件。因此，最後一類因素指向當地社會的影響。首先，台商在當地接觸的對象，一般相當有限，而服務—製造之別（耿曙，2002；黃凱政，2004），內銷—外銷之分（耿曙，2002；黃凱政，2004），或論及社會交往的階級屬性（林瑞華、耿曙，2009；林瑞華、胡偉星、耿曙，2011）等，都決定台商接觸的對象。但另方面看，當地社會也是決定因素，這涉及當地的社會結構（例如東莞、上海之別，林瑞華、耿曙，2009）、社會多元（融入壓力如何？如劉玉照，2005；是否多元文化？如陳威仰，2009），也涉及當地社會對台商的看法（胡蘇雲，2006；張家銘，2008等）。其中，陳威仰（2009）希望透過當地人如何看待台商飛地，測試當地文化多元的程度，且發現上海作為移民社會的文化傳統，饒富理論趣味。即便如此，涉及當地社會態度的研究還是極其有限，這既顯示台商研究的「台灣中

心」傾向，也反映大陸學者對台灣移民的關心不足。[19]

　　綜合上述，有關台商認同變遷的研究，既涉及台商各自的跨境經驗，也涉及認同變遷的歷程，雖然之後學者也對其有所解釋，但這部分的研究仍然缺乏更大的視野與格局，箇中原因在將台商經驗「獨特化」，而沒能從比較的角度，省思台商跨境歷程與認同變化的意義——例如對比於彰化北上的跨境經驗、對照於印尼投資的認同衝擊等。對於「比較框架」的意義與其不足，下節會繼續探討。

陸、前瞻台商研究的未來：代結語

　　前面幾節扼要回顧台商研究的進展與成果，包括如何崛起發展、各種切入角度、不同問題意識等。但就台商研究而言，雖從2000年中期之後開始走向高速擴張，後續的發展卻似乎遇見瓶頸，我們也不妨借此機會，檢討「台商研究」領域的局限與不足，並進一步思索其發展方向。

台商研究的瓶頸

　　首先，有關台商研究的瓶頸，我們可就之前「側身其中」的三種目的，觀察其利基所在及為何略顯頹勢。首先，就「中國研究」的價值觀察，透過台商經營境況固然有助掌握沿海動態，但由於大陸持續開放，台資逐漸淪為外資小宗，觀察中國之融入全球，不必非得依賴「台商研究」。

　　其次，就「兩岸研究」的影響來看，自胡錦濤主導兩岸決策（約2004年下半）後，大陸對台政策的訴求，已轉為「直接訴諸台灣人民」（耿曙，2010），加上2009年以降，陸續開放兩岸直航、陸生陸資、市民行腳等，民眾

---

[19] 這與一般「移入地」關注形成一個有趣的對比。

接觸更為頻密，台商不再具有觀察兩岸「獲利─接觸」影響的優先地位。

　　最後，對「台灣研究」的意義而言，由於台商逐漸安家落戶，對台關心日益轉淡，「日久他鄉作故鄉」（Keng & Schubert, 2010）的情況，使得原本作為台灣企業的特質、兩種文化的碰撞等極有價值的主題，已未必能憑藉觀察。加上2000年代中期之後，大陸經營環境丕變，而且「該來的早來了」，台商西進的步伐也已逐漸減緩。因此，台商研究似乎在「務實需要」上逐漸式微，若未在「理論意義」上有所突破，學者或將因此趑趄不前。

台商研究的不足

　　除了外在形勢改變使得台商領域優越不再，但反躬自省，在其發展過程中，台商研究也存在部分局限其研究視野的特質，學者似應反省因應，期待有所突破。根據本章作者群的看法，此類值得檢討的地方，至少包括以下三項，既涉及兩岸政府，也關乎社群自身。

　　首先，台商研究具有明顯的「民間性格」，雖這未必是學者所願。由於兩岸形勢微妙，對於台商社群，兩岸政府向屬視而不見：對台灣而言，台商有背棄之怨，對大陸而言，台商又有作間之嫌：不論哪邊政府，似乎都不願予以正視。缺乏官方支持的結果，學者永遠不知大陸有多少台商？定居哪個城市？經營何種產業？態度立場如何？也因此，對於台商的研究，主要來自企業支援，結果則一方面，企業的關注與興趣佔據支配地位──例如台商為主題的書籍，大多屬「經營指南」；另方面，台商研究學者也因為缺乏集中的資源，彼此各自為政。[20]

　　更為深刻的研究制約，來自台商的心理陰影。因為不願輕涉兩岸對立與

---

[20] 政治大學「台商研究資料庫暨檢索互動網」的設置，目的便在嘗試改善此一困窘，希望能提供背景材料並進行調研共用，在投入過程中獲得國科會社科中心、政治大學中國大陸研究中心與蔣經國基金會的補助，尤其政治大學中國大陸研究中心兩位主任林碧炤教授、王振寰教授的支持，盼能借此申謝。

統獨之爭，台商自始便不斷壓抑，他們習於低調，不願填寫問卷，不回應敏感問題，受訪若有外人陪同，更將小心偽裝，避免表態（吳介民，2004）。換言之，對台商學者而言，別說系統抽樣的問卷調查，私下交換還得多年交情，方能一探想法究竟。也因此，台商學者必須累月奔波調研，還得有賴經年積累才能有所獲，研究門檻極高，成本也高於其他領域，其「非官方／地下性」於此展露無疑。但兩岸既已邁入和解階段，雙方政府似應正視台商貢獻，並支持學界觀察台商的嘗試（田弘茂、黃偉峰編，2010）。

其次，撇開政府不談，單就學術社群而論，台商研究的主要局限，在理論嘗試有限、理論貢獻不足。這部分後續探討。此外，台商研究也過於「台灣中心」。「台灣觀點」本是生根本土所必然，但若因此過於台灣本位，容易單向思考，既可能造成研究盲點，也不利學術交流。例如台商學者的研究起點，往往類似：「台商社群的某種變化，對台灣發展影響為何？」但單純研究台商，何必非得以台灣利害為念？又何嘗不能偶一問之：這些趨勢，大陸社會將如何看待？對大陸發展影響為何？

同樣的，學者也經常預設台商之「落葉歸根、堅守台灣認同」，但倘若台商存有不同立場，是否會被質疑「怎能背棄台灣？」[21] 一旦如此，研究物件可能曲意迎合，「很多事就不好承認啦！」這就會造成研究盲點。進一步觀察，現有的台商研究之中，台人的適應與融入，始終未得太多關注，相關議題如「當地」台人的社群分化、群際關係、居住隔離、族裔經濟、職業變遷、家庭紐帶、世代衝突、社會網絡調適、社團組織、文化消費等等海外華人的熱門議題（周敏，2006），似乎也還未系統研究。本於「台灣中心」的思考，「跨境」得到太多的重視，「落戶」卻有意無意被遺落；「跨國主義」觀點被熱情擁抱，而「融入／同化」卻教人坐立難安。那麼，若從「台灣中心」稍微解放，是否有助避免研究盲點，拓寬研究視野？

---

[21] 曾有台商學者表示，一旦不再堅持台灣認同，台商就將化身為中國人，不再屬於其研究物件。

　　最後，誠如前節所述，台商研究雖對台商動態亦步亦趨，但在掌握新興議題上，仍有數年的落差。舉例而言，時序邁入新世紀，台商早已糾纏於生活、認同之間時，台商研究才留心於長三角、珠三角的比較，但這已是90年代中後期台商關注焦點（莊素玉、陳卓君、陳昺豪等，2001）。因此，對許多台商而言，困擾多年的問題，如升級轉型（耿曙，2008b）、彈性家庭（王君琳，2002；吳孟潔，2006）、外遇二奶（Shen, 2009）、世代交班（鄧建邦、魏明如，2010）等，迄今仍少見系統研究，尤其是帶進新理論角度——如女性主義、跨國觀點、離散族群等——的研究。

理論方向：全球背景下的移民理論

　　台商研究最大不足，在其理論對話有限。這一則因為仍處摸索階段，有待案例積累，但背後更深刻的原因，在將「台商現象」視為兩岸獨有，並未採取比較角度，援引理論為助，將具體發現提煉為一般命題。結果，所謂台商研究，雖能有助掌握台商動向，[22]卻鮮少具備理論價值。根據作者所見，若盼超越既有局限，可能一方面得重新設定台商角色，調整觀察角度，另方面則須接通移民理論，採納比較設計，藉此豐富台商研究的內涵、提升其理論層次。

　　有關台商角色的設定，涉及台商研究所發揮的空間。若將台商視為「投資者」，則可連結資本主義下的跨國企業研究；反之，若將台商視為「移民者」，則可接通豐富多彩的移民研究。對此，客觀上台商多已長期駐足、不再穿梭，有日漸化身移民的趨勢，[23]因此移民必須面對的問題，如身分認同、群際關係、公民權利、社群組織等也接踵而來。其次，「國際企業」與「移民研究」關照不同，雖可並行不悖，但前者偏向實用，導入的理論層次似乎遠遜後

---

[22] 由於人際信任緣故，台灣學者的進入優勢，為對岸學者所遠遠不及，更遑論西方學者，此點常為對岸涉台學者所抱怨。
[23] 仍然屬於「全球時代」的新移民類型。

者。渠此,為求極大理論對話的可能,吾人仍應嘗試結合「台商研究」與「移民理論」。

根據三位作者的看法,若能接通移民理論,台商研究便能可大可久。但「移民研究」領域歷經多年發展,早已自成系統,台商研究如何在其中覓得自身的利基?關鍵在台商西進的時代背景——「全球時代」(the global era/the global age)——若能緊扣此一結構脈絡,不難提煉出能挑戰、修訂傳統移民理論的研究成果。

之所以如是說,原因在傳統移民理論多為「前全球時代」的移民模式。那時的移民多為城鄉/跨國移動的藍領階層(在「雙層勞動市場」中,從事髒險難的3D工作),流動多為生計所迫而向發達區域流動,且力圖融入當地,由此發展出來的移民理論如推拉模型、雙層勞動(dual labor market)、連鎖移動、飛地經濟等,均著眼於此類移民的解釋(Portes & Böröcz, 1989; Massey et al., 1993; Cohen ed., 1996; Portes, 1997)。由於此類移民屬於社會底層(underclass),因此疆界穿越/政策管制、社會歧視/公民權利(包括福利、教育、文化權等)便成為關注焦點,在政策辯論過程中深受國族「疆界」、「領域」、「公民」等概念所制約:對多數移民而言,寄託母國與融入當地是一個「兩者擇一」問題:不是「回歸移民」(return migrants),就剩融合同化。在這樣「單線/命定」的預設下,民族國家構成一個非己則彼,無可逃脫的「容器」(一切社會過程必須「在其中」發生),存在所謂「概念上的國族主義」(methodological nationalism)預設(Wimmer & Glick-Schiller, 2002)。

然而在全球化背景下,日益普遍的移民形式已不再遵循上述規律。由於科技日新、空間萎縮、經濟活動大量「跨國化」(Dicken, 2003),使得「地方」與「全球」緊密接軌。隨之而起的是人員頻繁的、往返的跨國流動(Sassen, 2006: 161-200),由於他們不斷穿越疆界,拓展出超族國的「流動的空間」(spaces of flows, Castells, 1998),或稱「跨國社會空間」(transnational social space),逼使學者回頭挑戰原有預設,並嘗試以一些

形成中的概念——如「全球產業網絡」（global production networks, Gereffi & Korzeniewicz, 1994）、「全球城市」（global cities, Sassen, 2001; Taylor, 2004）、「跨國社群」（transnational communities, Saxenian, 2008; Nadje, 2001）、「跨國觀點」（transnationalism, Basch, Glick-Schiller & Blanc, 1994; Vertovec & Cohen eds., 1999; Khagram & Levitt eds., 2008）及「去領域性」（deterritorialization, Papastergia, 2000）等——幫助捕捉或概括「全球時代」的移民模式。

　　若用這些新的「去領域／國族化」的角度觀察台商，則由於他們處於社會上層（super-class/global capitalist class），因此跨海對岸之初幾無長期落戶、歸化當地的打算，反多以穿梭往返、隨時轉進為安排（鄧建邦，2009、2010）。不過從「跨國觀點」來看，台商社群具備下述幾項特質，可以作為全球時代跨境流動的絕佳代言，也是吾人嘗試「新移民理論」的有力支撐。[24]

　　首先，台商往往發展「多重跨域連結」，一方面兩岸地屬隔鄰，加上台商具備經濟優勢，又由於各種權宜的安排——如台胞證多次簽、台胞國民待遇、全民健保加保、近年兩岸直航等——他們往往具備自由流動、穿透疆界的能力（耿曙、李欣儒，2004；鄧建邦，2009），得以在兩地同時維持社會參與與社會連結。此外，客觀上大陸快速發展，存在太多獲利良機；但台灣體制成熟，具有各種制度優勢——常被提及者如法治、健保、生活文化文明等——加上台商仍存優越心理，往往不願放棄其台胞身分（林平，2010）。最後，同樣關鍵的是，台商出身「網絡文化」，在台交情積累多年，不致輕言放棄；大陸又屬「關係社會」，在地發展社會連結，台商也能駕輕就熟。這些都將發揮錨定作用，促使台商「兩頭涉身」（耿曙，2003）。因此，不論較諸傳統移民抑或

---

[24] 跨國觀點原用以關照原生地與僑居地間的往返流動，多側重中低階層，是「由下而上」的跨國形式，但在全球潮流之下，針對台商特性，不妨結合前述「跨國社區」、「全球城市」等研究框架，就「由下而上」的跨國形式，發展新的「跨國觀點」的研究。參考王宏仁、郭佩宜，2009，3-12；鄧建邦，2009。必須說明的，在現有移民研究中，受到之前「底層移民」影響，以「由下而上」的移民形式為主流。但隨全球化而興的，起碼同樣顯著的是「由上而下」的模式。

全球菁英，台商不但更常往返穿梭（鄧建邦，2007、2009a），同時又根繫兩岸（耿曙，2003；鄧建邦，2009），別具「多重跨域連結」的特質。

其次，台商通常還具備「多元身分認同」。一方面因為兩岸同文同種，彼此本能相容並蓄，台商相對容易融入，如舉家遷移、購置房產、甚至退休安排者不在少數（耿曙，2002；林瑞華、胡偉星、耿曙，2011）；但另方面，台商或去國日久、懷鄉情深，或持續往返、兩頭涉身，難以忘懷對台情感，因而產生同時認同台灣與大陸的「雙重認同」（「兩邊都是家」，陳朝政，2005；鄧建邦，2009；舒耕德，本書論文）。但是從另一個角度來看，由於兩岸分隔逾甲子，經濟既有落差，制度本來有別，彼此又各有不同的生活習慣、社會記憶及身分標籤（可能是刻板印象，但根據「社會認同」機制，仍將發生區隔作用），往往在接觸過程中愈見隔閡（鄧建邦，2002；蔣逸青，2008；林平，2009；耿曙、曾于蓁，2010）；在此情況下回首台灣故土，則又因為離鄉日久而顯情疏，加上台灣政治環境時而譏以出走、離棄之嫌，使得台商覺得兩邊不是家，因而產生「雙重邊緣」之感。前述處於「雙重認同」與「雙重邊緣」之中的台商（鄧建邦，2009），在身分問題上充滿矛盾、掙扎、失落與妥協，不斷進行自我的「認同協商」，也就是在兩岸的特殊背景之下，台商成為全球脈絡中「多元身分認同」的凸出案例。

最後，台商大多置身於「跨境文化氛圍」之中。首先，就整個背景結構而言，台商無論去留、發展，都深受全球資本主義支配：既為世界體系調整驅迫，也與國際市場進行連結，因此身當「國際─當地」的居間角色，必須時刻關注雙方動態，隨時進行轉換調整。由此可知，台商雖然身在大陸土地之上，卻更置身全球脈絡之中，自然難免受全球體制／文化／氛圍的影響，也經常自我界定為「國際／外來」，而非「國內／本土」。其次，作為社會的專業人／高所得群體，不少台商有能力維持一個國際化的生活，如購買進口產品、接收國際媒體、居住國際社區──他們對環境的選擇，已經超越生計層面，社區的文化環境，包括社會氛圍、居民觀念、城市景觀、地方文化等，常得到更優先的考慮（Florida, 2003; 2006）。加上他們多有跨境遷移、族際接觸的經驗，

因此除偏好國際都會城市、還多駐足國際社區中（林平，2009b）。最後，也由於兩岸關係的僵持、民族主義的狹隘、加上多次跨境經驗，台商一般排斥「強烈的地域認同」——既對台灣鄉土教材嗤之以鼻，也不能接受大陸的愛國教育。這些要素，共同構成了「跨境文化氛圍」，也成為台商作為「新時代移民」的重要特徵之一。

綜合上述，台商社群的幾項特性——多重跨域連結、多元身分認同、跨境文化氛圍等——使其成為觀察國際市場支配、世界體系轉型、全球文化擴張等結構力量，同時也是觀察「全球背景」下跨境流動的最佳物件。台灣學者大可發揮研究優勢，貢獻於新的移民理論，將此台灣特色的研究，推上國際學術領域，激發更多的對話空間。

研究設計：比較背景下的跨境經驗

除持續尋覓有利的框架外，提升理論層次的關鍵，也在分析台商的研究設計，尤在採用「比較研究」的框架，參照可比的跨境經驗，凸出彼此的異同、往復深化的觀察、提煉原創的概念、激發解釋的趣味，並適時接引理論資源，發展出本於台商的理論研究。至於其具體設計方案，則可任憑創造想像，在此姑以一些思路為例。

首先是以台商為中心的比較研究設計。可以參照比較不同時期（西進時機、停留久暫、產業特質均有不同）、不同區域（典型如東莞、上海對照，也蘊含前述差別，耿曙，2002；林瑞華、耿曙，2009）、不同部門（如製造業 vs. 服務業，各有接觸機會與接觸經驗，耿曙，2002；林瑞華、胡偉星、耿曙，2011）、不同族群（也涉及身分認同、政治立場等，郭姿秀，2009；林瑞華、胡偉星、耿曙，2011）、不同階級（包括經濟及文化層面，參考林瑞華、耿曙，2009，此外如耿曙所言「小頭家」出身與「專業人」背景，耿曙，2002）、不同跨境經驗（如耿曙曾經區分的「全球人」與「兩岸人」，耿曙，

2002、2003；耿曙、李欣儒，2004）等各種類型的台商，據以檢證或啟發各種理論假說。

　　此外還可擴大比較的範疇，例如以「移出經驗」為線索，比較各種跨境台商（例如大陸與東南亞台商），或以「移入經驗」為物件，比較各種「經營中國」的外商社群（如將台商與港商、日韓商、歐美外商等進行對照，蕭新煌、金潤泰，2000；劉仁傑、封小雲，2003；林瑞華、耿曙，2008；陳德昇編，2008；梁廣榮，2008；耿曙、黃意植，2009；若再縮小些，也可就移民上海的各類社群，進行參照觀察（如陳映芳編，2004；朱國棟、劉紅、陳志強編，2008；盧漢龍編，2009；耿曙、蔡馥宇，2009）。也還可更進一步的放寬歷史眼界，就眼前的台商與歷史的台商進行比較（例如清代或日治西渡經商者等，如中研院近史所，1994、1995；林滿紅，1998；張靜茹，2006；許雪姬，2007等），甚至近代各種華人移民／海外華人（例如周敏，1995、2006；廖赤陽、劉宏編，2008；Wang, 2000; Gomes & Hsiao eds., 2004; Yeung ed., 2007; Zhou ed., 2009），也可作為台商參照的對象，探索其中異同，激發理論創見。

　　最後，台商學者也可以依循前述理論線索，進行更自由的比較設計。例如超越華人移民為範疇，而以台商為「優勢移民族群」（privileged migrants，參考Sklair, 2002; Solimano ed., 2008），[25]觀察這群「專業／技術人士」（涉及「人才迴圈」brain circulation）如何受全球力量驅使，又如何與地方體制連結，為何因逐利跨境而來，又為何終究為成見認同所狃？或將台商視為特殊的「返鄉移民」，雖出於相同文化脈絡，又習於不同生活方式；既有嫻熟文化的優勢，又有保持距離的衝動，如何若即若離，遊走其間？諸如此類，都是值得開發的議題，也只有在「比較研究」的脈絡下，才能覺察其趣味，釐清其由來。換言之，一旦放寬比較的視野，可供接引的資源，可以對話的理論，都將不絕而來，台商研究也將能可大可久。

---

[25] 典型如Saxenian（2008）所刻畫生動的「新航海冒險家」（The New Argonauts）社群，同時也可參考Florida（2003）及Rothkopf（2008）的描繪。

　　當然，雖然乘著「比較的想像力」可以自由、任意翱翔，台商學者仍須緊扣「全球時代」的背景，留心其後各種結構力量，對跨境流動或者解放或者驅迫，這樣才能既解放想像，又不致迷失根本，也才能在比較設計的基礎上，創造出一片理論研究的新氣象。

參考書目

中文文獻

Castells, Manuel，1998，《網絡社會之崛起》，夏鑄九等校譯，台北：唐山。

Florida, Richard，2003，《創意新貴：啟動新新經濟的菁英勢力》，台北：寶鼎。

Florida, Richard，2006，《創意新貴II：城市與創意階級》，台北：寶鼎。

Naughton, Barry ed.，2005，《經濟圈：中國大陸、香港、臺灣的經濟和科技》，賈宗誼、賈志天譯，北京：新華。

Rothkopf, David J.，2008，《超級菁英》，閻紀宇譯，台北：時報文化。

Sassen, Saskia，2006，《客人？外人？：遷移在歐洲（1800-）》，黃克先譯，台北：巨流。

Saxenian, AnnaLee，2008，《新世代科技冒險家》，顧淑馨譯，台北：天下文化。

Sklair, Leslie，2002，《跨國資本家階層》，劉欣、朱曉東譯，南京：江蘇人民。

Steinfield, Edward，2011，《中國的邏輯：為什麼中國的崛起不會威脅西方》，曹檳、孫豫甯譯，北京：中信。

中研院近史所，1994，〈日據時期台灣人赴大陸經驗專號之一〉，《口述歷史期刊》，5，台北：中研院近史所。

中研院近史所，1995，〈日據時期台灣人赴大陸經驗專號之二〉，《口述歷史期刊》，6，台北：中研院近史所。

方孝謙，2003，〈全球化衝擊下大陸台商的認同問題〉，載許光泰等（編），《世貿組織與兩岸發展》，台北：政治大學國關中心，頁489-504。

王君琳，2002，《流動的家：大陸台商女性配偶的家生活與認同》，台灣大學建築與城鄉研究所未出版碩士論文。

王宏仁，2008，〈臺灣的移民接受政策與國家認同〉，載王宏仁、李廣均、龔宜君編，《跨戒：流動與堅持的臺灣社會》，台北：群學，頁111-126。

王宏仁、李廣均、龔宜君編，2008，《跨戒：流動與堅持的台灣社會》，台北：群學。

王宏仁、郭佩宜編，2009，《流轉跨界：跨國的臺灣、臺灣的跨國》，台北：中研院亞太區域研究專題中心。

王信賢，2004，〈物以類聚：臺灣IT產業大陸投資之群聚現象與理論辯析〉，《中國大陸研究》，47（3），頁85-109。

王振寰，1997，〈跨國界區域經濟形成的統理機制：以臺灣資本外移南中國為例〉，《臺灣社會研究季刊》，27，頁1-36。

石之瑜，1995，《後現代的國家認同》，台北：世界。

石之瑜編，2003，《家國之間：開展兩岸關係的能動機緣》，台北：新臺灣人文基金會／翰蘆圖書總經銷。

鄧建邦，2002，〈接近的距離：中國大陸台資廠的核心大陸員工與台商〉，《臺灣社會學》，3（6），頁211-251。

鄧建邦，2007，〈彈性下的限制：理解中國台幹的跨界工作流動與生活安排〉，《研究臺灣》，3，頁1-36。

鄧建邦，2008a，〈中國配偶之台幹家庭的遷徙行為與身份安排〉，宣讀於台商研究工作坊，台中：中興大學，2008年11月22-23日。

鄧建邦，2008b，〈性別、專業流動與生活劃界：女性台籍幹部在大上海與廣東〉，2008年台灣社會學年會：解嚴二十年臺灣社會的整合與分歧會議論文。台北：中央研究院社會學研究所。

鄧建邦，2009a，〈持續地回家：大上海台籍經理人員的移居生活〉，《臺灣社會學》，18，頁139-179。

鄧建邦，2009b，〈跨界流動下中國大陸台商的認同〉，載王宏仁及郭佩宜編，《流轉跨界：臺灣的跨國，跨國的臺灣》，台北：中研院亞太研究中心，頁133-160。

鄧建邦，2011，〈台商與大陸發展〉，載王振寰、湯京平、宋國誠編，《中國大陸暨兩岸關係研究》，台北：政治大學出版社，頁473-498。

鄧建邦、魏明如，2010，〈世代與家庭企業變遷：以珠三角地區台商為例〉，《中國大陸研究季刊》，53（3），頁25-51。

劉仁傑、封小雲等，1996，《亞洲巨龍》，台北：遠流。

劉玉照、王平、應可為，2009，〈台企中的組織「斷裂」與大陸「臺灣人」群體的社會融合〉，上海：中國社會科學內部文稿，頁75-82。

莊素玉、陳卓君、陳昺豪等，2001，《明碁電通總經理李焜耀發現蘇州：高科技台商蜂擁長江三角洲》，台北：遠見。

朱國棟、劉紅、陳志，2008，《上海移民》，上海：上海財經大學出版社。

朱炎，2006，《台商在中國：中國旅日經濟學者的觀察報告》，台北：財訊文化。

何素美，2006，〈中國電子資訊產業網路互動策略：以深圳及蘇州泛地區台商為例〉，《管理科學與統計決策》，3（1），頁54-70。

冷則剛，2003，《資訊產業全球化的政治分析：以上海市發展為例》，台北：印刻。

吳乃德，2005，〈愛情與麵包：初探臺灣民眾民族認同的變動〉，《臺灣政治學刊》，9（2），頁5-39。

吳介民，1996，〈同床異夢：珠江三角洲外商與地方之間假合資關係的個案研究〉，載李思名等編，《中國區域經濟發展面面觀》，台北／香港：台大人口中心及浸會大學林思齊東西交流所，頁174-217。

吳介民，2000，〈壓榨人性空間：身分差序與中國式多重剝削〉，《臺灣社會研究季刊》，39，頁1-44。

吳介民，20002，〈虛擬產權與台商的「關係政治學」〉，載鄭赤琰、張志楷編，《台商與兩岸關係論文集》，香港：嶺南大學族群與海外華人經濟研究部、香港海峽兩岸關係研究中心，頁220-240。

吳介民，2004，〈台商社群的「關係敏感帶」與「象徵行動群聚」〉，《當代中國研究通訊》，3，頁37-40。

吳介民，2011，〈永遠的異鄉客？公民身分差序與中國農民工階級〉，《臺灣社會學》，21，頁51-99。

吳介民、陳志柔、陳明祺，2007，〈跨海峽新社會研究：臺灣之中國研究典範更新與新興領域〉，《當代中國研究通訊》，9，http://www.ios.sinica.edu.tw/ios/people/personal/ccj/2008%E8% B7%A8%E6%B5%B7%E5%B3%BD%E6%96%B0%E7%A4%BE%E6%9C%83%E7%A0%94%E7%A9%B6.pdf.

吳玉山，1997，《抗衡與扈從：兩岸關係新詮》，台北：正中。

吳孟潔，2006，《漂洋過海的生活：台商配偶的遷移與轉變》，新竹：清華大學社會學研究所未出版碩士論文。

園田茂人，2008，〈中國大陸與臺灣中層管理人員對日商的評價——自1992至2007年〉，《東亞研究》，39（1），頁125-144。

呂政泰，2009，《社交經營還是形象塑造？東莞台商公關支出研究》，台北：政治大學東亞研究所未出版碩士論文。

宋曉薇，2005，《企業／公民身分之名與實：台資企業、地方政府與當地社區互動

關係》，新竹：清華大學社會學研究所未出版碩士論文。

李道成、徐秀美，2001，《經商中國：大陸各地台商的賺錢經驗》，台北：商訊文化。

邢幼田，1996，〈台商與中國大陸地方官僚聯盟：一個新的跨國投資模式〉，《臺灣社會研究季刊》，23，頁159-81；

周敏，1995，《唐人街：深具社會經濟潛質的華人社區》，鮑靄斌、葉振猶譯，北京：商務印書館。

周敏，2006，《美國華人社會的變遷》，郭南審譯，上海：上海三聯書店。

林開忠、王宏仁，2006，〈移民研究的知識社會學考察：以東南亞台商與婚姻移民為例〉，載施正鋒編，《國家認同之文化論述》，台北：臺灣國際研究學會／翰蘆，頁633-659。

林平，2009a，〈感情因素對人口遷移的影響：以居住在東莞與上海地區的外省臺灣人為例〉，《東亞研究》，40(2)，頁99-140。

林平，2009b，〈從居住空間看臺灣人對中國大陸當地的認同〉，《臺灣政治學刊》，13（2），頁57-111。

林平，2011，〈我的美麗與哀愁：在中國大陸的單身臺灣女性〉，《人口學刊》，41，頁111-151。

林志慎，2001，《外來動力的「制度創新」：「東莞台商協會」成立「台商學校」之研究》，台北：政治大學東亞研究所未出版碩士論文。

林宗弘、胡克威，2011，〈愛恨ECFA：兩岸貿易與台灣的階級政治〉，共46頁，發表於「2011台灣—香港社會學與社會意向」研討會，台北：中央研究院：中央研究院社會學研究所，2011年3月11-12。

林宗弘、楊友仁，2010，「終結血汗工廠，捍衛勞動人權」，http://www.360doc.

林金燦，2008，《貪汙、規費、白手套：昆山的租金分配制度》，台北：政治大學東亞研究所未出版碩士論文。

林瑞華、胡偉星、耿曙，2011，〈「階級差異」或「認同制約」？大陸臺灣人當地融入的分析〉，《中國大陸研究》，頁29-56。

林瑞華、耿曙，2008，〈經濟利益與認同轉變：台商與韓商個案〉，《東亞研究》，39（1），頁166-192。

林瑞華、耿曙，2009，〈身份認同的階級起源：中國大陸台商認同的個案研究〉，宣讀於2009年臺灣社會學會年會，台北：東吳大學外雙溪校區，11月28-29

日。

林滿紅，1998，《日據時期臺商的島外經貿活動》，台北：行政院國科會科資中心。

金碧，2001，《客居上海：上海生活面面觀》，台北：商訊文化。

政治大學台商研究資料庫，http://tai-shang.nccu.edu.tw。

柏蘭芝、潘毅，2003，〈跨界治理：台資參與昆山制度創新的個案研究〉，《城市與設計》，15/16，頁59-91。

胡蘇雲，2006，〈上海臺灣人的社會融入分析〉，《社會科學》，8，頁125-135。

夏曉鵑，2002，《流離尋岸：資本國際化下的「外籍新娘」現象》，台北：唐山。

夏曉鵑，2005，〈全球化下臺灣的移民／移工問題〉，載瞿海源、張苙雲編，《臺灣的社會問題：2005》，台北：巨流圖書，頁329-367。

徐斯勤、陳德昇編，2009，《台商大陸投資：名人訪談錄》，台北：INK。

徐進鈺，2005，〈從移植到混血：台商大陸投資電子業的區域網路化〉，載陳德昇編，《經濟全球化與台商大陸投資：策略、佈局與比較》，台北：晶典，頁27-44；

耿曙，2002，〈「資訊人」抑或「臺灣人」？大上海地區高科技台商的國家認同〉，發表於佛光大學「第二屆政治與資訊研討會」，宜蘭，2002年4月11-12日。

耿曙，2003，〈「連綴社群」：WTO背景下兩岸民間互動的分析概念〉，載許光泰、方孝謙、陳永生編，《世貿組織與兩岸發展》，台北：政大國關中心，頁457-487。

耿曙，2005，〈台商研究：問題意識與理論觀點〉，《中國大陸研究中心通訊》，7，頁7-14。

耿曙，2008a，〈官箴與回避：中國傳統治理模式的創造性轉化〉，發表於「兩岸治理與公共政策」學術研討會，政治大學國際關係研究中心第四所主辦，台北：2008年11月8日。

耿曙，2008b，〈珠三角的經濟發展與投資現況：解讀珠三角台商逃亡潮〉，發表於「中國區域經濟發展與台商未來」研討會，國策研究院、台灣產經建研社、電電公會、寶來集團、台灣人壽等主辦，台北：4月24日。

耿曙，2008c，〈站在新移民研究的起點：台商研究的回顧與前瞻〉，發表於「台商研究」工作坊，中興大學國際政治研究所，台北：2008年11月22-23日。

耿曙，2009，〈經濟扭轉政治？中共近期「惠台政策」的政治影響〉，《問題與研究》，48（3），頁1-32。

耿曙、劉嘉薇、陳陸輝，2009，〈打破維持現狀的迷思：臺灣民眾統獨抉擇中理念與務實的兩難〉，《臺灣政治學刊》，13（2），頁1-35。

耿曙、李欣儒，2004，〈跨入全球新世界？上海臺灣人社群中的階級分野〉，發表於世新大學社發所「跨界流離：全球時代移民／工與社會文化變遷」學術研討會，6月18-19日。

耿曙、林家煌，2008，〈登堂未入室：信任結構、協力網路與台商產業群聚的模式〉，《社會科學論叢》，1（3），頁91-126。

耿曙、林琮盛，2005，〈全球化背景下的兩岸關係與台商角色〉，《中國大陸研究》，48（1），頁1-28。

耿曙、林瑞華，2007a，〈台商發展研究〉，載李英明編，《中國大陸研究》，台北：巨流，頁275-301。

耿曙、林瑞華，2007b，〈制度環境與協會效能：大陸台商協會的個案研究〉，《臺灣政治學刊》，11（2），頁93-171。

耿曙、林瑞華，2008，〈台商研究入門的小幫手：「台商資料庫暨檢索互動網」介紹〉，《人文與社會科學簡訊》，10（1），頁86-95。

耿曙、林瑞華，2009，〈「階級」抑或「族群」？臺灣人當地融入狀況之比較〉，宣讀於台商大陸投資二十年：經驗、發展與前瞻，台北：政治大學中國大陸研究中心，2009 年10 月3-4 日。

耿曙、黃意植，2009，〈路徑依賴與跨國企業市場進入：台、韓商經營中國內需市場策略比較〉，發表於「東北亞及環黃海圈經濟貿易合作」研討會，Korean Academy of International Commerce與魯東大學，煙台：2009年7月1-4日。

耿曙、舒耕德、林瑞華編，即將出版，《台商研究》，台北：五南。

耿曙、蔡馥宇，2009，〈良禽擇木棲：比較上海市與臺北市的外來白領移民公民權政策〉，論文發表於2009年中國政治學會年會暨「金融海嘯下的全球化、民主化與民主治理」學術研討會，台北：11月6-7日。

耿曙、張雅雯，2007，〈舊階級、新政治？階級分化、保護主義與臺灣政黨的社會基礎〉，發表於中央研究院政治學研究所籌備處主辦「全球化時代的公民與國家」學術研討會，台北：11 月 10 日。

高長，2008，《大陸經改與兩岸經貿》，台北：五南。

高長、許源派，2004，〈制度環境衍生的交易成本與大陸台商因應策略之探討〉，發表於致理技術學院「展望兩岸經貿關係」研討會，台北：2004 年 10 月 15 日。

商周，2001，《到大陸作生意》，台北：商周。

張苙雲編，1999，《網絡台灣：企業的人情關係與經濟理性》，台北：遠流。

張家銘，2008，〈跨界投資中國及社會適應——台商、日商與韓商比較〉，《東亞研究》，39（1），頁145-164。

張靜茹，2006，《上海現代性‧臺灣傳統文人：文化夢的追尋與幻滅》，板橋：稻鄉。

曹敏娟，2007，《影響東莞台校學生身分認同的因素分析》，台北：銘傳大學公共事務研究所未出版碩士論文。

梁廣榮，2009，《獨在異鄉為異客：中國大陸台、港商身份認同的比較研究》，台北：政治大學東亞研究所未出版碩士論文。

許雪姬，2007，〈他鄉的經驗：日治時期臺灣人的海外活動口述訪談〉，載當代上海研究所主編，《口述歷史的理論與實務——來自海峽兩岸的探討》，上海：上海人民出版社，頁177-212。

陳介玄，2001，《班底與老闆：臺灣企業組織能力的發展》，台北：聯經。

陶孟仟，2009，《台灣移民在中國的子女教養和學校選擇》，新竹：清華大學社會學研究所未出版碩士論文。

陳威仰，2008，《上海移民文化下的多元認同：以台商「抱團群聚」為例》，台北：政治大學東亞研究所未出版碩士論文。

郭姿秀，2009，《矢志不渝或隨波逐流？大陸台人的身分認同及其社會融入》，台北：政治大學東亞研究所未出版碩士論文。

陳朝政，2005，〈大陸台商的認同變遷：理論的歸納與推論〉，《東亞研究》，36（1），頁227-274。

陳鏗任、吳建華，2006，〈是故鄉，還是異鄉？從東莞台校學生的學習經驗看臺商子女的身分認同意象〉，《師大學報：教育類》，51（2），頁173-193。

黃岩，2011，《全球化與中國勞動政治的轉型：來自華南地區的觀察》，上海：上海人民出版社。

黃德北、馮同慶、徐斯勤編，2011，《全球化下的勞工處境與勞動研究》，北京：社科文獻出版社。

黃凱政，2003，《大陸台商當地化經營之研究：以大上海地區為例》，台北：政治大學東亞研究所未發表碩士論文。

彭昉，2007，〈計時趕工的霸權體制：對華南一家加工出口台資廠的勞動體制研究〉，《台灣社會學》，14，頁51-100。

曾于蓁，2008，〈拒絕融化的冰；做為政治社會化機制的東莞台校〉，宣讀於台商研究工作坊，台中：中興大學，2008年11月22-23日。

曾嬿芬，2007，〈研究移住／居臺灣：社會學研究現況〉，《臺灣社會研究》，66，頁75-103。

曾嬿芬，吳介民，2010，〈重新思考公民身分的政治面向：以移居中國之臺灣人公民身分政策為例〉，《政治與社會哲學評論》，32，頁93-143。

曾紀幸，2004，〈台商在大陸之企業網路與關係網絡之研究〉，《企業管理學報》，62，頁79-116。

程永明、蔡明田，2004，〈不完全市場下之關係哲學對臺灣製造業進入大陸模式與績效影響之研究〉，《人文及社會科學集刊》，16（4），頁533-577。

童振源，2000，〈臺灣與「中國」經貿關係：經濟與安全的交易〉」，《遠景季刊》，1（2），頁31-82。

童振源，2003a，〈兩岸經濟整合與臺灣的國家安全顧慮〉，《遠景季刊》，4（3），頁41-58。

童振源，2003b，《全球化下的兩岸經濟關係》，台北：生智。

童振源、洪家科，2010，〈台商對中國經濟發展的貢獻：1988～2008年〉，載田弘茂、黃偉峰編，《台商與中國經濟發展》，台北：國策研究院，頁1-50。

黃宗儀，2007，〈全球都會區域的彈性身分想像：以臺北與上海為例〉，《文化研究》，4：，頁9-40。

群策會編，2004，《兩岸交流與國家安全》，台北：財團法人群策會。

群策會編，2006，《臺灣經濟的迷思與出路》，台北：財團法人群策會。

廖赤陽、劉宏編，2008，《錯綜於市場、社會和國家之間：東亞口岸城市的華商與亞洲區域網路》，新加坡：八方文化。

熊瑞梅，2008，〈台灣企業社會學研究的發展與反思〉，載謝國雄編，《群學爭鳴：台灣社會學發展史，1945-2005》，台北：群學，頁178-241。

劉玉照，2005，〈「移民化」及其反動：在上海的農民工與台商「反移民化」傾向的比較分析〉，《學術月刊》，7，上海：上海市社會科學界聯合會。

潘美玲、陳介玄，2005，〈縱橫四海的企業家：從協力生產到全球佈局〉，載王振寰、章英華編，《凝聚臺灣生命力》，台北：巨流，頁23-45。

潘毅，2007，《中國女工：新興打工階級的呼喚》，任焰譯，香港：明鏡出版社。

蔣逸青，2008，《群際接觸對登陸台灣人當地化之影響：以東莞及上海為例》，台北：政治大學東亞研究所未出版碩士論文。

蔡境予，2009，《從「中國籍台商妻子」看離散情境下之台灣在地女性公共性》，台北：東吳大學社會學所未出版碩士論文。

蔡馥宇，2010，《上海市台商的流動能力與身份選擇》，台北：政治大學國家發展研究所未出版碩士論文。

鄭伯壎，1995，〈差序格局與華人組織行為〉，《本土心理學研究》，3，頁142-219。

鄭伯壎、林以正、周麗芳，2009，〈Chinese Organizational Behavior Studies in the Age of Globalization〉，《臺灣東亞文明研究學刊》，6（2），頁131-161。

賴慧宜，2009，《Tug-of-war between Character and Competitiveness: The Decision of Taiwanese Businesspeople in China over Their Children's Study Plan》，台北：政治大學亞太研究英語碩士學位學程未出版碩士論文。

魏鏞，2003，〈臺灣海峽兩岸互動模式之發展：歷史回顧、比較分析與制度建構〉，載何思因、陳德昇、耿曙編，《中國大陸研究方法與成果》，台北：政治大學國關中心，頁343-405。

蘇祐磊，2008，《落地生根或落葉歸根：族群接觸與上海台商子女身份認同之關係》，台北：政治大學東亞研究所未出版碩士論文。

盧漢龍編，2009，《轉變中的上海市民》，上海：上海社科院出版社。

張榮豐，1989，《台海兩岸經貿關係》，台北：業強。

張家銘，2001，〈中國大陸蘇州的經濟發展與台商投資之研究〉，《東吳社會學報》，11，頁175-201。

張家銘，2006，《台商在蘇州：全球化與在地化的考察》，台北：桂冠。

張家銘、江聖哲，2007，〈蘇州台商的政企關係：制度鑲嵌與比較觀點的考察〉，《政治學報》，44，頁25-65。

張家銘、吳翰有，2000，〈企業外移與根留臺灣：從蘇州台商的經驗論起〉，《中國事務》，2，頁55-71。

張家銘、邱釋龍，2002，〈蘇州外向型經濟發展與地方政府：以四個經濟技術開發

區為例的分析〉，《東吳社會學報》，13，頁27-75。

張景旭，2000，〈台資企業大陸管理幹部階級性格與動向：關於階級與發展社會
　　學的幾個重要命題〉，載鄭赤琰、張志楷編，《台商與兩岸關係研討會論文
　　集》，香港：嶺南大學／香港海峽兩岸關係研究中心，頁133-173。

張翼、聶佩進，2005，〈台商在大陸的發展狀況：以上海和江蘇為例〉，載中
　　國社科院青年人文社科中心編，《2003國情調研》，濟南：山東人民，頁
　　509-560。

張維安編，2001，《台灣的企業組織結構與競爭》，台北：聯經。

楊友仁、夏鑄九，2005，〈跨界生產網路之在地鑲嵌與地方性制度之演化：以大東
　　莞地區為例〉，《都市與計畫》，32（3），頁277-301。

蕭新煌、王宏仁、龔宜君編，2002，《台商在東南亞：網路、認同與全球化》，台
　　北：中研院亞太研究計畫。

蕭新煌、金潤泰，2000，〈福建台商與山東韓商的比較〉，載鄭赤琰、張志楷編，
　　《台商與兩岸關係研討會論文集》，香港：嶺南大學，頁111-132。

蕭新煌、龔宜君，2002，〈台商的歷史、性格與未來發展〉，載蕭新煌、王宏仁、
　　龔宜君主編，《台商在東南亞：網路、認同與全球化》，台北：中央研究院亞
　　太研究計畫，頁11-32。

鄭伯壎、劉怡君，1995，〈義利之辨與企業間的交易歷程：臺灣組織間網路的個案
　　分析〉，《本土心理學研究》，4（8），頁2-41。

鄭陸霖，1999，〈一個半邊陲的浮現與隱藏：國際鞋業市場重組下的生產外移〉，
　　《臺灣社會研究季刊》，35，頁1-46。

陳介玄，1994，《協力網路與生活結構：臺灣中小企業的社會經濟分析》，台北：
　　聯經。

陳志柔，2008，中國地方治理與台商社會資本，宣讀於台商研究工作坊，台中：中
　　興大學，2008年11月22-23日。

陳志柔、于德林，2005，〈臺灣民眾對外來配偶移民政策的態度〉，《臺灣社會
　　學》，10，頁95-148。

陳明祺，2005，《跨越邊界的協力：中資廠加入中國台商自行車協力網絡與台資廠
　　加入中資自行車配套體系的經濟社會學分析》，國科會專題研究計畫成果報
　　告，

陳映芳編，2003，《移民上海：52人的口述實錄》，上海：學林。

陳振偉、耿曙，2005，〈揮別發展型國家？昆山地方治理模式的轉型〉，《政治學報》，37，頁139-171。

陳彬，2000，《移民上海：我的臺灣經驗遇上海派作風》，台北：商訊文化。

陳彬，2001，《立足上海》，台北：時報文化。

陳博志等，2002，《臺灣與中國經貿關係：現代學術研究專刊12》，台北：財團法人現代學術研究基金會。

陳朝政，2004，《台商在兩岸的流動與認同：經驗研究與政策分析》，台北：東吳大學政治學系未出版博士論文。

陳德昇，1994，《兩岸政經互動：政策解讀與運作分析》，台北：永業。

陳德昇編，2005，《經濟全球化與台商大陸投資：策略、佈局與比較》，台北：晶典文化。

陳德昇編，2008，《台日韓商大陸投資策略與佈局：跨國比較與效應》，台北：印刻。

陳陸輝、耿曙、塗萍蘭、黃冠博，2009，〈理性自利或感性認同？：影響臺灣民眾兩岸經貿立場因素的分析〉，《東吳政治學報》，27（2），頁87-125。

龔宜君，2005a，〈半邊陲之臺灣企業在世界體系的鑲嵌〉，《臺灣東南亞學刊》，2（1），頁61-82。

龔宜君，2005b，《出路：台商在東南亞的社會形構》，台北：中研院亞太區域研究專題中心。

英文文獻

Basch, Linda G., Nina Glick Schiller & Cristina Szanton Blanc. 1994. *Nations Unbound: Transnational Projects, Postcolonial Predicaments, and Deterritorialized Nation-States.* Langhorne, PA: Gordon and Breach.

Chen, Homin & Tain-Jy Chen. 1998. "Network Linkages and Location Choice in Foreign Direct Investment." *Journal of International Business Studies* 29(3): 445-468.

Chen, Tain-Jy. 1998. *Taiwanese Firms in Southeast Asia: Networking Across Borders.* Cheltenham, UK: Edward Elgar.

Chien, Shiuh-Shen & Baoshan Ho. 2011. "Globalization and Local Governments Learning in Post-Mao China- A Transnational Perspective." *Global Networks: A Journal of Transnational Affairs* 11(3): 315-333.

Chien, Shiuh-Shen & Litao Zhao. 2008. "Kunshan Model: Learning from Taiwanese Investors." *Built Environment* 34(4): 427-443.

Chien, Shiuh-Shen & Ian Gordon. 2008. "Territorial Competition in China and the West." *Regional Studies* 42(1):1-18.

Chien, Shiuh-Shen. 2007. "Institutional Innovation, Asymmetric Decentralization, and Local Economic Development-Case of Post-Mao Kunshan." *China, Environment and Planning C: Government and Policy* 25(2): 269-290.

Chien, Shiuh-Shen. 2008a. "Local Responses to Globalization in China: A Territorial Restructuring Process Perspective." *Pacific Economic Review* 13(4): 492-517.

Chien, Shiuh-Shen. 2008b. "Isomorphism of Regional Development Policy in China-Case Study of National-Level Development Zones in Jiangsu." *Urban Studies* 45(2): 273-294.

Cohen, Robin ed. 1996. *Theories of Migration, Cheltenham.* UK & Brookfield, VT: Elgar.

Deyo, Frederic C., ed. 1987. *The Political Economy of the New Asian Industrialis.* Ithaca, NY: Cornell University Pres.

Diamond, Larry, Marc F. Plattner, Yun-Han Chu & Hung-Mao Tien eds. 1997. *Consolidating the Third Wave Democracies: Regional Challenges.* Baltimore, MD: Johns Hopkins University Press.

Dicken, Peter. 2003. *Global Shift: Reshaping the Global Economic Map in the 21st Century.* Thousand Oaks, CA: Sage.

Gereffi, Gary & Miguel Korzeniewicz eds. 1994. *Commodity Chains and Global Capitalism.* Westport, CT: Greenwood Press.

Gold, Thomas B. 1986. *State and Society in the Taiwan Miracle.* Armonk, NY: M. E. Sharpe.

Gomes, Edmund Terence & H. H. Michael Hsiao eds. 2004. *Chinese Enterprise, Transnationalism and Identity.* London & New York: Routledge Cruzon.

Haggard, Stephan. 1990. *Pathways from the Periphery: The Politics of Growth in the Newly Industrializing Countries.* Ithaca, NY: Cornell University Press.

Hsing, You-Tien. 1996. "Blood, Thicker Than Water: Interpersonal Relations and Taiwanese Investment in Southern China." *Environment and Planning A* 28:

2241-2261.

Hsing, You-Tien. 1998. *Making Capitalism in China: The Taiwan Connection.* Oxford & New York: Oxford University Press, 1998.

Hsing, You-Tien. 1999. "Trading Companies in Taiwan's Fashion Shoe Networks." *Journal of International Economics* 48: 101-120.

Hsing, You-Tien. 2003. "Ethnic Identity and Business Solidarity: Chinese Capitalism Revisited." In *The Chinese Diaspora; Space, Place, Mobility, and Identity*, Laurence Ma & Carolyn L. Cartier. eds. Lanham: Rowman and Littlefield.

Keng, Shu. 2003. "Taiwanese Identity, Found and Lost: Shifted Identity of the Taiwanese in Shanghai." Paper presented in the Conference on "Political Economy: Dialogues between Philosophy, Institutions, and Policy." Department of Political Science, National Chengchi University, Taipei, September, 27-28.

Keng, Shu. 2007. "Understanding the Political Consequences of People-to-People Relations across the Taiwan Strait: Towards an Analytical Framework." *Chinese History and Society* 32: 63-80.

Keng, Shu. 2010. "Developing into a Developmental State: Changing Roles of Local Government in the Kunshan Miracle." In *Dynamics of Local Government in China during the Reform Era*, Yunhan Chu & Tse-Kang Leng eds., Lanham, MD: Rowman & Littlefield, pp. 225-271.

Keng, Shu & Gunter Schubert. 2010. "Agents of Unification? The Political Role of Taiwanese Businessmen in the Process of Cross-Strait Integration." *Asian Survey* 50(2): 287-310.

Keng, Shu, Gunter Schubert & Emmy Ruihua Lin. 2011. "Globalization and Taishang: Reflections on the Problematics of Taishang Studies." Conference on Migration to and from Taiwan, London: Centre of Taiwan Studies, School of Oriental and African Studies (SOAS), University of London, June 29-30.

Keng, Shu, Lu-Huei Chen & Kuan-Bo Huang. 2006. "Sense, Sensitivity, and Sophistication in Shaping the Future of Cross-Strait Relations." *Issues & Studies* 42(4): 23-66.

Keng, Shu, Yingnan Chen & Luhuei Chen. "Identity vs. Interests in International Politics: Is the Taiwanese Sovereignty Shanghaied in Trading with China?", Under Review.

Khagram, Sanjeev & Peggy Levitt eds. 2008. *The Transnational Studies Reader: Intersections and Innovations.* New York & London: Routledge.

Lan, Pei-Chia. 2006., *Global Cinderellas: Migrant Domestics and Newly Rich Employers in Taiwan. Durham*, NC: Duke University Press.

Lee, Ching Kwan. 1998. *Gender and the South China Miracle: Two Worlds of Factory Women.* Berkeley & LA: University of California Press.

Lee, Ching Kwan. 2007. *Against the Law: Labor Protests in China's Rustbelt and Sunbelt.* Berkeley & LA: University of California Press.

Levitt, Peggy. 2001. *The Transnational Villagers.* Berkeley & LA: University of California Press.

Lin, Ping. 2007. "Men in Double Marginality, Chinese Diaspora 'at Home'," 發表於2007臺灣社會學會年會，臺北：11月24-25日。

Lin, Tse-Min, Yun-Han Chu & Melvin J. Hinich. 1996. "Conflict Displacement and Regime Transition in Taiwan: A Spatial Analysis." *World Politics* 48(4): 453-481.

Massey, Douglas S. et al. 1993. "Theories of International Migration: A Review and Appraisal." *Population and Development Review* 19(3): 431-466.

Nadje, Al-Ali ed. 2001. *New Approaches to Migration: Transnational Communities and the Transformation of Home.* London & New York: Routledge.

Orru, Marco, Nicole Woolsey Biggart & Gary G. Hamilton. 1997. *The Economic Organization of East Asian Capitalism.* Thousand Oaks, Calif.: Sage Publications.

Papastergia, Nikos. 2000. *The Turbulence of Migration: Globalization, Deterritorialization, and Hybridity.* Cambridge: Polity Press & Malden, MA: Blackwell.

Portes, Alejandro & József Böröcz. 1989. "Contemporary Immigration: Theoretical Perspectives on Its Determinants and Modes of Incorporation." *International Migration Review* 23(3): 606-630.

Portes, Alejandro. 1997. "Immigration Theory for a New Century: Some Problems and Opportunities." *International Migration Review* 31(4):799-825.

Redding, S. Gordon. 1995. *The Spirit of Chinese Capitalism.* Berlin & New York: Walter De Gruyter.

Sassen Saskia. 2001. *The Global City: New York, London, Tokyo.* Princeton, NJ:

Princeton University Press, 3rd. ed.

Schubert, Gunter & Keng Shu. Forthcoming. "Bringing the People In: 'Linkage Communities' as a Shaping Factor of Taiwan's Domestic Politics: The Case of the Taishang." In *Vitality of Taiwan*, ed. Steve Tsang. Oxford & New York: Oxford University Press.

Shen, Hsiu-Hua. 2005. "'The First Taiwanese Wives' and 'the Chinese Mistresses': The International Division of Labor in Familial and Intimate Relations across the Taiwan Strait." *Global Networks* 5(4):419-437.

Smith, Michael Peter & Luis Eduardo Guarnizo eds. 1998. *Transnationalism from Below*. New Brunswick, NJ & London: Transaction.

So, Alvin, Nan Lin & Dudley Poston. 2001. *The Chinese Triangle of Mainland- Taiwan- Hong Kong: A Comparative Institutional Analysis*. Westport, CT: Greenwood.

Solimano, Andres ed. 2008. *International Mobility of Talent: Types, Causes and Development*. Oxford & New York: Oxford University Press.

Tang, Ching-Ping & Shui-Yan Tang. 2000. "Democratizing Bureaucracy: The Political Economy of Environmental Impact Assessment and Air Pollution Fees in Taiwan." *Comparative Politics* 33(1): 81-99.

Taylor, Peter J. 2004. *World City Network: A Global Urban Analysis*. London & New York: Routledge.

Tseng, Yen-Fen & Wu Jieh-Min. 2011. "Reconfiguring Citizenship and Nationality: Dual Citizenship of Taiwanese Migrants in China." *Citizenship Studies* 15(2): 265-282.

Vertovec, Steven & Robin Cohen eds. 1999. *Migration, Diasporas, and Transnationalism*. Cheltenham, Glos, UK & Northampton, MA: Elgar.

Wang, Gungwu. 2000. *The Chinese Overseas: From Earthbound China to the Quest for Autonomy*. Cambridge, MA: Harvard University Press.

Wimmer, Andreas & Nina Glick-Schiller. 2002. "Methodological Nationalism and Beyond: Nation-State Building, Migration and the Social Sciences." *Global Networks* 2(4): 301-334.

Wu, Jieh-Min. 1997. "Strange Bedfellows: Dynamics of Government-Business Relations Between Chinese Local Authorities and Taiwanese Investors." *Journal of Contemporary China* 6(15): 319-346.

Wu, Jieh-Min. 2001. "State Policy and Guanxi Network Adaptation: A Case Study of Local Bureaucratic Rent-Seeking in China." *Issues and Studies* 37(1): 20-48.

Wu, Jieh-Min. 2000. "Launching Satellites: Predatory Land Policy and Forged Industrialization in Interior China." In *China's Regions, Polity and Economy: A Study of Spatial Transformation in the Post-Reform Era*, Si-ming Li & Wing-shing Tang, eds., Hong Kong: The Chinese University Press.

Wu, Jieh-Min. 2010. "Rural Migrant Workers and China's Differential Citizenship: A Comparative- Institutional Analysis." In *One Country, Two Societies: Rural-Urban Inequality in Contemporary China*, ed. Martin King Whyte. Cambridge, MA: Harvard University Press.

Yeung, Henry Wai-Chung ed. 2007. *Handbook of Research on Asian Business*. Cheltenham, UK & Northampton, MA: Elgar.

Yeung, Henry Wai-Chung. 2004. *Chinese Capitalism in a Global Era: Towards Hybrid Capitalism*. London & New York : Routledge.

Zhou, Min ed. 2009. *Contemporary Chinese America: Immigration, Ethnicity, and Community Transformation*. Philadelphia, Pa.: Temple University Press.

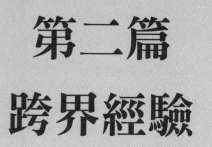

第二篇
跨界經驗

第二章　彈性下的限制：理解中國台幹的跨界工作流動與生活安排[1]

鄧建邦

壹、前言

　　向來從台灣前往中國大陸工作的台籍經理人員，就如同前往中國地區投資的台商，一樣受到中國中央及地方政府的歡迎，甚至被鼓勵在工作地落地生根，因為他們本身即被視為是帶有專業技術的人員，可以利用其專業經營及管理的知識，促進中國的產業發展。同時，這一群台籍專業經理人員因為與投資者身分的台商，同樣須以「台灣居民來往大陸通行證」入出中國大陸，共同擁有台胞的身分，及在工作之餘的休閒生活中，台籍幹部與台商間的緊密互動與連結（鄧建邦，2005），所以在台資廠中國大陸員工的眼中，甚至是一般的中國大陸人，台幹與台商常常被視為擁有同樣的身分，可以歸類為是一群台商。

　　在台灣媒體的敘述中，台籍經理人員常被描述為是一群台灣的「本土菁英」或「白領階級」、有能力可以跨越國家疆界移動，取得更好工作機會的一群人[2]。所以，當為數很多的台籍幹部前往大陸工作，就被形容為是大量的「人才出走」[3]中國大陸，是台灣社會的一項危機。另一方面，有能力

[1] 本章宣讀於2006年台灣社會學年會暨國科會專題研究成果發表會「走出典範：五十年的台灣社會學」，台中：東海大學。作者特別感謝與會時張小軍、吳泉源、熊瑞梅、蔡明璋及張茂桂等教授提供寶貴的批評及建議，以及本刊兩位匿名評審提供的修改意見。資料來源有賴於兩次的國科會補助之專題研究計畫（NSC 94-2412-H-032-003及NSC 95-2412-H-032-003），謹此致謝。作者也特別感謝認真負責的研究助理陳明侖、林欣潔協助及整理田野資料逐字稿。

[2] 聯合報，〈機會招手・本土菁英・搏浪西進〉，2005年9月5日。

[3] 在國際移民中，對於高技術勞工（highly skilled workers）的研究，向來主要關心的一個焦點，即是關於人才外流（brain drain）的議題上（Bhagwati & Dellalfar, 1973; Carrington & Detragiache, 1999; Iredale & Appleyard, 2001）。這群技術勞工，因為還帶有豐富的人力資

移動，在上述理解下，不僅是指有能力跨出國界，而且象徵著擁有流動的自由（the freedom of mobility）。如Zygmunt Bauman（1998: 2）指出的，移動自由是全球化社會下最被想望的一種價值。在田野中接觸到的台籍幹部，對於可以跨越疆界到很多地方工作，也不乏表達，「是一種自由啊，沒什麼不好！」（T25），「這比旅行還好，既可以旅行，又可以賺錢養活家庭。」（T31）。流動儼然成為到中國大陸台籍幹部工作價值的一部分，它代表一種個人自由的延伸。

可是近年來，在中國的許多台資廠商，紛紛調整大陸市場的佈局，台資廠中台籍幹部人數的縮編，蔚為一股趨勢，台籍幹部面臨的不僅是薪資上不再能享有相對其台灣本薪的高差別待遇[4]，以及在福利上相較以往的大幅縮水，同時也面對著公司內大陸幹部的同儕競爭。由此而來，台籍幹部與身為投資者的台商雖同樣是移居中國大陸工作，但彼此間潛藏的緊張關係不言可喻。這似乎意味著，台商與台籍幹部間的關係，必須從原來的夥伴關係，進行重新調整，而台籍幹部與大陸籍幹部間的高度競爭性，則可能進一步造成台幹在工作與生活上的不確定性。

到底台籍幹部前往中國大陸工作，放在全球化的脈絡下，它僅僅只是作為個人尋求生涯機會最佳化所做的理性生活選擇，象徵一種個人自由的延伸而

本，尤其是高教育程度與特殊技術，所以他們的跨越國界移動，多被描述為是接受國的人才獲得（brain gain）；對輸出技術勞工的國家而言，則是人才損失（brain loss）。且通常技術人才移出的方向，是從開發中國家，移往已開發國家，所以開發中國家常遭受指責沒有充分利用國內的專業人才。

不過晚近許多移民研究則反駁上述看法，認為技術勞工的跨界移動，與全球化過程對高技術人才的大量需求有很大的關係，且技術人才的流動不只有brain drain/gain，也存在brain circulation（人才循環）與brain exchange（人才交換）的情形（Pellegrino, 2001; Tsay & Lin, 2003; Hunger, 2003; Szelényi, 2006）。同時，技術人才的移動，對移出國及接受國而言，也有可能都是互蒙其利的（Zhou & Tseng, 2001; Meyer: 2001）。

4　據報導，晚近在中國大陸台籍幹部的薪資已從過去台灣本薪的1.5倍降至1-1.2倍之間（經濟日報，〈用人急轉彎，統一調回大陸台幹〉，2005年8月23日）。我在2000年，及2005與2006年在中國大陸的田野訪談，也大致證實這樣的趨勢，受訪者指出過去台資公司普遍都能提供接近2倍台灣的薪資，以吸引台籍幹部人才進駐，目前公司提供台幹薪資較佳有1.6倍（T05），一般情形則落在1.3至1.35倍（T02；T03；T016）或1.2倍（T14），他們甚至指出，有些公司已幾乎下降至與台灣的薪資水準齊平。

已？還是，在這過程中，它也指出一些結構性面向的問題，而這些問題所構成的限制，可能是一群生活在全球化世界、高流動社會下被眾人稱羨的技術移工，必須深刻面對的問題？本章把台籍幹部視為一群技術移工，探討他們的跨界工作流動與生活安排。

貳、誰是台幹？台幹是什麼？

前往中國工作的台籍幹部，一般形容為是一群台灣社會的菁英或是白領階級，換句話說，台籍幹部指的是台資廠商中的台籍「高技術工作人員」（highly-skilled workers）。但John Salt（1997）、Jeanee Batalova and B. Lindsay Lowell（2006）都指出，要界定何謂高技術工作者，其實有其困難，目前為止對此概念並沒有一致性的定義[5]。如果「高技術」指的是受雇者的教育成就，擁有大專以上或相應程度的學歷[6]，但事實是許多大專畢業未必從事高技術的工作；同樣的，從事高技術工作的人，也未必個個都擁有大專學歷的頭銜。筆者在田野訪談及觀察接觸到的「台籍幹部」，不管是在廣東地區或大上海地區，確實也不乏有最高學歷為高中程度的受訪者（如T14、T21及T33，參考附錄一）。

會有上述的看法，主要是一般以為高技術人才的跨界流動，即是一群屬於條件最佳及最聰明（the best and the brightest）人的移出（Batalova & Lowell, 2006）。但是，Favell（2006）等即認為，在全球化的浪潮下，所謂條件最佳、最聰明、最具有移動潛力的商業菁英，拜新溝通科技之賜，反而可以待在在地完成跨國網絡的溝通及連結工作。事實上，全球化所造成的空間壓縮，跨

---

[5] 如Leslie Sklair則形容這一群高技術工作者是一群「跨國資本家階級」。他從政治經濟學的觀點，認為伴隨從1980年代全球資本主義的發展，跨國企業公司成為全球體系中重要的影響者，而服務於跨國公司中的專業人員，也逐漸成為一群跨國資本家階級（transnational capitalist class）（2001: 17ff.）。不過，Sklair舉例的跨國公司主要如GM、IBM、Toyota等，與前往中國大陸投資的台商公司，在型態上有很大差異，所以跨國資本家階級來形容在大陸的台籍幹部，我認為並不是一個適恰的概念。

[6] 如Robyn Iredale即是以擁有大學學歷或與之相對等的經歷來界定高技術工作者（2001: 8）。

國交通成本的大幅降低，跨國移動早已不是「菁英」的專屬權利。有更多參與跨國移動的行動者，反而是到國外從事看護照顧、清潔、工程營建等被歸類為低階勞動力的移工，或是尋求政治庇護的移民，他們常必須面臨在移入國境內的諸多不平等對待，屬於相對上弱勢，如Luiz E. Guarnizo and Michael Perter Smith（1999）所描述的，是transnationalism from below的一群人。

不過，上述這一群相對弱勢的跨國移工，還是與技術工作人員有一些區別。Salt（1997: 5-6）認為，廣義而言，高技術人員指的是一群在專業、管理及技術上（professional, managerial and technical）的專家，但它並不是一個同質性群體。根據不同的流動型態，可以區分不同類型的高技術工作者[7]；只是在「技術」與「高技術」間做區分確實不易。本篇文章首先並不在於區分不同類型的台幹高技術人員，不過田野中觀察到的普遍現象是，台資廠商並沒有雇用藍領的（屬操作線上，或高體力勞動付出的）台籍員工；不管學經歷程度，只要是具台籍背景，都會被冠上「台幹」頭銜。所以，所謂的台籍幹部，可以包含如上海、蘇州科學園區中從事光電科技產業的高階台籍經理人員，也可以指涉一般從事傳統產業台資廠中的台籍管理人員。他們是一群台籍的技術工作人員，但同時也是在台商工廠中受到雇傭關係規範的台灣勞工。

此外，這一群台籍幹部的特殊屬性，不只表徵在各自擁有的符合台資廠管理理念與技術需要的專才，也表現在本身所具備有的高度流動能力。他們隨時可以接受公司的派遣指令，前往各個中國內地分公司進行支援，或者進行所屬公司與不同協力廠商之間的折衝協調工作。從一個工廠到另一個工廠的移動範圍，近的是從一個城鎮到同一省份內鄰近城鎮，遠的則往往需要跨越好幾個省份。這種可以為公司需要，勇於奔波「大江南北」的形象，與全球化時代對專

---

[7] 嘗試對高技術工作者進行仔細分類的研究並不多，少數如Salt（1997）區分12類的高技術工作人員，包括外派的大型公司內部人員、跨國公司調派駐外的技術及視察人員、外派的非政府組織專家、派駐海外負責特定計畫的專業人員、駐外的商業諮詢專家、經由海外勞動市場招募的專才人員（如護士等）、駐外神職人員、前往他國發展的演藝人員、運動員或藝術家、前往他國投資的商業人員、往它國工作的學術工作者、調派駐外的軍事人員，以及上述類別的配偶及子女。此外，Iredale（2001: 16）則依據(1)移出動機；(2)起源地與目的地差異；(3)移出管道與機制；(4)停留時間長短；(5)適應融入模式，區分五種技術移民的類型。

業白領階級的想像有相當的符合（Butcher, 2004）。這也是與低階跨國移工的另一項重要區別。低階跨國移工的流動往往更容易受限於國家的邊界管控與政策限制；相對的，技術勞工，不只他們的跨界流動，普遍會受到不同民族國家張開雙手歡迎，而且他們的流動有更多的成分是連結個人的機會與專業生涯的規劃[8]。

　　在台商投資中國的過程中，願意接受外派的台籍幹部，雖然每位成員前往中國大陸的原因可能相互歧異，但是他們多也是如上所述的期許自己，秉持持續打拼的精神，一方面可以讓自己多歷練，二方面也為公司開疆闢土。從這個角度來看，台籍幹部的跨界流動工作，應該是如同許多技術勞工跨界到其他國家工作，相較於一般的低階藍領的跨界，會面臨到較少的排除、經濟剝削與宰制關係。但正是在這樣可以享有高度流動能力，面對較少阻礙的情境下，得以揭露出在全球化的過程中，台籍幹部看似允許「高度自由」的流動，個人究竟在工作選擇及生活安排上，卻又必須面臨哪些持續存在的限制。

　　為了解答這個問題，筆者認為首先必須從(1)台籍幹部與老闆間關係的演變出發，然後討論(2)台幹如何面對工作上的不確定性，及如何同時協調(3)在工作上的流動與家庭生活安排的問題。台籍幹部與台商老闆彼此間的信賴關係，是影響大量台籍幹部跨界前往中國大陸工作的重要因素。但是在台商工廠普遍愈來愈重用大陸籍幹部的趨勢下，勢必對台幹與台商老闆間的關係，產生衝擊。這個衝擊對台籍幹部造成的影響，本章認為主要在兩個面向：一是工作不確定感，一是如何協調家庭的生活安排。這篇文章企圖論證台籍幹部的跨界工作，儘管是出自於高度自主性的選擇、享有技術勞工，甚至是「白領」的稱謂，整個遷徙過程從外在觀察，看似幾乎全然是個人自由的延伸，其實仍需承

8　Aristide Zollberg（1997）認為國際移民，本身就是一個「政治的」過程，而國家則是居中扮演重要的角色。經由國家行使主權對移動的政治規定，跨界的群體因而被進行不同的分類及管控。國家可以決定要引進哪些技術層級的勞工、受過怎樣教育的人才、來自哪些國家等。不同技術層級的跨國移工受到國家的待遇往往大相逕庭。以台灣為例，目前有計劃的引進外勞，仍是以低階外勞為主，但正如曾嬿芬（2004）的研究指出，台灣版的客工計劃，將低階勞動者定位為可以被彈性的引進、運用與送回，他們所受到的國家管控，遠比白領外勞要來得嚴苛許多。

受極高的流動代價，及受到因此而來的結構性限制。

　　本章資料來源，主要藉由作者於2005年及2006年暑期的8-9月初，分別於中國大陸廣東及大上海地區進行訪談，及期間於台商廠場中居住觀察所蒐集的資料[9]。其中，訪談成功的台資企業的台籍幹部有44位（其中男性36位，女性8位），同時，研究也取得4位台籍幹部女性配偶的訪談資料（參考附錄一）。而研究過程中，另外取得的20位台商企業主或主要經營者的訪談資料，則是作為本章寫作的補充參考資料來源。

參、台幹與台商老闆間的信賴與緊張關係

　　在早期台商投資中國大陸的過程中，台商工廠中的台籍幹部向來是老闆最信賴的核心，舉凡工廠的管理、業務、研發、採購、生管、財務、人事，無一不需要仰賴台籍幹部，否則公司的營運總是遇到各式各樣的問題，不易克服。在公司的用餐時間，台籍幹部與老闆同桌；休息時間收看的，都是特別加裝衛星接受器傳送的台灣電視節目[10]；老闆的宿舍與台籍幹部的宿舍也多是毗鄰而居，甚至就位在同一空間內；老闆招待客戶出入的餐廳與閒暇的休閒去處，台籍幹部也是緊緊隨行（Deng, 2003）。可以說，除了投資者的身分外，台商與他的台籍幹部不僅是工作、也是生活上的夥伴關係。可是當台商公司投資中國愈久，公司作為「世界工廠」中的一員，面對國際市場的激烈競爭壓力，cost down（降低成本）變成為台商的緊箍咒，必須不時地在生產成本上做最理性的計算。一位資深的台籍幹部赤裸的指出，台籍幹部相對於陸籍員工對公司造成的高負擔：

9　作者非常感激田野中所有訪談對象的大方接受訪問，本章中所有受訪對象的姓名、所屬單位，都經匿名處理。

10　據研究者在田野中的觀察，有加裝衛星接收器的台商工廠，通常台籍幹部在中午或傍晚共同用餐後，會短暫聚集在宿舍客廳中收看台灣衛星節目，台籍老闆有時會陪同一起觀看，有時則直接回到自己的住宿處。但老闆在其住宿內收看的，也多是以台灣的節目／新聞為主。

　　一個台幹，除了他的工資比較高以外，還要給他住，然後每年要給他幾張機票回去，那都是成本。我在大陸找一個流水線插件的工人，一個月不過五六百塊人民幣，現在深圳基本工資好像是六百八，那關外大概是五百八、六百罷，換算成台幣不過是兩三千塊而已。

　　（……）可是你知道一個台幹在這邊隨隨便便，如果真的連他台灣的工資一起算下去，保守估計，再加上機票的成本，攤下來包括他的交通費還有住宿，算一算一個台幹在這邊，至少要花十萬塊台幣，（……）十萬台幣換算大概人民幣兩萬五，一條流水線一個六百塊好了，十個不過才六千塊，二十個也不過才一萬二，兩條流水線夠了！（I23）

　　You-Tien Hsing（1998: 79）在中國的研究，以鞋業製造為例，估算台資廠在台灣的勞動成本需佔總體生產成本的30-40%，但在廣東設廠卻可下降至8-12%。勞動成本的大幅差距，確實吸引大批台商前仆後繼的前往中國。對台商而言，投資中國大陸的初期，雇用高比例的台籍幹部，目的是讓公司將台灣的生產管理模式，可以快速地複製在中國投資地，並在短時間內完成迅速擴大廠場規模，以汲取高額利潤。

　　但是隨著台商公司投資大陸的時間愈來愈長，陸籍幹部的專長已漸漸獲得肯定，而陸籍幹部的薪資與台籍幹部間仍存有相當差異，台籍幹部就不再具有絕對的優勢。據指出，以廣東地區為例，大陸基層課長級月薪為1,200至2,000元人民幣；部門主管約2,000至6,000元人民幣，廠長則是6,000人民幣起價[11]，再對照上述台幹訪談，聘用一位台籍幹部動輒需一個月10萬元台幣（約23,000元人民幣）的支出，對老闆而言，台籍幹部相較於陸籍幹部仍有3至10倍的人事成本差異。[12]當公司利潤的獲得，無法經由大規模的擴廠就可輕易地達成

---

[11] 參考《商業時代》，2001，〈台幹人力市場已供過於求？大陸台灣幹部也面臨失業危機〉。27：2001.05.14-05.20，pp. 48-49。

[12] 一位在深圳關內經濟特區，從事貨運服務業的台商業主也指出，聘用台籍幹部每人每月約需支出兩萬元人民幣，所以該公司目前在深圳、惠州、香港分公司都只留下一位台籍幹部，以減少人事成本的支出（田野筆記，2005）。而即使在熱門的電子產業，晚近記者對企業主的訪談，也證實台幹與陸幹呈數倍的薪資差異現象：「一名（中國大陸）當地幹部的月薪約兩

時，仔細估算「一個台幹的薪水可以養活兩條生產線」的經營思維，也會成為台商老闆與台籍幹部間在現實生活中緊張關係的重要來源。

　　一位在蘇州科學園區，擁有約180位員工數，屬台灣光電大廠泛達[13]的協力廠商主就指出，上游大廠商平均每三個月至半年就有降低成本的壓力；這種壓力會直接反應在協力廠身上，為了保有成本競爭優勢，只好縮減台幹員額。目前該公司位於園區的工廠完全沒有聘用台籍幹部，而在吳江的總公司也只有一位台籍的副總及一位台籍會計。另外一位在深圳，擁有員工數近100人，從事運動服裝製造的台商也是同樣的情形。他指出，服裝產業的利潤微薄，為了在市場上競爭，公司內已經全數皆改為大陸籍幹部。在中國大陸的台商，普遍都面臨成本競爭的巨大壓力；尤其是屬製造業型的小規模廠商，為了維持低人事成本，以利於在市場上以小博大，所以會傾向以培養陸籍幹部，完全取代台幹。

　　台籍幹部真的不再具有任何優勢，陸籍幹部將完全取而代之？訪談的台商，尤其是偏向中大型製造業廠，不管是在廣東或是大上海地區、屬傳統製造業或是高科技光電產業，倒是認為短期內應不至於發生如此情形。他們認為中大型廠，仍需仰賴台籍人員進行管理；且公司中的台籍幹部，依舊是構成台商老闆周圍最核心的一群人。台籍幹部比較難取代的是：

　　信任的部分。還有一個比較敏感的問題，比如說一個台幹和一個陸幹，那麼台幹他還會有一個歸屬感。（T02）

　　完全取代是不會啦，因為依台資企業來講，在整個重要的部門的主管應該是台籍的，只是說這個部門的主管是台籍，其他可能都是陸幹。（T04）

　　研發、財務還是會用本籍幹部，因為敬業跟守法精神還是台籍幹部嚴謹，還

千元人民幣，聘用一名台幹若加計往返機票、住宿、海外加給等，大約可以聘用八、九位當地幹部」（聯合報，〈陸幹成熟時，台幹就回家〉，2005年9月7日）。
[13] 廠商名稱已經匿名化處理，以下類同。

有對公司的向心力也是。（T40）

　　對老闆的忠誠、工作上的敬業態度，及對公司的向心歸屬感，是台商描述台籍幹部的幾個特殊點，同時也是解釋為什麼台商還是要特別仰賴台籍幹部，信任台幹，並委以重任。[14]

　　但是「忠誠」、「敬業」及「向心」的價值，其實都不能認定為是台籍幹部專屬的，或固有的群體文化特徵。這些評價的形成，毋寧在每個台資公司中，都必須透過台籍與陸籍幹部不斷相互的競爭性比較，以及台籍幹部在工作生活中的每日實踐，時時「做到你不會被取代」，以及可以不斷「創造出你被利用的價值」（T35）。

　　在早期台資工廠中，普遍存在大陸籍幹部難以升上副理職級的情形，但公司從台灣調派來的台籍幹部，卻可以立即擁有副理級以上的頭銜。這是過去大陸籍幹部，常用來延伸做為台資工廠中台灣人與大陸人分界線的一個指標（鄧建邦，2002）。但晚近接觸的台商企業，即使是屬傳統產業，早期曾經是副理級以上主管全數皆為台籍幹部，目前公司也出現逐漸重用大陸籍幹部，提升廠內大陸籍員工成為公司主管級幹部的現象。例如，研究者於1999年進行的研究個案，位於深圳的長勝廠（鄧建邦，2002），晚近再造訪時，即使是屬於該公司核心部門的業務部，都有一位陸籍的副理級幹部，即是一個例證。陸籍幹部的持續擴充，或是台商公司的人事本土化趨勢，直接影響的是台幹與台籍老闆間的關係。台籍幹部雖然持續是台商老闆信賴的核心，但是做為台商公司的二級，甚至是一級幹部，台幹已經不是台商老闆的唯一選擇。台商老闆在拔擢台籍，或是陸籍幹部間，有更多的選擇性，更多的理性成本估算，台商廠中的台幹與陸幹就愈是處於競爭性的關係。

---

[14] R. Sennett（2000: 96）指當代資本主義發展的一個主要影響，即是使得個人對其工作位置，不再有強烈的「情感」連結。因此，諸如個人對其勞動位置的信賴（trust）與工作倫理的問題，在當代的勞動世界，或企業組織中，尤其會成為基本的問題。所以台籍幹部要是能夠相對同儕的大陸籍幹部，表現出對公司更高的向心力與敬業態度，也是他們本身的一項重要競爭力。

肆、不確定感

對每位台幹而言，要證明自己有足夠能力，不斷地替公司創造更高的利潤，以避免「被取代」的命運。意味著，台籍幹部必須強烈意識到「沒有價值就走人」（T05）的危機，勇於面對工作上流動的風險，隨時必須有接受新的工作安排的打算。一位在光電產業服務，廠場座落於蘇州高科技科學園區的副理描述自己的工作流動：

> 來這邊當初的考量，覺得只是過渡時期，把公司給架構好後，就要回去了。也不想在這裡待長久。可是過來這之後，發覺到一個現象，台商在這邊整個發展，跟台灣經濟的一個走向，都已經在往這邊傾斜了！整個台資企業的重心，在這邊放的非常非常的重，讓我們會有一種危機意識。就是說，今天如果再回到台灣的話，我是否還有工作機會？（T34）

> 這邊教完（陸籍幹部，完成經驗傳承）之後，我就沒有工作了——當然我們也會有這種想法出來！可是對我來講，我覺得，OK沒關係，把他教完之後，就算沒工作沒關係，我會回到台灣，或是跳槽到另外一個公司。（T34）

許多光電大廠的高階台籍幹部都提到（如T27；T28），公司從台灣母廠調派台籍幹部到大陸，都期待台幹，一方面可以協助公司在新廠奠立發展基礎，另一方面則是培植本土的大陸籍幹部。當本土陸幹經驗逐漸純熟後，公司中低階的幹部就可以完全仰賴資深的陸籍幹部，同時逐步地縮編台籍幹部的人數。在這種情形下，台籍幹部對公司而言，是扮演執行階段性任務的角色；他們工作的一個重點，是培養取代自己現有職位的陸幹。

台籍幹部普遍都認同，中國大陸是一個未來極具有潛力的市場。對台商投資者而言，這裡是一個可以投入大量資本的地方；對台幹而言，它是一個可以找到個人更佳工作機會，或是再創職場生涯高峰的跳板。但是在去與留之間，台幹始終面對著難題。要離開大陸，則是工作場域的再一次變動，同時，回到

台灣是否有合適的工作，也是個問題；留下來，則是看待自己眼前的工作，都只能是短期性的。台幹一般都不會輕易認定在大陸的工作就是一個鐵飯碗，可以安穩地工作到退休。[15]

　　借用Richard Sennett的概念來描述，台籍幹部的工作流動，其實呈現的正是當代資本主義表現在工作形式上的一個重要面向。Sennett（1999: 9）稱當代資本主義的特色，是一種彈性的資本主義，要求勞動者保持高度彈性，對短期性改變保持開放性的態度，可持續性地接受風險的挑戰。由於彈性的強調，把過去個人工作生涯的筆直道路，重新移置；個人的工作場域，也不斷地更動，一下這兒、一下那兒。Sennett於是給這一群受僱的勞動人群一個代稱——「彈性人」[16]。

　　但是彈性的強調，同時也製造恐懼及不確定感。從投資者的角度，為了安撫台幹的不確定感，會提供他們一個願景，如同一位在蘇州科學園區資訊產業的總經理不時叮嚀他的台幹：「我要你培養出能頂替你的人。當他們（陸籍幹部）把你頂替掉的時候，我才有更重要的責任交給你們。所以想要更上一層樓，就要幫我培養出能夠承擔你職位的人。」（T15）

　　對台籍幹部而言，面對陸籍幹部的挑戰及中國市場的瞬息萬變，除了不停的勉勵自己，要向上提升以求自保外，如何保持彈性？哪些風險是可忍受的？未來工作應依循怎樣的路徑？都是未知的變數。不過如果詢問他們，「會把在大陸的工作視為是暫時的，還是一個長久的人生計畫？」，倒也有受訪者回答是長久的：

---

[15] 國內遠見雜誌與中國大陸新浪網上海站，曾經合作做過一項台幹競爭優勢的調查，結果顯示，有三成三的上海人認為，一年內可以取代台幹的職務（參考《遠見雜誌》，〈上海人看台幹競爭力——一年內幹掉台籍主管〉，2003：114-117）。這個數字，似乎聳動，網路調查的效度也有待確認，但是台幹有面臨失業的危機感，則普遍存在我受訪對象的接觸印象中。

[16] 本章使用的「彈性人」概念，參酌自Sennett（1999）一書的德文版本R. Sennett, 2000, Der flexible Mensch: Die Kultur des neuen Kapitalismus. Berlin: Berlin Verlag。該版本據原文敘述內容，賦予新的書名標題為：「彈性人——新資本主義的文化」。

以我本身的看法來講，我認為是長久的。（……）基本上我們平常不會去談這些，因為講起來算是比較敏感點，（……）談這個總覺得很尷尬，一方面，是不是有什麼問題要發生，或者，是不是某某人要被炒掉了。（I 09）

台籍幹部為了表示自己對公司盡心盡力，沒有二心，所以在還沒有離開目前的工作位置之前，多不願意明白地表達目前工作是短暫的。另一種情形則是前述提到的，當台幹外派中國大陸後，認為回台灣不見得就可以輕易找到合適的工作：

台幹來這邊真的就是一條不歸路。當你出來的時候……但是你不出來又不行，可是出來以後你想再回去，那很困難。為什麼？一個蘿蔔一個坑嘛，從台灣出來以後，你在台灣的位置肯定被人家取代了。當你要回去的時候，不一定有適合的位置等著你，所以我們有很多同事回到台灣以後，百分之九十都離職了，而且是越高階的，危險越大。（I 23）

「彈性人」遭遇的一個主要難題，是當代經濟及工作型態改變對個人性格產生的影響。Sennett（1999: 10）認為，個人的「性格」（character）[17]是取決於個人與外在世界的關聯；能夠被描述出來的個人性格，即是人們情感經驗的長期性觀點。過去，個人性格的表達，是經由忠誠及相互的義務，或者透過追求長期性標的以取向未來。這些——忠誠、相互義務及追求長期性標的——持續性的特點，構成了個人的性格，同時也是人們用以衡量自我，及尋求他人掌聲與注目的特徵。但問題是，如果持續地生活在一個追尋短期性經濟的型態中，要如何確保一個長期性標的的追尋？當忠誠及義務對象必須時常改變，又如何確立自我持續性的價值？

迅速崛起的中國市場，提供了處處是機會的意象。台籍幹部面對公司本土

---

[17] Sennett區分「個性」（personality）與「性格」（character）概念的差異。相對於「個性」與個人內心的渴望與情感有關，是他人無法確切看透的，Sennett（1999: 10）認為「性格」具有倫理價值的面向，表達個人情感經驗的長期性觀點，是較「個性」更具全面性的概念。

化政策的貫徹，必須離開既有的工作位置時，通常立即想到的並不是回台灣，而是在大陸的不同城市尋找機會，「哪裡有工作，就往哪裡去」[18]。在田野訪談中的台幹，只要來到大陸的時間稍長的，多指出目前的工作並不是在中國大陸的第一份工作。對他們而言，對抗風險的藥方，就是讓自己擁有不只一個的機會；雖然，不確定下一個工作在哪，也不清楚下一個老闆會是誰。當然，更不可能老是抱持要在目前同一公司工作到退休的想法。

伍、流動與家庭

如果還留在這邊的時候，就變成會去考量，要怎樣讓自己的一個價值存在？──要另謀出路，或是要整個在這邊定居時，我要去思考很多問題點。那小孩、家庭是不是要接過來，就變成後續考量的部分。（T34）

挑戰台籍幹部的自我持續性價值，不只是Sennett先前指出的，在強調彈性的勞動體制下造成工作上的不確定性，若台籍幹部最後決定選擇留在中國市場打拼，接下來要面對的，是如何同時協調工作流動與家庭的關係。其實，由於結構性的因素，要在工作的流動要求與家庭事務間取得圓融性的安排，向來就不是件容易事。德國社會學者Norbert Schneider指出，工作生活的節奏，主要取決於靈活的移動性與競爭性，但家庭卻是建立在穩定性及相互支持上（2005: 91）。這種工作流動相對於家庭安排的衝突，尤其當台籍幹部選擇隻身前往大陸工作，卻把家庭其他成員留在原生活地台灣時，表現得最為明顯。

---

[18] 參考《商業周刊》，2002，〈三個從上海撤退的台幹故事：離開上海‧卻不離開中國〉，763：84-86。

隻身在大陸工作

　　一位年紀37歲，從事人人羨慕的光電產業，目前小孩在台灣就讀國小六年級的陳副理，談及當初選擇把家停留在台灣，自己一個人到蘇州工作的心情：

　　畢竟要把家庭放下，真的是蠻掙扎、蠻困難的一個決定，講難聽一點就是含淚決定——要把老婆、小孩放在台灣，自己去面對問題、處理事情。無法在旁邊陪伴他們，沒辦法陪伴小孩子成長，對我來講真的是……很痛苦的事情。（T34）

　　親情的割捨，是這一群隻身在大陸工作的台籍幹部必須付出的相對代價。為了彌補兩地分居的親情，陳副理的作法是「我每天上下床都會跟老婆、小孩講電話，講個將近一個小時左右」。為什麼不把家庭一起接過來呢？陳副理的焦慮是，「考量到小孩的教育問題，真的是我們沒辦法放下心的」。他與太太共同的想法是，等小孩子長大些培養他去國外深造受教育，然後再把配偶接過來同住。但即便他有這樣的想法，同時卻也語帶保留的提到，擔心另一半來這邊沒有合適的工作，「配偶過來大陸，工作的機會降低非常非常的多。我考量的是，太太過來這邊後，她適不適應這樣的生活，或者說，她在沒有工作的狀態下，能不能耐得住寂寞」。

　　除了小孩教育與妻子在當地生活的適應問題，有的受訪者也提及，是否家庭隨著自己的工作變動，就要跟著一起遷徙到大陸，還必須多考量其他變數：

　　如果只有夫妻兩個人，那很簡單，對不？！那有小孩，要不要搬過來？搬過來，假如先生的工作在這邊不是很可靠、長期的話；假如兩年三年，他又得回去的話，那接著另外一個問題又會產生。

　　然後，太太過來這以後，那邊怎麼辦？一個家庭的成員也不是只有妻子跟小孩，還有你年長的父母親，你怎麼辦？所以會有蠻多的繩子把你牽引著，到底要怎麼去處理。如果說，家庭是很完整的，又很完美的，那OK！但家庭裡面，有些有病痛的話，他就不一定能夠這麼放心的，全家都接過來。（T06）

　　所以，小孩的教育、配偶在移居地的工作機會及生活網絡、在台灣其他家庭成員的因素，尤其是父母親的健康與照顧，以及目前工作的可預期性，都是環環相扣的問題，影響著在大陸工作的台籍幹部做出把流動留給自己，把不流動留給家庭的兩地分居決定。在這種複雜考量情形下，台幹選擇的是循環性的流動方式，透過週期性的往返工作地與原生家庭之間，尋求一個在高度流動下的妥協解決方案。

　　在田野訪談中，詢問受訪對象，是否在工作地的停留期間有持續性地跟台灣家庭保持聯絡？答案是清一色的肯定。尤其是屬於兩地分居型的，頻率更是高。而且，拜電子通訊的發達，不只傳統的電話聯繫，更多的台籍幹部透過Email、MSN及Skype與台灣的家人時時保持密切聯繫。經由電子式溝通的「保持聯繫」，確實是提供了一個重要工具，讓很多隻身在大陸工作的父親、先生、男友，仍舊可以與台灣家人親友維持一遠距的共同體。

　　雖然有來自線上的溝通、遠距的相互支持，但總還是與現實生活難免有些落差。即使可以每日早晚都經由Skype與小孩即時溝通，其實「你是Skype的父親而已嘛，對不？！」「很多事情會讓你覺得說，當小孩在讀書的時候，他需要父親照顧，也需要母親的照顧，對不對？當小孩子只有面臨到單親在照顧他，另外一個是電話父親跟他談事情時，那是不正常的。」——一個已經身為兩個孩子的父親，前後在大陸工作將近十年的協理級台籍幹部，有感而發的說（T06）。這就如同Sennett（1999: 20）敘述「彈性人」故事中的家庭般，「當與小孩溝通，只是聽到他講述所有發生的一切，卻不在他身旁時，那你確實就是不在場」。

攜帶家庭前往

　　為了避免上述家庭分隔兩地的種種問題，以及減除經驗上常出現的「台商包二奶」疑慮（Shen, 2005），另一類型的台籍幹部，則是選擇攜帶家庭前往

工作地。[19]

　　一位30歲，剛擁有一個小孩的年輕何姓台籍經理，敘述當初決定把家庭一起安排在工作地的考慮：

　　當初我們結婚之前就有共識。因為結婚之前，公司進來大陸考察之後，確定要派我過來，之後才認識我太太。結婚之前就跟她講，我們結完婚就是要來大陸，妳認不認同、贊不贊成？妳贊成，我們再結婚，妳不贊成，就不要。因為很多台灣女孩子不習慣來這邊生活。她贊同了，就結婚了。然後，前年（2003）的10月結婚，11月份我先過來，12月她跟著過來，我們就一直在這。（I15）

　　作為台籍幹部的女性配偶，要做出捨棄原有熟習的生活網絡，甚至放棄原有的工作，跟隨先生以及他的工作，一起到不熟悉的第三地打拼，就如同已經有家庭卻選擇隻身到大陸工作的男性台幹一樣，是一項不易的決定，必須相當程度能獨力承受辛苦的異地適應過程。何姓經理描述當初他另一半的情形，「剛開始的時候，她老是跟我哭著說要回去，真的！」。

　　選擇跟先生、跟著家庭一起流動，雖然「要放棄原有的一切」，但移居到上海已經三年，身為台籍幹部配偶的吳小姐考慮是「再怎麼辛苦，都是一家人生活；再怎麼辛苦都是一起辛苦，不是他一個人在那邊孤軍奮鬥」（T23）：

　　雖然每天通電話，但真的是像隔在兩個世界，我的世界跟他的世界是沒辦法結合在一起的，為什麼？因為禮拜六、禮拜天我要自己過生活；他要自己想辦法過生活。他在這裡的工作辛苦，我只能聽他抱怨，但是我沒辦法參與，也沒辦法真正地去分享到他心裡頭所需要的，所以兩個感情再好，那個距離是很……就是說……有一個力量在那邊拉扯的，真的撐得會很辛苦。（T23）

---

[19] 在晚近的移民研究中，針對不管是屬於隻身在海外工作，其他家庭成員留在母國的類型，或是，伴隨工作的跨國移動，攜帶家庭成員一起移居的類型，都指出他們跟傳統的移出移民或是移入移民行為有很大的不同，因此稱其為跨國家庭（transnational families）（Pries, 2001a; Lima, 2001）。

能全家過去，那是一種幸福！（T23）

　　對吳小姐而言，放棄台灣的工作機會，跟隨先生的工作流動，主要的用意就只有一個──維持家庭的完整性。所以，初期面對的「水土不服，生活剛好全部歸零，生活只有老公一個人」，這些種種的生活挑戰，都學習自己獨立承擔下來。但同時，運用兩岸社會差異的生活水準，卻也讓自己過得跟台灣不一樣，體驗一種新的生活方式：

　　來到這裡不一樣的是，我可能不用寄託在工作上面，但是我可能要換一個方式來生活。（……）很多人說我來這邊當少奶奶，因為家裡請阿姨，一個月三佰塊（人民幣）可以把家裡頭打掃得乾乾淨淨的[20]。可是在台灣做不到！（……）以前在台灣我只聽到，來到中國的男人都會包二奶，可是我自己來了以後，當我看到太太有跟在身邊的，我覺得是一件更幸福的事情。為什麼？先撇開說我們自己在這裡適應環境的辛苦，但你可以發現，為了一個家，我有更多的時間去想，如何讓家更溫暖。在台灣我可能光照顧小孩、擦地，沒有任何自己的時間，真的是……一個黃臉婆。可是在這，可以把三佰塊的事情交給阿姨去做，我把時間省下來，去充實自己、交朋友。老公回來，我跟他的話題也多，禮拜六、日可以快快樂樂高高興興出去吃飯。我是覺得，要是能把台灣的山水搬來上海，我會更快樂。（T23）

　　把家庭從台灣移居到大陸，對男性台籍幹部而言，首先是選擇了一個新的挑戰性工作；對台籍幹部配偶而言，卻是選擇了一個全新的生活型態。她必須毅然從既有工作獲得肯認的職場中退出，「把自己退成為一個家庭主婦」（T33），成為單純的家眷，才能成就移動中的家庭完整性。與在台灣生活所不同的是，這個移居家庭的「家庭主婦」，要擔心的不是繁忙的家務，而是如何讓自己的生活重新有個節奏感。她可以與其他的台籍幹部配偶、台商太太一起「琴棋書畫」（T30），生活似乎突然多出很多新的可能性。但這些可能

---

[20] 吳小姐聘請的家務勞動是屬「鐘點工」的形式，依其敘述目前在當地雇用全職的家務勞動約需1,000至1,500元人民幣左右。

性，或多或少都指向一個共同的用意——免除自由生活中的寂寞。[21]

> 現在人家說，「ㄟ你在上海當少奶奶」，我說，「是啊」！——可是這裡面的辛酸，只有來的人才知道。這裡你看到的是，家事不用自己做；要煮飯可選擇自己做，還是找別人做，我有自主權，（……）所以他們覺得我在這裡是好命的。可以去插花、喝下午茶，多幸福呀！可是如果不這樣做，台商太太的生活會很寂寞，變成先生要來安撫太太的情緒（……）自己如果沒辦法找事情做的話，等於要等待一個白天，（……）我的生活，是個無聲的世界。（T23）

王君琳的研究也指出，有些移居家庭的女性，「在沒有小孩、沒有工作的狀況下，對移居生活開始產生懷疑，尤其是居住在工廠宿舍的期間，沒有事可做、出了門的挫折讓她懷疑起自己」（2002：43）。這種移居家庭女性面對移居生活產生的挫折，在公共電視紀錄片「嫦娥月事」中敘述的一位台籍配偶「月娥」的故事，也出現類似的情形（蔡崇隆，2004）。為了避免新的生活方式帶來太多的時間空檔，或者說，為了避免生活成為以台籍女性為主的生活圈，有些台籍幹部配偶，還是傾向選擇重新進入職場。只是在台籍幹部先生的工作地附近，同時要找到相應原有女性配偶工作性質與能力的工作位置並不多，要有合適台籍女性配偶的工作機會，則是更為不易。[22]

一位四年前跟隨丈夫到大陸工作而移居上海的台籍女性配偶，經過一番努力後，目前是一家台商貿易公司的經理級幹部。她在移居的過程，除了面對生

---

[21] 公共電視紀錄片「嫦娥月事」敘述的一位移居家庭台籍配偶朱萍的故事，正是這樣一個個案（蔡崇隆，2004）。

[22] 為什麼台籍幹部配偶在大陸移居地，並不易找到合適的工作？我推測有幾個因素：一是，台籍幹部配偶隨先生移居大陸，絕多數的情形是她必須先從台灣的勞動市場中退出，然後再進入中國的勞動市場，也就是說，她面臨著類似二度就業的問題。
二是，當台籍女性選擇進入在地的勞動市場，她的起始薪資可能與一般的初級陸籍幹部差異並不大，但卻需要完全時間的工作投入，使得台籍女性在權衡工作效益與生活品質後，最後多選擇打退堂鼓。
三是，台籍女性多希望可以在在地的勞動市場中取得類似台籍幹部的中高階管理工作，但在一般勞動市場中這些具有決策性的工作位置，對女性而言，普遍還是存在結構性的限制，佔據這些位置的仍是以男性為主。

活的重新適應、合適工作的尋找、工作的全心投入外，還必須有更多時間擔心家庭裡三位小孩的教育問題。這位經理最年長的小孩，目前就讀上海市針對台商子女開放就讀的四所重點中學中的一所，同時也是目前該校唯一的台生。

張經理原本期待1998年派駐中國的先生，在努力工作一段期間後，即會回到台灣。可是幾年過後，當長駐大陸工作的先生斬釘截鐵地告訴她，即使眼前的工作出現變動，「下一份工作也會在中國尋找」時，為了避免長期的兩地分居，造成「這個家庭就有點搖擺不定」，於是當下做出舉家遷徙的決定。並且「花了一年的時間」，將家庭移往上海。打算移居後，她讓當時才國小剛畢業的大兒子，先安排到移居地就讀，半年之後，2002年3月，自己才帶著另外兩位女兒前往。雖然有充分的時間，準備家庭的移居計畫，但小孩跟隨家庭移動的就學轉換過程，對張經理而言，卻是幾經波折。

　　2001年9月我兒子先過來，是讀XX國際學校。02年的下學期我們家老二也過來。可是讀國際學校，我覺得兒子提早過大學生活，生活太糜爛了，我就……當時我還沒過來的時候，第一選擇就是（2002年2月的新學期）讓他們讀台商學校。所以兩個小孩，兒子、女兒都讓他們讀台商學校。（T33）

張經理所謂的「生活很糜爛」，是指學校在學生年紀尚輕的階段，就提供給他們很多選課的自由，反而讓自己的小孩無從適應。但是轉到新學校後，卻也衍生新的問題，「讀了台商學校，我發現周遭的環境並不是我要的」。她認為，就讀台商學校小孩的「爸爸媽媽好像事業都做得不錯，可是就是給他的物質供應很好」。所以，為了小孩，她又下了新的決定：

　　就在我來的（2002）3月以後，就密集的……我第一個動作，兒子轉回台灣嘛。再來，幫大女兒找民辦學校，因為她功課不好，我自己很清楚。要讀重點中學，她會很痛苦，所以就幫她找民辦學校。（T33）

可是讓兒子回台北就讀中學後，張經理並不放心小孩托給親友照顧，於是幾經掙扎後又將兒子轉回就近的上海重點中學就讀。目前，張經理的三位小孩都在移居地受教育，同時為了可以考上好的大學，張經理讓升高三的兒子，轉到一所極知名上海大學針對港澳台學生設立的專班就讀，一方面是就讀高三，二方面則是參加復習班準備考試。大女兒則是在讀完一所民辦中學的一年級課程後，因為學校臨時宣佈新學期初中部停止招生開課，所以又轉到另一所大學附設的中學就讀。

從台灣的小學、上海的國際學校、台商學校、台灣的中學、上海的重點中學，到大學附設港澳台學生升學復習班專班，張經理的小孩幾乎經歷了所有同年齡台籍幹部子女可能就讀的學校。作為移居的台籍幹部家庭的子女，要經歷這些複雜的選擇學校、適應新學校、更換學校的過程，與身為台籍幹部必須適應多次工作的變動、幹部的配偶必須自我調整因先生多次工作變動而來的新生活一樣，所有原本可以是屬於長期性的就學計畫、工作計畫與家庭生活計畫，因工作而高度流動時，都面臨新的挑戰。

陸、討論與結論

台灣勞工前往中國工作，是一個存在台灣社會常民生活中，幾乎習以為常的現象。但是目前對這群人前往中國工作，普遍仍停留在「人才出走」的公共意象；對於流動的過程，因為他們一般享有較好的收入、相較農民工有更優勢的社會位置及創造個人專業成就的可能性，所以潛在假定他們是可以自由移動、少受拘束的一群人。本章凸顯工作的流動與彈性這兩個議題，來討論台籍幹部的跨界移動，及其所面對的問題。以下我以三點討論作為本章的結論：

台灣勞工到中國大陸是一群技術勞工、中產階級的跨界流動

　　經濟全球化造成的不只是資本、財貨與服務的全球移動，同時更強化了人員的國際性流動（Sassen, 1988; Pries, 2001b）。我們看到的不僅是有愈來愈多的人群加入跨越國家疆界的移動，而且是以愈來愈加速的步伐，推動這股移民「流動」的浪潮，或許正如同Stephan Castles and Mark Miller（2003）所形容的，我們進入的是一個新的「移民的世紀」（the age of migration）。而塑造國際移民趨勢的一個重要力量，即是在全球化過程中逐漸加深的勞動市場的國際化（Mahroum, 2001）。

　　晚近大量台籍幹部前往中國大陸工作，除了中國市場因素外，其實也可看作是鑲嵌在勞動市場國際化趨勢下，帶動技術勞動力的跨界移動所產生的現象。一波波的台商前往中國大陸投資，在各個重要城市佈點設廠，影響的不只是龐大的資本的流動，同時也促使大量的台灣勞工必須跨界到中國大陸工作。這群勞工向來被視為是一群專業的勞動力，擁有管理、專業知識與技術的特長，嫻熟台灣廠商特殊的生產與運作模式，所以可以受到公司的青睞，受雇於各式各樣規模的台資廠商，扮演舉足輕重的角色。

　　也由於他們是一批專業的勞動力，所以當他們跨界流動，就自動被歸類成為一群白領的移工，被看作是與低技術或非技術性的勞工截然不同的一群人。後者通常被視為是一群由較低開發地區，前往較高開發區域流動的藍領移工（Massey, 2000）。不管是國際的移民研究或是國內對於移工的研究，都已經很清楚的指出，藍領移工跨界工作多從事所謂的3D產業，不只時常面臨到雇主、仲介的剝削、還會遭受移工接受國的不公平對待，他們不僅處於相對劣勢的地位，而且是全球化過程中的受壓迫者（夏曉鵑，2002）。但是不是白領跨界的移工，因為他們的跨界流動的工作，是尋找一個新舞台的挑戰，是專業自主的展現，間或代表著個人自由的延伸，而且往往還可以享有較高的收入，所以就儼然成為是全球化的　群受益者？一群贏家？

　　上述的白領／高技術勞工，與藍領／低技術勞工的對照，並不令人陌生。

Favell等在《The Human Face of Global Mobility》一書中，就提醒不應該把白領／高技術勞動者相對於藍領／低技術的勞工，過度兩極化的描述。他們指出不少的全球化文獻，「塑造出來的一個真實、強而有力的印象是：一棟棟高層大樓雲集的商業中心，聚集的是一群穿著光鮮亮麗的全球菁英造就的服務工業勞動力，但圍繞在周圍服務他們的卻是一群由清潔工、小商店家、家務幫工及性工作者等組成的——來自貧困、底層階級的移民」（2006: 8）。結果大家看到的是，在同一世界中，一群菁英對抗另一群普羅階級的印象。其實，Castles及Miller以「移民的世紀」作為描述當代社會的主要特徵，透露出來一個重要的訊息是：在當代的國際移民中，確實包含了一群被種族化與刻板印象化的低階移民工，以及少數的全球菁英（global elites）（Sassen, 2000; Beaverstock, 2005）；但在今日參與跨界的群體中，絕不只限於這兩個類別的人群而已。全球化所帶來深遠的影響之一，是跨越國界流動的人群，有逐漸向下「大眾化」，而且擴及到一般的中產階級（Favell et al., 2006: 8）。前往中國大陸工作的台灣勞工，正是這樣的一群人。

這群中產階級屬性的台灣勞工，是一群技術勞工，但並不適合稱為全球菁英。其實，使用「菁英」與「非菁英」概念，對照於「技術勞工」與「低技術勞工」分類，也不是一個很適當的類比方式。因為並非所有的技術勞工都可以稱得上是「菁英」；也不是所有被「我們」認定是「低技術勞工」的對象，在其人力資本的屬性上，真的都只能是「低階的」。Favell等（2006: 2）就指出，許多移工被歸類為「低技術勞工」，乃是因他們／她們在目的國所從事的職業，屬於本地人不願從事的較沒有尊嚴、危險、辛苦的工作，可是這些移工在他／她自己的原生國卻可能是屬於擁有高學歷或特殊專業的「技術勞工」。藍佩嘉對在台菲籍家務移工的研究也指出，許多家務移工從母國到海外工作，都經歷了從技術勞工成為低階勞動者的社會地位向下流動（2002：190）。

我在田野中也接觸到一個現象，幾位台商（如T17）談及在許多台商公司中，尤其是製造業的台商工廠中的台籍幹部，調派到大陸工廠後，頭銜往往相

較其在原台灣公司中的頭銜，要高上一個職等。[23]如原在台灣掛組長職的台籍幹部，在調派大陸工作後，改掛上副理的職稱，是相當普遍的情形。[24]相對於來到台灣家務移工經歷了社會地位的向下流動；許多台資工廠中的台籍幹部，則在遷徙的過程中，經歷了社會地位的向上流動。所以，台籍幹部被認定是一群白領、高技術人員，其實是在台資工廠中，他們相對於大陸籍員工及幹部，佔據有較高職級的結果，而不必然是他們在母國即都是一群菁英階層。

流動不僅象徵自由、獨立而已，高度流動表達的其實是一種強制

對絕多數的台籍幹部而言，可以到中國大陸工作，代表的是一種機會。尤其是，當這種機會可以連結個人在台資工廠中職級的向上升遷，且做為台籍幹部在大陸不僅可以管理上百位以上的員工[25]，同時也是老闆最仰賴的核心幹部，所以不少台幹都會表達很高的意願，接受外派到大陸工作。對他們而言，可以到他社會工作是受到鼓舞的，主觀上並沒有很強的抗拒心情，而是以正面的態度去迎接流動、迎接工作地點的變換。

就如同Schneider指出的，流動在當代乃是被視為自由與獨立的象徵，可以流動，同時代表的是個人擁有「選項多於一」的能力（2005: 92）。Bauman（1998）甚至認為，流動不僅是當代令人稱羨的價值而已，它已經是構成全球階層化的一個新指標。許多受訪的台幹首先也認為，可以到很多地方工作，代表的是一種自由，且肩負使命，「換一個心態想，是公司看得起你，那麼多人只找你去，應該要很光榮。」（T27）。所以，帶著混合冒險與滿足自我期許的心情，往中國大陸工作。

---

[23] 2000年研究者在深圳接觸的一位台商，也指出同樣的情形。

[24] 在我訪談接觸的台商工廠及台籍幹部受訪者，除個案T11是掛課長頭銜外，其餘台籍幹部都是屬副理級職以上（參見附錄）。

[25] 在我田野接觸的一些受訪者，他們指出目前在中大型台商工廠，台籍幹部人數與工廠總員工數大致上呈現一比一百的比例關係。

　　但是工作可以大幅距離的移動，雖然象徵著擁有更高的自由度，卻不見得等於個人可以自由自在地，選擇自己要去的工作地。許多台籍幹部指出，當他們受雇於台資廠商，公司授權要調派他們前往大陸，或是從大陸的甲地廠調往乙地廠時，台幹往往沒有自主選擇的權利，決定是否接受調派。「假如說一個工作團體裡面，每一個人都可以說No的話，那個公司是沒救了，對不對？」（T06）這種情形在訪談中接觸到的在台灣仍設有母廠，屬中大型資訊光電產業工廠，最為明顯。在這些產業中，台籍幹部更有機會繼續派駐往屬同一公司，位於不同省份城市的分廠，或是調回台灣母廠，或甚至是再派駐前往第三國。雖是機會，但實際運作的結果是，台幹所在的工作位置，往往是公司派遣指令的決定性，要大於個人的選擇意願。這正如同Schneider（2005: 92）指出的，這些高移動力的群體實際面對的問題是，當工作「流動需求」成長的速度，遠遠要大於緩慢成長的「流動意願」時；當工作流動的要求，遠要大於工作流動的意願時，「流動」便等義於，要求受雇者必須在「任一時間」，聽從可能前往「任一地點工作」的指令。這時工作上的流動所代表的「自由」與「獨立」的象徵意義逐漸消逝，取而代之的，流動表達的是一種「強制」。

　　因此，放在中國大陸台幹的情形來看，所謂具備「有流動能力」，不只意味著這群人本身具有能力可以四處移動，同時也是指，他們必須隨時聽候派遣吩咐而移動。[26]在新的強調彈性的勞動體制下，工作流動擴展的，一方面是台籍幹部個人行動的空間範圍與移動自由的可能性，但同時這些新增的可能性，卻也受到徹底的運用，如同一位台幹表達的，「今天或許為了生活，我必須要離鄉背井到各個國家或者說哪些地方，公司派我去，我就得去，這是一種無奈」（T34）。這種無奈的表達，當然不只是一種心情的反映而已；它表達的是，高度流動對台幹個人而言，其實是一種強制。

---

[26] Cheers雜誌的訪談也指出，在大陸，台籍幹部往往必須24小時處於待命的狀態，手機不能關機，隨時老闆有新的吩咐。只要公司出現突發的狀況，台籍幹部都只能二話不說，立即回到工作崗位（《CHEERS》，〈大陸，是台灣人的機會還是夢魘？〉，2002年7月。（http://www.cheers.com.tw/content/029/029076.asp）

　　Sennett提到，「彈性」在當代被視為是僵硬與缺乏生氣的對立概念。在過去Adam Smith的政治經濟學論述中，彈性與自由幾乎是個等義詞。但是在今日，彈性與自由卻沒有任何對應關係（1999: 47）。在今日彈性資本主義的勞動形式下，彈性意指著「有意願進行改變」，要求勞動者勇於接受短期性的勞動關係，而不執著於鐵飯碗，以更高的自由度形塑自己的生活。但實際上新的勞動體制下，並沒有解消舊有的控制，而是製造新權力體系、新的控制；只是新的控制體系，更難透視。

　　台籍幹部雖然有很高意願接受外派中國大陸工作，有意願進行工作位置的改變，但當台幹被要求「隨時」配合公司政策而改變工作位置，顯然這種彈性並不是讓台籍幹部有更多的自由空間可以形塑自己的生活，而是讓處與工作流動中的台籍幹部，無法進行長期的計畫，隨時要與不確定性的工作進行對抗。

跨界流動的台籍幹部，選擇的是一種彈性勞動體制，需面對高度的風險

　　台籍幹部在跨界流動到大陸工作的過程中，面對的是一種如Sennett描述的，強調彈性的勞動體制，他們必須面對高風險與不安定感。雖然Sennett敘述的情境，主要是針對西方工業國家的勞動體制的變遷，從一個強調長期、具有制度性保障的工作型態，轉型為強調短期性的勞動關係，但是在這種新的勞動體制中，對於「彈性」的理解，與在中國的台籍幹部面臨的情形一樣，同樣都是指著「風險的分配，從國家與經濟轉嫁到個人身上」（Beck, 1999: 472），個人必須勇於承擔工作場域不斷變換的風險。沒有台幹可以指望當他跨界流動的工作位置不保時，當地的地方政府或國家可允諾給他一份新的工作，或是起碼程度的失業救濟津貼，讓他可以克服短暫的失業困境。所以，在許多中國大陸台商工廠高度集中的城鎮，尤其是屬傳統製造業密度較高的地區，如廣東東莞地區，部分台幹因個人人力資本的屬性較低，從原有台商工廠離職後，就不易尋覓到新工作，因此偶爾可聽聞到有關「台流街」的種種傳聞。

　　屬人力資本較高，位居較高階的台籍經理人員，雖然不致於有長期失業的憂慮，但是在他們的工作流動生活經驗中，仍就必須時時慮及工作場域不斷的變換。所以，對於位在公司較低階管理層級、工作較具有可替代性的台籍幹部而言，他們工作上首先要面對的風險是，台商老闆在人事成本經營上的理性計算、公司內大陸籍幹部的同儕競爭；對於較高階職級、或是具有專精技術與經理能力的台籍幹部，他們要面對的風險則是，下一個工作的不確定性。這正是每位台籍幹部跨界工作，在工作上面對的結構性限制。尤其，當台幹還須把家庭的生活安排與工作流動，這兩種基本上是相互牴觸的價值加附在一起計算時，不管台籍幹部選擇隻身在大陸工作，或是攜帶家庭前往，常是陷入選擇上的兩難。

　　儘管，拜當代更佳的溝通科技與更方便的交通之賜，聯繫變得更容易，但選擇隻身在大陸工作的台幹，和還是與其在台灣的家庭，長時間是處於實際分隔的狀態；選擇攜帶家庭前往的，則需面對配偶生活的重新安排，以及子女教育隨家庭移動重新調整。而且，每一次工作的變異，很可能意味著家庭的再一次移動，以及隨之而來的所有重新適應。所有關係到個人未來安排的「計畫」，都只能是短暫的。

　　所以即使本身是屬於一群擁有高度流動能力的台籍幹部，在跨界流動過程中，並沒有因為他們的技術勞工身分就可以來去自如，毫無阻礙的進行自由的移動（free movement），相反的，他們本身愈是呈現高度流動，反而就愈凸顯出彈性勞動體制下，個人在工作及生活安排上的限制。

　　本章研究的對象，主要是針對在廣東及大上海地區屬製造業型態的台籍幹部，他們是台灣人到中國大陸工作的主要型態，研究範圍並沒有涵蓋屬服務業型態的台籍幹部，這是本章的研究限制之一。此外，關於女性台籍幹部的部分，尤其是單身女性台幹在工作上的跨界流動與生活安排，值得將來進一步地分析。

附錄：受訪者基本資料

代稱	職稱	性別	年齡	教育程度	企業所在地
T02	副總經理	男	57	大專	大上海
T05	資訊室經理	男	49	大專	大上海
T06	協理	男	56	專科	大上海
T07	企業策畫傳播部	女	34	大學	大上海
T09	經理	男	43	大專	大上海
T10	副理	男	34	碩士	廣東
T11	課長	男	43	大專	廣東
T12	經理	女	47	大專	大上海
T14	經理	男	32	高中	大上海
T16	管理部經理	男	41	大學	大上海
T18	業務部經理	男	46	大專	大上海
T19	業務副總	男	47	大學	大上海
T20	廠長	男	38	大學	大上海
T21	品保部副理	男	31	高中	大上海
T22	銷售經理	男	36	大專	大上海
T24	營業部經理	男	33	大學	大上海
T25	採購部副理	女	36	--	大上海
T26	總經理特助	男	29	大學	大上海
T27	協理	男	48	大學	大上海
T28	製造部處長	男	46	研究所	大上海
T29	副總經理	男	27	大專	大上海
T30	副總經理	男	43	專科	大上海
T33	管理部經理	女	44	高職	大上海
T34	品保部副理	男	38	大學	大上海
T35	事業處處長	男	42	大學	大上海
T36	財務部副理	女	28	大學	大上海
T38	資深專員	女	34	碩士	廣東
T39	經理	男	32	大學	廣東
T40	營銷總監	男	54	大學	廣東
T42	副總經理	男	50	大學	廣東
I03	副總經理	男	46	大專	廣東
I08	執行副總	男	49	大專	廣東
I09	協理	男	49	大專	廣東

代稱	職稱	性別	年齡	教育程度	企業所在地
I10	處長	男	40	大學	廣東
I11	經理	男	36	大學	廣東
I12	副理	女	44	專科	廣東
I13	婦女會秘書長	女	42	大專	廣東
I15	業務經理	男	30	專科	廣東
I18	經理	男	37	大學	廣東
I20	經理	男	39	專科	廣東
I23	深圳區首席代表	男	45	大專	廣東
I27	協理	男	47	大專	廣東
I28	業務部經理	男	38	大專	廣東
I29	採購處長	男	47	專科	廣東

代稱	職稱	性別	年齡	教育程度
T23	台籍幹部配偶	女	33	大專
I05	台籍幹部配偶	女	39	大學
I07	台籍幹部配偶	女	43	高中
I21	台籍幹部配偶	女	--	--

參考書目

中文文獻

王君琳，2002，《流動的家：大陸台商女性配偶的家生活與認同》。台北：台灣大學建築與城鄉研究所碩士論文。

夏曉鵑，2002，〈騷動流移的虛構商品：勞工流移專題導讀〉。《台灣社會研究季刊》48: 1-13。

曾嬿芬，2004，〈引進外籍勞工的國族政治〉，《台灣社會學刊》32：1-57。

蔡崇隆，2004，《嫦娥月事，移居大陸台商女性配偶的心情故事》，紀錄觀點第61集，台北：公共電視文化事業基金會。

鄧建邦，2002，接近的距離：中國大陸台資廠的核心大陸員工與台商。《台灣社會學》3：211-251。

鄧建邦，2005，〈中國大陸台商的他者處境與認同衝突〉，頁223-240，收錄於陳建甫（編），《和平學論文集（三）—— 和平、衝突與未來實踐》，台北：淡江大學未來學研究所。

藍佩嘉，2002，〈跨越國界的生命地圖：菲籍家務移工的流動與認同〉。《台灣社會研究季刊》48：169-218。

英文文獻

Batalova, Jeanee & B. Lindsay Lowell, 2006, "'The Best and the Brightest': Immigrant Professionals in the U.S." In *The Human Face of Gloabl Mobility: International Highly Skilled Migration in Europe, North America and the Asia-Pacific*, eds: Michael P. Smitth & Adrian Favell. New Brunswick: Transaction Publishers.

Bauman, Zygmunt, 1998, *Globalization: The Human Consequences*. Cambridge: Polity Press.

Beaverstock, 2005, "Transnational Elites in the City: British Highly-Skilled Inter-Company Transferees in New York City's Financial District." *Journal of Ethnic and Migration Studies* 31: 245-268.

Beck, Ulrich, 1999, "Die Zukunft der Arbeit oder die politische Ökonomie der

Unsicherheit." *Berliner Journal für Soziologie* 1999(4): 467-478.

Bhagwati, Jagdish & William Dellalfar, 1973, "The Brain Drain and Income Taxation." *World Development* 1: 94-101.

Butcher, Melissa, 2004, "White Collar Filipinos: The Migration Experience of Australian Expatriates in Singapore." In: Amarjit Kaur (eds.) *Divided We Move: Intra-Asian Labor Migration and Changing Border Control Regimes in Asia*, Singapore.

Carrington, William J. & Enrica Detragiache, 1999, "International Migration and the 'Brain Drain'." *The Journal of Social, Political and Economic Studies* 24: 163-171.

Castles, Stephan & Mark Miller, 2003, *The Age of Migration*. Basingstoke: Palgrave MacMillan.

Deng, Jian-Bang, 2003, *Die ethnisch-kulturellen Differenzierungen im Prozess der Globalisierung - Am Beispiel taiwanesischer Unternehmer in China*. Marburg: Tectum Verlag.

Favell, Adrian, Miriam Feldblum & Michael Peter Smith, 2006, "The Human Face of Global Mobility: A Research Agenda." Pp.1-25 in *The Human Face of Gloabl Mobility. International Highly Skilled Migration in Europe, North America and the Asia-Pacific*, edited by Michael P. Smitth & Adrian Favell. New Brunswick: Transaction Publishers.

Guarnizo, Luiz E. & Michael Perter Smith, 1999, *Transnationalism from Below*. New Brunswick: Transaction Publishers.

Hunger, Uwe, 2003, "Brain drain oder brain gain: Migration und Entwicklung." in Migration im Spannungsfeld von Globalisierung und Nationalstaat. Wiesbaden, edited by Dietrich Thranhardt and Uwe Hunger. Wiesbaden: Westdeutscher Verlag.

Hsing, You-Tien, 1998, *Making Capitalism in China: The Taiwan Connection*. Oxford: Oxford University Press.

Iredale, Robyn, 2001, "The Migration of Professionals: Theories and Typologies." *International Migration* 39(5): 7-26.

Iredale, Robyn & Reginald Apppleyard, 2001, "Introduction." *International Migration* 39(5): 3-6.

Lima, Fernando Herrera, 2001, Transnational Families: Institutions of the Transnational Social Space. in *New Transnational Social Spaces. International Migration and*

Transnational Companies in the Early Twenty-first Century. Pries Ludger eds. London: Routledge, Pp. 77-93.

Mahroum, Sami, 2001, "Europe and the Immigration of Highly Skilled Labour." *International Migration* 39(5): 27-43.

Massey, Douglas S., 1998, New Migrations, New Theories. in: Douglas S. Massey (eds.) *Worlds in Motion. Understanding International Migration at the End of the Millennium*, Oxford: Clarendon Press. Pp. 1-16.

Meyer, Jean-Baptiste, 2001, "Network Approach versus Brain Drain: Lessons from the Diaspora." *International Migration* 39(5): 91-110.

Pellegrino, Adela, 2001, "Trends in Latin America Skilled Migration: 'Brain Drain' or 'Brain Exchange'?" *International Migration* 39(5): 111-132.

Pries, Ludger, 2001a, The Approach of Transnational Social Spaces: Responding to New Configurations of the Social and the Spatial. in *New Transnational Social Spaces. International Migration and Transnational Companies in the Early twenty-first Century*. Pries Ludger eds. London: Routledge, Pp. 3-33.

Pries, Ludger, 2001b, *Internationale Migration*. Bielefeld: Transcript Verlag.

Salt, John, 1997, "International Movements of the Highly Skilled." Directorate for Education, Employment, Labor and Social Affairs - International Migration Unit - Occasional Papers No. 3. Organization for Economic Co-Operation and Development, Paris. OCDE/GD(97) 169.

Sassen, Saskia, 1988, *The Mobility of Labor and Capital: A Study in International Investment and Labor Flow*. Cambridge: Cambridge University Press.

Sassen, Saskia, 2000, "Wem gehört die Stadt? Neue Ansprüche im Rahmen der Globalisierung." Pp.7-37. in *Machtbeben: Wohin für die Globalisierungt?* Müchen: Deutsche Verlags-Anstalt.

Schneider, Norbert F., 2005, "Einführung: Mobilitat und Familie." *Zeitschrift für Familienforschung*. 2005(2): 90-95.

Sennett, Richard, 1999[1998], *The Corrosion of Character. The Personal Consequences of Work in the New Capitalism*. New York/London: W. W. Norton& Company.

Sennett, Richard, 2000, "Der flexibilisierte Mensch: Zeit und Raum im modernen Kapitalismus." Pp.87-104. in *Die Wirtschaft in der Gesellschaft*, edited by Peter

Ulrich and Thomas Maak. Bern: Haupt.

Shen, Hsiu-Hua, 2005, "The First Taiwanese Wives and Chinese Mistresses: The International Division of Labor in Familial and Intimate Relations Across the Taiwan Strait." *Global Networks* 5(4): 419-437.

Sklair, Leslie, 2001, *The Transnational Capitalist Class*. Oxford: Blackwell.

Szelényi, Katalin, 2006, "Students without Borders? Migratory Decision-Making among International Graduate Students in the U.S." Pp.181-209. In *The Human Face of Gloabl Mobility. International Highly Skilled Migration in Europe, North America and the Asia-Pacific*, eds. Michael P. Smitth & Adrian Favell.New Brunswick: Transaction Publishers.

Tsay, Ching-Lung & Ji-Ping Lin, 2003, "Return Migration and Reversal of Brain Drain to Taiwan: An Analysis of the 1990 Census Data." in Pp.273-292. *Migration in the Asia Pacific: Population, Settlement and Citizenship Issues*, edited by Robyn Iredale, Charles Hawksley & Stephan Castles E., Northampton, MA: Edward Elgar.

Zhou, Yu & Tseng Yen-Fen, 2001, "Regrounding the 'Undergrounded Empires': Localization as the Geographic Catalyst for Transnationalism." *Global Networks* 1(2):131-153.

Zollberg, Aristide R., 1999, "Matters of State: Theorizing Immigration Policy." Pp. 71-93. in *Handbook of International Migration*, edited by Charles Hirschman, Philip Kasinitz & Josh DeWind. New York: Russell Sage Foundation.

林平

壹、緣起：突然戒掉抽了幾十年的煙……

　　筆者的博士論文是關於在中國大陸的台灣人，在博士訓練過程當中，常常被人問到為什麼要研究這個題目？為了回答這個問題，我準備了不少符合學術語言的答案，然而這麼多看似不同的答案，其實都源自於我的家庭生活，特別是高一那一年（1987/88年）冬天的記憶。

　　那一年，政府宣布開放民眾赴大陸探親，父母親也計畫在1988年初安排祖母回廣東東莞老家看看。當時因為祖母年紀（80歲）大了，他們先把祖母從屏東帶到台北，去台大醫院健康檢查，希望知道她的身體是否能經得起旅途勞累。檢查回來之後，母親轉述醫生的話，醫生說：「老太太，妳身體很好，只有一個小問題，如果妳還想要看到妳在大陸的兒子，就要把煙戒掉……」。就這樣，她突然戒掉抽了幾十年的煙，而且告訴我們，她回東莞之後，就不會再回台灣了……

　　接下來的十多年當中，筆者家中就如同不少外省台灣人家庭，在斷續的返鄉探親、大陸親友來訪，以及國內政治紛擾當中度過。筆者不知道當初祖母為何為了決定回東莞而戒煙，也不知為何住了一個月之後又回台灣？可是她在快過世之前，卻又不斷希望再回到東莞？筆者也不知自己為了什麼原因，會在莫名的情緒激動下，與東莞未曾謀面的堂兄弟通信？也不知道為什麼筆者的外省長輩與同輩朋友，會不斷的表達（回）去大陸工作或定居的念頭，可是卻又很少有人真的付諸實踐？這些心理上的困惑並沒有因為筆者在2001年到東莞旅行之後而得到答案，卻一直等到我因為博士研究，需要收集資料與撰寫論文時，

才逐漸平靜。

　　「在中國大陸的外省台灣人」，[1]是一個對學術上「移民返鄉」與實務上「兩岸民間交流」都有貢獻的議題。然而由於這個議題涉及敏感的統獨與認同爭議，過去在國內的討論並不多。在筆者的田野觀察（特別是2004-2005年）過程當中，也很清楚的感受到這些外省台灣人的長輩與朋友，並不願意因為自己（回）到中國大陸選擇，讓自己（或仍留在台灣的親人）在國內藍綠對立的政治衝突下，被貼上一個「賣台」的標籤。所幸這幾年台灣政治與兩岸關係的轉變，相關的報導文學或電影逐漸出現，對這類的議題開始有了比較寬廣的討論空間。[2]因此筆者也開始整理過去的觀察記錄，希望能站在學術研究的立場，又不失同理心的方式，來討論這個應該公開討論，卻不容易適當詮釋的議題。

貳、文獻回顧

　　雖然本章的外省受訪者大多同時也是台商／台幹，他們的移居經驗也與本省的台商／台幹受訪者一樣，相當程度上受到兩岸經貿變化的經濟因素，並非全然都是因為情感因素而移居。但是針對經濟因素影響討論已經非常多，為了凸顯情感因素造成的獨特影響，也為了後文分析，此處只將焦點集中在與既有移民／返鄉及外省人主題有關的研究。

---

[1] 「外省台灣人」這個聽起來有點累贅的名詞，就是台灣社會一般所指稱的「外省人」。然而在本章當中，「外省人」有可能被誤解成「從中國大陸各省市移居到東莞或上海」的大陸人，為了避免此一誤解，文章當中有時以「外省台灣人」來表示台灣目前所指稱的「外省人」。

[2] 最近一個典型的例子，是由台灣資深藝人凌峰主演，描述台灣老兵回到大陸生活的電影《團圓》，該片同時是2010年柏林影展的開幕片，這顯示相關議題的討論已經逐漸能被接受。

一、移出／回流：從經濟因素到情感因素

關於移民動機的研究，主要是在經濟學的基礎上發展而來。過去的研究認為，古典經濟學所強調的「自身經濟利益極大化」，是人們移至他國的唯一目的；因此，如果移居者後來發現第三國或母國反而能提供更多經濟利益，他們會選擇移往第三國或回到母國（Sjaastad, 1962; Borjas, 1990; Cassarino, 2004）。另一方面，新經濟學認為，移出者所追求的，並非自身經濟利益極大化，而是在有限的基礎上達到特定目標；因此，如果移居者後來發現第三國的環境更有助於達成目標（或目標已經達成），他們會選擇前往第三國（或回到母國）（Portes & Böröcz, 1989; Cassarino, 2004）。相關的分析雖然逐漸加入社會環境與國家層次的分析，但仍認為經濟因素是促使人們移往他國的主要動機（Massey, 1993）。隨著不同類別的跨國人口流動逐漸納入分析，特別是以不同類別的返鄉研究逐漸增加後，此一經濟因素為主的假定也開始受到質疑（Aranda, 2006）。

雖然人口回流並不是一個新的現象，卻是相當晚近才受到移民研究的重視（Oxfeld, 2004b）。大部分人口回流的研究仍然跟隨著經濟學的觀點，認為當移居者發現在海外收入不如預期，母國經濟好轉反而能提供更高的收入，或已經達成當初預定的收入目標時，他們會選擇返回母國，例如在「從英國回到愛爾蘭」、「從巴西回到日本」與「從東南亞回中國」的研究中經常發現這樣的看法（Barrett & O'Connell, 2000; de Carvalho, 2003; Iredale, 2003; Ley & Kobayshi, 2005）。而這種典型的「經濟因素」解釋，隨著研究對象類別逐漸增加，也受到挑戰。

各種挑戰中比較常見的一種看法，是在以歐洲大陸內部或美國／加勒比海地區人口回流現象為分析對象，認為為了與家人團聚的情感因素，才是移居者返鄉的主要動機。這些研究認為，移居者通常在青年時期移居海外，在海外獲得較佳的教育與工作經驗，但家人仍定居母國，在情感的羈絆下，為了與分隔多年的家人團聚決定返鄉（Guarnizo, 1997; Malcom, 1996）。另一種比較

少見，但與本章較有關聯的看法是，當接受國政治氣候改變並與移居者母國發生對抗時，移居者會因為對母國的思念以及擔憂受到政治歧視而返回母國，例如美國獨立初期時，因支持殖民地政府而離開的愛爾蘭人，以及蘇聯解體初期，從中亞加盟共和國返回莫斯科的俄羅斯人（Pilkington, 1998; Fitzgerald, 2005）。這些關於家庭團聚與政治歧視的研究顯示，有時「情感因素」可能比主流的「經濟因素」更能說明移民返鄉的原因。

　　不論返鄉客是為了經濟因素或情感因素返鄉，他們通常在回家之前對母國都有不少懷舊與一廂情願的想法，這些返鄉前的想法與返鄉後現實的差距，常常帶給返鄉客強烈的失落感，造成生活適應上的困難（Gmelch, 1980; Gmelch, 2004）。而這種「懷舊與現實的差距」，可能是因為家鄉在離家期間歷經戰爭等重大變化，使得地景上的情感聯繫消失殆盡，都可能造成返鄉後的情感失落（Tsuda, 2003），或者是返鄉一段時間之後，與家鄉親友互動當中產生摩擦。例如，家鄉親友常以為返鄉客在海外享受較好的生活，所以將返鄉客對家鄉親友的協助視為理所當然，以致於返鄉客必須對家鄉做出超過能力的經濟協助，才能符合「衣錦榮歸」的世俗看法（Stefansson, 2004; Oxfeld, 2004）。由於各種不同的情感失落，常促使返鄉客不會真的與原來家人共同居住，而是在母國的其他地區（通常是有其他返鄉客已經定居的地區）定居，與當地社會維持一種有距離的歸屬感（Cornish, Peltzer & MacLachlan, 1999; Stefansson, 2004）。由於這些失落與隔閡，有些返鄉客最終放棄在家鄉定居的念頭，再度移居海外，或者形成一個「返鄉——失望——再移出——再返鄉——再失望——再移出」的循環過程（LopezZarzosa, 1998; Thomas-Hope, 2002）。

　　返鄉研究除了以第一代返鄉為主題外，有些以美國／希臘、瑞士／義大利、蘇格蘭／歐洲，以及日本／巴西之間人口回流為主題的研究，也把研究對象包含移民的第二代或第三代。一般認為這些後代「返鄉」的原因除了有好奇與尋根的情感因素外，也有經濟因素，希望藉著運用與母國社會既有的聯繫，追求可能的經濟利益。雖然這些後代「返鄉」的動機比較務實，對「母國」的情感聯繫比第一代微弱，但是原生地與居住地的發展差距，以及返鄉前對「母

國」期望過高帶來的情感失落，仍對這些後代造成不小衝擊（Christou, 2006; Potter, 2005; Wessendorf, 2007）。

以上這些研究顯示，傳統的經濟因素並不一定能夠解釋所有的跨國人口流動現象，特別是在人口回流方面的討論。不論是第一代或是後代，返鄉客對母國或原生家庭的情感因素也許比傳統的經濟因素更能說明為什麼要回到原居地。而返鄉後的情感調適成功與否，也比傳統的經濟因素更能說明返鄉客是否在家鄉定居，或是繼續移動的主要原因，而此一強調「情感因素」的發現，正是過去移民研究所欠缺的。因此，本章的目的並不在藉由著受訪者的經驗，檢驗既有移民研究當中移出／回流的議題，而是藉著過去返鄉研究所指出的情感因素視為出發點，來檢視受訪者的經驗，以補充既有台商研究過於強調經濟因素的遺憾。

然而如何理解移動人群的情感經驗並不容易，相關資料不容易由制式的「問卷調查」得知，也不是「一夜情」式的「深度訪談」（one-shot interview）能理解，必須經由相當長時間的熟悉與互動，才可能獲得稍具深度的田野資料。而本研究採行的方式，以實際參與並從日常的語言與互動為分析資料，正彌補了過去研究的缺失，所呈現的資料更具有可信度。為了要使讀者更瞭解後文對受訪者情感因素的分析，筆者接下來回顧以受訪者海外生活為主題的研究：外省人在台灣。

二、外省人在台灣

在台灣，「外省人」這個名詞泛指所有在二次大戰後，跟隨國民黨政府從中國大陸到台灣的政府官員、軍隊、眷屬與一般民眾及其在台後代。在解嚴之前，關於外省人的研究非常少，因為當時凸顯外省人與本省人之間差異的討論，都可能被認為是刻意挑起「省籍問題」而成為政治禁忌（王甫昌，2002）。因為這樣的禁忌，加上當時統計資料的缺失，以致於連到底有多少外

省人渡海來台都無法確定。

　　在解嚴之後，「外省人」研究的政治禁忌也逐漸褪去，開始有相當多的研究投注在台灣社會中的「省籍差異」。1990年代初期研究顯示，與本省人相比，外省人教育程度較高，且較容易成為公營企業或大型民營企業的中高階主管（蔡淑鈴、瞿海源，1992；林忠正、林鶴玲，1993；吳乃德，1997）。雖然外省人事實上來自各種不同社經背景與不同省分，但是在當時常被視為一個內部同質性高的群體。當大部分的研究將外省人描繪成一個內部同質性高，且佔據特定資源的群體時，1990年代晚期的研究顯現了一群缺乏資源，又被隔離在社會底層的外省人。他們通常是教育程度低、單身（或晚婚）、獨居（或與其他背景類似的外省人同住），靠著有限退休金生活的低階退役軍人（呂秀玲，1998；趙彥寧，2004；劉益誠，1997）。除了這些關於本省人與外省人間（以及外省人內部）社經背景差異的討論外，解嚴之後另一個討論的重點是外省人與本省人在政治偏好上的差異。大體上而言，外省人當中有相當高的比例是國民黨的堅定支持者，而本省人當中，大約只有一半是國民黨的支持者（張茂桂，1993；王甫昌，2008）。

　　由於過去十多年來，主要政黨（國民黨與民進黨）在兩岸關係基調上的差異（強調「兩岸差異與對立」的民進黨與強調「兩岸共通與合作」的國民黨），使得本省人與外省人在政黨偏好上的差異，也與國家認同，以及對中國大陸的態度高度連結。在各種民意調查及研究當中，外省人除了比本省人更傾向支持國民黨外，更會將自己定位成「中國人」或「是台灣人也是中國人」，對中國大陸仍有情感依存，並且較容易考慮將對岸視為未來可能發展的空間（Tsai & Chang, 2010）[3]。然而1990年代起兩岸關係不時陷入緊張狀態，比較接近外省人政治訴求的國民黨反而不斷在選舉中失利，強調本土意識，凸顯兩岸差異的民進黨在選舉中逐漸獲勝（特別是2004年與2008年的總統大選），使

---

[3]　Ming-Chang Tsai, Chin-Fen Chang, 2010, "China-Bound for Jobs? The Influences of Social Connections and Ethnic Politics in Taiwan", *The China Quarterly*, 203, 639-655.

外省人覺得自己在台灣是陷入一種「政治不正確」的情況，有一種強烈的被剝奪感，形成一種「外省人的悲哀」的失落情緒（張茂桂、吳忻怡，2001；高格孚，2004）。

　　雖然1990年代起兩岸關係不時陷入緊張狀態，到大陸經商投資的台灣人卻愈來愈多，其中當然包含了具有外省背景的台灣人。第一本專門針對外省人到中國大陸的研究著作應該是瞿海源等人合著的《大陸探親及訪問的影響》。雖然不是採取有系統的統計抽樣方式，這份研究認為，有些受訪者將自己返鄉探親的行動形容是「落葉歸根」，但這些受訪者卻表示相當程度的情緒失落（瞿海源、丁庭宇、林正義、蔡明璋，1989），然而後續的研究卻也相當缺乏。

　　由上述討論可知，外省人是一個社會建構的概念，實際上包含了背景差異大的渡海移民及其後代。雖然內部差異性大，但是在討論兩岸關係或是台灣內部政治議題時，常被認為是一個同質性高的團體。解嚴後政治局勢的轉變開啟了外省人返鄉尋根之旅，可是卻又因為探親後情感失落，而又選擇回到台灣。這些討論都是以「在台灣」的外省人為研究對象所得到的發現，並沒有討論「在大陸」的外省人。為什麼有些外省人返鄉之後真的在當地定居了？本章正好可以回答此一問題。

參、研究方法

　　過去與「台灣人在中國」相關的研究顯示，由於母群體總數不確定，無法進行有系統的統計抽樣，所以相關實證研究都是以特定台資企業進行個案討論，或者同一家台資企業（或同一個小區）當中以滾雪球的方式選定若干人，再以訪談的方式來討論當地台灣人所面臨的企業經營或生活適應等問題（Chen & Ku, 2002; 莊好、魏炯翔，2003；陳麗惠，2003），然而這樣的抽樣方式缺點是同質性高，因此，本研究採用不同的抽樣方式，彌補既有研究的缺點。

一、抽樣[4]

　　由於母群體總數與分布不明，我們無法針對大陸的台灣人進行統計抽樣。因此，筆者研究目標不在於對不同類別的台灣人（例如地區、年齡、教育、職業）進行符合人口比例的描述與分析，而是試圖在不同背景的台灣人間，尋找出共通點，然後對整個群體有概略性描述，如果可能，再針對其中某些類別的台灣人（例如本章的外省台灣人）進行深入討論。為了要達成這個目標，筆者是採取「最大差異化」（maximum variation）的樣本選擇方式，來選擇適當的觀察對象，再以「民族誌」（ethnography），主要是參與觀察以及少部分開放性訪談的方式來對適合的對象蒐集資料，希望能對整個台灣人在大陸的現象，描繪一個「雖不近，亦不遠矣」的圖像。

　　「最大差異化」抽樣方式是希望能將各種不同類別的研究對象，盡可能全部包含在內（即使某些類別並不多見），目的在尋找不同類別研究對象之間的共點，以「去異求同」的方式，試圖在無法進行統計抽樣的情況下，還能對整個研究對象能有概略性的瞭解（Lincoln & Guba, 1985; Maykut & Morehouse, 1994）。為了達成此一目標，筆者在田野調查當中積極參加不同的非正式聚會與正式團體活動（詳下述），藉由參加各種不同的聚會活動，筆者對東莞／上海兩地台灣人社群有了一個概略性的認識。從認識的對象當中，排除到大陸觀光旅遊或短期派駐大陸的對象，再藉由談話中探詢對方「在可預見的將來，回到台灣，或前往第三地的可能」，如果對方表示短期內不可能離開大陸，就將對方納入筆者認定的適當範圍內，再以不同的管道做進一步接觸。

　　如同大部分質化研究，本研究一開始也是採取「滾雪球」抽樣方式，但後來卻包含背景差異大不同受訪者。最後，筆者總共在兩地獲得了51位不分省籍的受訪者，其中屬於台灣一般定義當中的外省人共17位，[5]也就是本章中的

---

[4] 以外省人為對象並非原先研究計畫，而是田野當中的偶然發現（詳後述）。因此此處是概述51位所有受訪者的抽樣方式，雖然本章分析實際上是集中在51位當中的17位外省受訪者，但這17位受訪者的選取標準與過程，與全部51位受訪者並無差異。

[5] 此處是指，受訪者本身，或父母親任何一方是出生在中國大陸。

17位受訪者，他們當時背景概述如下：17位受訪者當中，10位在東莞，7位在上海；11位是男性，6位女性；年齡分佈從27歲到86歲；教育程度上有2位僅受過六年以下（含）的學校教育，其餘都接受過至少14年以上（專科）的學校教育；在職業分佈上，除了退休人士外，尚包含了自營企業雇主、台資企業派駐當地人員或大陸企業員工；當筆者2004/2005年進行田野調查時，他們當時已在中國大陸居住時間從幾個月、數年或十多年都有。這17位受訪者的進一步資料可以參考附錄。[6]

二、觀察、訪談與其他資料

由於田野調查過程當中，主要是採取參與觀察的方式來蒐集可能的資料，所進行的訪談都是採取半開放式的訪談。雖然訪談之前有擬定訪談大綱，但是訪談過程當中沒有固定的問卷與用語，而是視受訪者的反應來調整問題的順序與方向。在語言使用上，筆者與受訪者之間的互動主要是以國語進行，並視情況夾雜部分的閩南話及廣東話進行。

在2004-2005年田野調查期間，除了受訪者提供的資訊外，筆者也積極參加下列單位與組織所主辦的活動，以便能夠盡可能擴大受訪者的背景差異，並補充及確認受訪者所提供的資訊。這些單位包含了：東莞與昆山兩地的台商學校及台商協會（台校與台協）、東莞與上海兩地的台灣事務辦公室及台胞台屬聯誼會（台辦與台聯）與台北市東莞同鄉會。這些單位與組織內的成員以及他們所辦的活動，不但提供了筆者一個非常好的機會，可以接觸到各種不同背景的外省人，以自然的方式瞭解他們的生活，避免了對受訪者資訊誤讀或誤判的可能。當筆者2005年7月離開田野地之後，仍不斷的藉由電話、Email、MSN等

---

[6] 附錄當中所顯現受訪者的背景資料，僅表示筆者當時是刻意避免選取背景一樣的受訪者，但是筆者無意表示附錄當中所顯現的受訪者特徵（除了外省人這一項），對他們在中國大陸的生活有關鍵性的影響。

方式與受訪者（或其家人）保持聯絡，瞭解受訪者的生活變化。2008-2010年間，筆者多次再到當地拜訪了部分受訪者，瞭解他們生活近況，特別是「對當地的看法」是否有所改變，試圖透過比較同一受訪者在不同時期的反應，以及不同受訪者在同一時期的反應，提供更深入的討論。

　　由於缺相關實證研究，加上大多的第一代返鄉客年事已高，為了補足對第一代返鄉客訪談不易的缺失，筆者也蒐集了若干文學作品與網站新聞。[7]這些文學作品與網站新聞雖然缺乏嚴謹的抽樣方式與理論基礎，但是所呈現的個案現象與通案描述，相當程度上補足了本研究資料蒐集所不足之處，後文分析中筆者也將透過援引這些外部資料來幫助讀者更能瞭解本章當中若干重要但隱而未現的因素。

三、分析與限制

　　在資料分析上，筆者是每日以田野日誌紀錄，從中選取內部關鍵事件（例如東莞台胞台屬聯誼會在每年9月主辦的中秋談話會）、外部重大事件（例如2004年總統大選、2008年北京奧運與台灣陳水扁洗錢案），以及一般生活當中的特定事件（例如不熟悉閩南語的受訪者，卻刻意說閩南語）為主要分析資料。將每一個事件視為一個「小拼圖」，再以「鳥瞰」的方式從這些「小拼圖」當中得到一個立體的「大全貌」，來呈現出不同背景受訪者之間的共通點。此一分析方式雖然看似不如一般常見的「訪談與回答」模式直接，但由於迴避了可能的爭議，降低受訪者的警戒心，並且資料是來自受訪者真實生活的觀察，更能反映出受訪者的真實意向。

　　最後，筆者雖然採取「最大差異化」的抽樣方式，根據不同受訪者的共同

---

[7]　除了前述的電影《團圓》外，若干網站，例如「返鄉故事照片徵集」（http://blog.yam.com/user/picture2006.html）、「中國台灣網」（http://203.192.15.115/）、「外省台灣人協會」（http://amtorg-amtorg.blogspot.com/）等，都提供了不少基本描述。

反應，來推測這是母群體（在東莞與上海兩地的外省人）應具備的「重要現象之一」，但是筆者無意表示所推測到的結果包含了母群體「所有重要現象」，也無意排除有其他重要現象但尚未被發掘的可能。本章當中與受訪者有關的數字部分，純粹是一個當時情境描述，除非筆者特別說明，並不具備強度或頻率上的意涵。

肆、發現與討論[8]

為了讓讀者更能夠理解這17位外省受訪者的獨特之處，筆者先概略描述51位不分省籍受訪者的經驗，再進入討論這17位受訪者的看法。筆者發現，這17位受訪者與其他受訪者一樣，他們的移居動機大致上受到兩岸經濟變化的影響，但是對這17位受訪者而言，由於兩岸與台灣內部政治變化引發的情感因素，對於他們在兩岸之間去留的決定，有著獨特的影響力。

一、51位不分省籍受訪者：經濟因素為主的人口遷移

如同前述，關於人口遷移動機的主要討論，仍集中在類似如「追求更高收入」的經濟因素解釋上。如果將51位不分省籍受訪者的動機概略區分，我們發現其中有34位受訪者認為，預計「短期內」或「三至五年內」收入會快速增加，甚至超過台灣，即使不認為收入會增加，也認為「當地開支低」，可以以更低的成本來滿足生活或事業需求。也就是說，對大部分的受訪者而言，經濟因素仍是移居中國大陸的主因。

這34位不分省籍，但都看好大陸未來經濟發展（或看壞台灣未來經濟發展）的受訪者，移居初期都是一般認定的台商／台幹。對這34位認為經濟因素

---

[8] 為了受訪者的隱私，以下相關討論都經過匿名處理。

是主因的受訪者而言，隨著兩岸產業遷移的變化，受訪者若不是因為在台灣根本找不到適當的工作，就是當時面臨被裁員的壓力下，必須接受公司的安排，被派駐在東莞／上海的子公司或生產基地；或者，受訪者在升遷上面臨一定的瓶頸，必須藉由外派到大陸，才可以獲得比較高的工作報酬以及升遷機會；再或者，受訪者在事業上面臨一定的困難，但是看好中國大陸未來發展，主動結束台灣的工作，前往大陸開創新的事業。雖然這34位受訪者表示，經濟因素是當時決定到大陸的主因，但是筆者也發現，外省受訪者對大陸未來經濟發展的正面預測，相當程度上是受到自身對中國的情感因素所影響。

　　筆者進一步發現，如果以「省籍」來區分51位受訪者的遷移動機，會發現宣稱「經濟因素是主因」的34位不分省籍受訪者當中，本省受訪者偏向預測「短期內」會快速增加，而外省受訪者卻偏向預測在「三至五年內」會增加的預測。如果進一步觀察兩者群受訪者預測的根據（「你當時為什麼會這樣預測？」），筆者發現本省受訪者當時「短期內」會增加的預測，主要來自移居前雇主的明確承諾（「加薪、外派津貼啊！」）；而外省受訪者「三至五年內」會增加的預測，主要來自當時個人私人感受（「說不上來為什麼，我就覺得大陸很快會超過台灣」），比較缺乏明確的預測依據。這顯現即使是明白宣稱「經濟因素是主因」的受訪者當中，本省受訪者與外省受訪者的預測依據是不盡相同的。筆者同時也發現，若扣除這34位「經濟人」，剩下17位選擇「情感因素」的受訪者當中，外省受訪者有更明顯的趨勢是因為對當時對台灣政治的「去中國化」發展感到不安，而更積極思考遷移到中國大陸。

　　總之，在34位「經濟因素是主因」的不分省籍受訪者當中，外省受訪者比本省受訪者更偏向因自身「感覺」的「大陸經濟發展將超越台灣」預測，決定移居大陸。在17位「情感因素是主因」的不分省籍受訪者當中，外省受訪者比本省受訪者更偏向因為對台灣政治發展的不滿，將「移居大陸」視為遠離台灣政治紛爭好方法。這顯示對外省受訪者而言，情感因素（特別集中在台灣政治紛擾所引發情感因素）有著確實存在但又不曾被討論過的影響力。也就是說，雖然「經濟因素」可以解釋大部分受訪者遷移的動機，但是若將焦點集中在外

省受訪者時，「對中國大陸的情感依附」，卻成了2004-2005年第一次田野調查時，外省受訪者當中相當獨特且明顯的共通因素。

二、17位外省受訪者：情感因素為關鍵的人口回流

當筆者還在東莞的時候，有一個朋友建議筆者打電話給當時人在江蘇的某大姊S-2，因為S-2曾在廣東不同城市居住了快十年，也許她對筆者的研究可以提供一些建議。在朋友的安排與「打打電話試試看也無妨」的想法下，筆者在2004年11月（當年立委選舉之前），很冒昧的打了一通電話給她，這通電話讓筆者第一次發現，也許有某一不容易被發現的因素，特別存在於外省受訪者之間。

「你是外省人嗎？」是S-2接到筆者電話後說的第一句話。筆者當時感到相當訝異，在停頓了兩三秒之後說「是……」。筆者並沒有主動的問任何問題，只是把這通電話當作一個禮貌性的接觸，然而整個電話談話中，S-2反覆的提到「在台灣身為外省人的悲哀」、「希望國民黨在立委選舉能夠贏，給阿扁一個教訓」以及對於台灣過去政治發展的不滿的談話內容。筆者當時突然發現，「因為對台灣政治不滿，覺得自己被邊緣化」，這個「被剝奪」的感覺，可能是外省受訪者之間重要（卻不容易說出）的共同想法。

於是，筆者發現一個特別的現象，如果是在一個人比較多的場合，直接「問」外省受訪者「為什麼來到中國大陸」，筆者得到的回答幾乎都是類似像「台灣的工作快被裁掉了」，這些聽起來與本省受訪者相似，也符合過去研究所呈現的答案。但是如果是在家庭式聚會或是一對一的聊天場合，幾乎沒有例外的，他們（不論是東莞或上海的受訪者，也不論是第一代或是後代）都會主動使用到「生為外省人的悲哀」、「在台灣我們只是局外人」這類的用語，表示對台灣政治發展的不滿，來進一步說明自己為何離開台灣。他們對於國民黨在2000年失去政權感到難過，更對於台灣不斷的「去中國化」感到心寒，寄

望國民黨2004年可以贏得大選，然後就可以「回家了」（受訪者D-3）。然而319槍擊案的後果（國民黨敗選），讓他們覺得「繼續留下來吧！」簡言之，在私下的談話中，可以很清楚的感受到，台灣過去十多年的政治發展，讓他們感到相當的危機意識，這種「被邊緣化」的感覺與中國大陸經濟崛起的事實，使他們會主動的想到前往中國大陸發展。所以當本省的受訪者談論自己當初如何評估工作與生活條件時，外省受訪者卻是一旦發現在中國大陸有了還算可以接受的工作機會（或生活條件），就很快選擇了（回）到中國大陸。在居住中國大陸的過程當中，他們也想過再次回到台灣或轉往第三地，但是由於客觀的經濟因素（是否能提供類似的工作機會）與台灣政治情勢並未如期望改變，因此繼續留在大陸。[9]

　　也許有讀者會對這樣的反應感覺不可思議，當2004-2005年期間，台灣內部的政治發展愈來愈強調民主化之際，為何會有受訪者是為了政治因素而遷移到中國大陸？雖然這些年都有研究指出，「外國的政治較安定」或「國內政局不安」是促使民眾思考遷移到國外的因素之一（楊成安，1994；夏誠華，2002；Chee, 2005）。但是為什麼在本研究當中，外省受訪者的反應特別明顯？當一般認為中國大陸政治發展仍落後台灣時，為什麼台灣內部政治變化是促使外省受訪者遷移到中國大陸的原因之一？

　　筆者以為，「雙重困境下的邊緣人」，是適合拿來形容大部分返鄉定居後的外省人。[10]如同文獻回顧時所述，以「政治氣候變化」為主題的研究並不

---

[9] 這種對台灣政治「去中國化」發展的不安，更可以從2008年國民黨重新執政後，若干受訪者在台灣仍然沒有工作的情況下，卻仍然返台工作，得到進一步的確認（詳後述）。

[10] 筆者在撰寫本章並與諸位學術先進請益的過程當中發現，有些讀者可能會對此一現象表示難以置信。為了避免讀者心中的疑惑影響下文討論，筆者先提出若干說明。一、筆者特別提出受訪者在公開場合與私下場合會有不同的反應，並不是要以受訪者私下場合的談話來修正受訪者在公開場合的表述。而是想藉著公開／私下場合談話內容的差異，說明這種「政治被剝奪感」的感受是經常刻意被隱藏的，只在外省人之間流通，不太會對「非我族類」的本省人揭露，更不容易在一般場合中表達出來。這種刻意隱藏的現象，更顯示政治被剝奪感是真實存在且不應該被忽視的。二、雖然本章發現不能做出統計上的推論，但是在筆者田野調查中，17位背景相異的外省受訪者都呈現出這樣的反應時，即使這些數字不具備統計上的代表意義，至少表示這一現象確實存在並具備若干強度，不應該被忽視。三、也曾有學者質疑，「也會有本省人厭惡台灣政治發展而離開，為何外省人的反應就變得特別重要？」的確，根

多，但是針對移民者在新國家生活適應的討論卻不少，其中Adam Weisberger
與Robert Park的研究，也許兩者研究的延伸可以幫助讀者瞭解受訪者的感受。
當Park在1928年以「邊緣人」（marginal man）的詞彙，來描寫移民在新國家
所面臨心理上焦慮與生活上的困境時（Park, 1928），Weisberger在1992年更以
「雙重困境」（double ambivalence），深入說明了這種邊緣情境中的焦慮。
根據Weisberger的看法，這種焦慮是「既無法在母國文化與新國家文化之間
的差異取得平衡，也無法排除母國文化與新國家文化對自己造成的影響」。
也就是說，移民者在新國家所面臨的，並不是同時適應新文化與原生文化的
「in-between」，而是兩者都不能適應的「double ambivalence」（Weisberger,
1992）。筆者認為，Weisberger提出的「雙重困境」，不但可以討論移民在新
國家的生活，也可以被延伸來討論這17位外省受訪者到中國大陸之後的生活。

　　這17位受訪者在某些程度上因為台灣政治環境改變而感受到巨大壓力，
選擇（回）到中國大陸的作法，類似於Weisberger所說，陷入雙重困境時採取
「返回」的策略，回到母國的發展脈絡中，尋求一定程度的歸屬感。他們在不
同程度上對1990年代以來台灣社會政治主流價值的轉變（從強調中國意識到強
調本土意識，再進一步排除中國意識）持保留的態度，然而卻又無法抗拒此一
轉變對自己所造成的影響，在這種「邊緣化」的情境下，當「返國」的大門已
經開時，只好選擇「返回」到內心中母國文化來源地──中國大陸。

　　再進一步的說，這種「返回」的選擇，不但是「無法進入主流價值」的邊
緣化而促成的選擇，更是發現自己是「本來位居核心」（強調中國意識的台灣
社會），卻被迫退居邊緣（強調本土意識的台灣社會），然後並且必須接受新

據筆者的觀察，確有本省受訪者表示因為「厭惡藍綠惡鬥」而想要離開台灣，但是本省受訪
者的談話內容顯示，比較像是談論「房子靠近高架橋，太吵了，所以搬家」的感受，與外省
受訪者的「住了四、五十年，卻要被人趕走，真是情何以堪」的不安全感不同。而這種因為
台灣政局變化而引發的強烈不安全感的反應，只存在這17位受訪者之間，並不存在於另外34
位受訪者之間。四、筆者並非表示台灣政治情勢的發展趨勢，是這17位受訪者久居中國大陸
的關鍵性因素，而是說台灣政治情勢發展，如同「催化劑」一樣，促使外省受訪者更容易決
定移居大陸；移居之後，台灣政治的發展就像「門檻」一樣，降低了外省受訪者回到台灣的
意願。

核心價值（不但強調本土意識，更進一步排除中國意識），不然就會被新核心價值污名化（諸如「賣台」或「不愛台灣」的指控），受訪者既無法接受台灣政治主流價值的改變，但是卻又無法抗拒這種改變，所以只好選擇完全退出的「返回」過程。然而採取「返回」，並沒有終結外省受訪者double ambivalence的困境，返鄉後生活的不適應，反而是陷入了更深一層的困境，成了triple ambivalence的情境（詳後述）。

　　也許會有讀者對這樣的選擇感到驚訝，也懷疑這樣的可能性，也許更會有政治人物將這樣的選擇貼上「賣台」的標籤。但是讀者也許可以試著以同理心感受，對這17位受訪者而言，他們的「中國意識」並不只是受過去「由外而內」的黨國教育影響（例如，在學校教育中熟讀中國歷史，牢記大陸三江五嶽的地理位置，並以「我是中國人」為榮），更是家庭生活中點點滴滴「由內而生」經驗的累積（例如，親身經歷，或者不斷聽著父執輩口述當年在大陸的生活，內心想著「有一天一定要回去」）。當過去台灣政治的主流意識是以中國意識（或稍後強調台灣與中國大陸的共通與合作）為核心時，受訪者並不會感到困擾；但是當今台灣政治的主流意識是以本土意識（或更晚近強調台灣與中國大陸之間的差異與對立）為核心時，受訪者的困擾也就不令人意外了。

　　然而更令受訪者難以適應的是，筆者田野調查時期（2004-2005年），核心不但強調本土意識，以及台灣與中國的差異，更為了神聖本土意識，進一步的以各種負面詞彙指涉中國（或者將台灣社會當中與中國大陸相關的部分污名化），受訪者在這過程當中所感受的並不只是外在環境改變，並不只是必須從核心退居邊緣，而是發現不但退居邊緣，還必須被無形的壓力重新檢視自己的生命經歷，必須去除自己生命經歷中不符合當今主流意識的成分，才有可能被新核心價值所接受。如果讀者從這個角度思考，也許比較能夠理解受訪者所說的「身為外省人的悲哀」，以及為何受訪者在相當程度上會受到這種「悲哀」情緒的影響，而想要（回）到中國大陸。

　　這種因為政治變化而促使移居者積極思考，並真的返回原居地的現象，也許對有些讀者很陌生，也不容易以平和的態度討論，然而回顧歷史，這種地主

國政治氣候變遷，而增強移民返鄉意願，最後有些移居者真的返鄉的情形，亦可見於美國獨立後的愛爾蘭返鄉潮，以及蘇聯解體後從中亞地區國家返回莫斯科的返鄉研究。但是一個令人好奇的是，這17位受訪者的情緒反應，是否是被當時特殊事件（民進黨在2004年總統大選獲勝）所誇大了？國民黨在2008年勝選，是否又表示這17位受訪者返台意願會上升？

　　當筆者2008年8月再次拜訪田野地時，兩岸同時發生了「北京奧運」與「陳水扁貪污」事件，台灣政治氣候再度發生轉變所造成的影響也顯現在受訪者的談話內容中。筆者發現對受訪者而言，雖然不再如同2004/2005年那樣情緒激動（或低落）的談論台灣的「去中國化」發展，但是言談之中不斷的詢問筆者「你覺得馬英九怎麼樣？」，當筆者並未回答時又自行接話「還要再看看」，然後開始敘說著在台灣因為「不會講台語」而被罵「不是台灣人」，並重複類似「在台灣，我們是外省人，在這邊，我們是台胞，兩邊不是人」的談話（受訪者D-5）。這種相隔四年後仍存在的焦慮情緒，顯示受訪者在2004-2005年的反應並非被單一事件所激起，而是長期累積的結果。

　　另一個更明顯的例子是，受訪者D-18由於在台灣單身一人，自2000年起就離開台灣某地榮民之家，以「長居大陸就養」之名回到東莞與大陸親人共同生活，再也沒有回到台灣。當筆者2008年再遇到D-18時，當地台辦官員開玩笑的說D-18「所有證件都已經失效」，希望他趕快「回台灣重新辦台胞證再進來」或是「回台灣辦完除籍，再回來入籍」，不然就是「非法居留」，D-18突然激動的站起來說「我在這裡出生的，怎麼不可以在這裡呢？……你不知道，他們說我不是台灣人，不可以在台灣……」。[11]

　　比較同一受訪者在2008年的反應，顯示國民黨再度執政雖然某種程度舒緩了受訪者的焦慮，但是並未完全解除受訪者對於台灣過去政治變化的疑慮。雖然國民黨重新執政，但那段「不會說台語就被認為不是台灣人，不能住在台

---

[11] 筆者2009年再度拜訪東莞時瞭解，受訪者D-18已經在台辦的協助下，前往香港重新辦理台胞證入境，然後在東莞當地辦理落戶。

灣」的不愉快經驗並未完全淡去，說明了受訪者的情緒並不是被單一事件所特別放大，而是長期累積的深層感受。筆者在此無意陷入是否應該推動本土化的爭議，也無意將受訪者的心裡感受合理化，而是說明過去十多年來政治局勢的改變，的確對受訪者產生不小的影響，而這些影響是我們應該正視的。

三、17位外省受訪者：現實生活下的情感因素

如同前述，對這17位受訪者而言，不論把他們定義成遷移或是返鄉，也不論他們是否為台商／台幹，他們都比一般受訪者更容易受到情感因素的影響，而前往／返回到中國大陸。當一般的受訪者經歷過一段時間後，在某些程度上逐漸適應當地生活時，或者以務實的工作需要，檢視自己在兩岸之間來去的決定，筆者發現這17位外省受訪者反而會因為情感投射與實際生活的落差，陷入了「何處是我家」的複雜情緒中，更不容易適應當地生活。

（一）「他們只是要錢」：5位第一代的外省受訪者

如同前述，有些受訪者直接表示寄望國民黨在2004年可以贏得大選，然後就可以「回家了〔再回到台灣〕」。如果中國大陸可以提供適當的工作機會與政治上的避風港，那又是什麼樣的「推力」促使他們想要再回到台灣呢？難道（回）到中國大陸不是他們所期望的「回家」嗎？一個特殊的現象是，在5位第一代的外省受訪者當中，只有2位是回到在自己當年離開的縣市定居。為什麼其他3位並沒有回到自己當年的家鄉定居，而是選擇千里外的上海與東莞呢？[12]由他們在居住地的選擇，與居住後的生活，可以看到外省受訪者另一層面的故事。

通常受訪者對於自己選擇「返鄉，但是不回家」的第一個理由是家鄉物

---

[12] 即使納入第二代的受訪者，在全部17位外省受訪者當中，只有3位是回到自己（或父母親）當年在大陸的家鄉。

質條件發展過於落後。「太落後了，我五十年前離家的那條路都還一樣，當時用的馬桶都沒變」，是一位原籍鄭州的老先生D-13告訴筆者，他為什麼回去鄭州看看後，卻沒有住在鄭州，而是在東莞與其他台灣人（而且幾乎都是本省籍）共同居住的原因。這個「太落後」的原因似乎呼應了文獻回顧中所談到的，有些因戰爭而離開東歐的移民，在局勢穩定後回到家鄉探視，可是卻因為家鄉發展太過落後，不願意在家鄉地居，而另循他處定居。

　　然而這個物質差距的理由，是造成受訪者「返鄉，但不回家」的唯一原因嗎？一位在第一次碰面時，說「我是北京人」（因為父親原籍北京）的受訪者D-3，在談到她與父親有時過年還會回北京與當地親人過年時，描述北京的繁華進步時，是這麼談到她那住在廈門的父親，「他們幾位老先生住在一起，沒事可以一起聊天打麻將」。這樣的描述間接的說明了為什麼D-3的父親放棄繁華的北京，而選擇相對落後的廈門，因為廈門那有著與老先生相同背景的外省人，「可以一起聊天打麻將」。北京雖然繁華進步，部分大陸親人仍然健在，也只適合「過年回去走走看看」，而不適合久居。

　　由「跟著本省人一起居住在東莞的鄭州人」與「跟著外省人一起居住在廈門的北京人」兩個例子，我們看到「返鄉」對第一代的外省受訪者而言，並不只是地理空間上的轉變，還包含了生活空間上的妥協與重新調整。為了在新舊生活圈當中重新調整與適應，返回原居地並不一定是最佳的選擇；相反的，在原生國的不同地方與其他移民或背景相似的返鄉客共同生活，反而是容易克服空間差異的選擇。這樣「返鄉，但不回家」的選擇，讓筆者更進一步思考返鄉客與當地（親）人的互動，是否真的水乳交融呢？

　　當筆者試圖與他們談到各種返鄉探親活動時，他們都很自然的提到一些耳熟能詳，也常見諸於新聞媒體的活動，例如祭祖、重修祠堂、與當地親友們用餐等等。然而筆者發現，這5位第一代的受訪者只願意將談話停留在活動「表層現象描述」，並不願意深入談談他們對當地人或者大陸親人的「感受」。其中一位受訪者D-7很直接的以「他們〔大陸親人〕只是要錢」來中止談話，基於對長者的尊重，筆者也沒有繼續探詢。但是由其他可觀察的現象當中，筆者

推測，對5位第一代的受訪者而言，他們的返鄉經驗，並不像是返鄉前所期望的美好，而這些推測在筆者2008年再次探訪時，得到了證實。

當筆者2008年再度探訪時，在一個由東莞台胞台屬聯誼會主辦的例行活動，再度遇到了2004年即認識的受訪者。兩位受訪者（一位第一代，一位第二代）明確表示，根據他們的瞭解，返鄉客與當地親人的相處並不都是愉快的，而大部分不愉快的例子，是來自於雙方對「金錢贈與」的看法差異。對於受訪者，特別是年長的返鄉客而言，在能力範圍內協助家鄉親人經濟發展，是為了要表現家人重聚時欣喜與「心理補償」——補償這些年在家鄉困苦的生活。但是對於大陸親人而言，尤其是剛開放時期，容易將返鄉客的金錢贈與當作是理所當然的「金錢賠償」——賠償當年被遺棄在中國大陸，而必須承擔政治鬥爭的痛苦。根據受訪者的看法，此一觀念上的差異，常常是返鄉客與大陸親人發生爭執的焦點之一，這也許說明了為什麼受訪者大多並未與當地家人居住，而是如同D-3的父親以及D-13一樣，選擇與其他台灣人，或者是其他的返鄉客共同生活。

筆者想特別說明的是，第一代受訪者「返鄉，但不回家」的原因除了表面上地理空間的調適困難，可能還包含了與大陸親人之間的摩擦，以及摩擦所帶來的情感失落。所以他們沒有選擇在原居地繼續生活，而是試圖創造其他的可能，平衡情感與現實之間的差距。但是對第一代的受訪者而言，過去因為戰爭因素而離家，兩岸長期分隔而形塑的情感因素，又被台灣政治上「去中國化」造成的壓迫感而強化，「返鄉定居」成了理所當然的選擇。然而返鄉之後與家鄉親人的摩擦，使自己發現情感與現實生活是有差距。對這5位第一代受訪者而言，這種差距不但是難以處理，更是難以承認，這種難以承認「原來我們並不一樣」的感覺，也許是他們無法坦然談論大陸親人的原因。對他們而言，發現自己也許只能在地理空間重返原居地，無法真的是在心理層次上的「回家」，並不是一件容易的事。

（二）「我們連說的笑話都不同」：12位第二代受訪者

　　除了上述提到的第一代外省人，有為數不少的第二代的外省人也到了中國大陸，他們又是怎麼樣看待自己與當地（親）人的互動呢？相對於第一代在談這個問題時的保守態度，第二代比較願意談論。他們都表示，在決定長期在中國大陸工作之前，都曾隨著父母親有過短暫返鄉探親的活動，例如掃墓、與親友聚餐等等。然而這些的活動都「說不上不知哪裡奇怪的感覺」、「我應該要很熟，但是實際上根本不認識他們〔大陸親人〕」（受訪者S-15）。

　　一位住在上海，第一次見面時告訴筆者「上海話，我不太會說，但是聽沒問題，因為我是上海人」（父母親原籍上海）的受訪者S-17，最後卻告訴筆者，「我很久沒有去看我〔住在上海〕的阿姨了，〔因為〕我不知道要跟她說什麼。」當談到與公司當地員工的互動時，她也表示，「我想我們是不一樣的，我們連說的笑話都不同！」S-17的「我不知道要跟她說什麼……我們連說的笑話都不同！」說明了第二代這種「奇怪的感覺」。在返鄉探親之前，第二代自年幼起便從父母親的口中得知許多家鄉中的歷史（或誇大的故事）。雖然由於時空分隔久遠，父母親記憶中的家鄉早已經與現實生活不同，但是這些記憶卻已經透過家庭影響，成為第二代未曾經歷過的卻彷彿置身其中的感受，並內化成自我認知的一部分。可是當第二代的受訪者真的回到大陸探親，甚至定居時，才發現必須承認不知道該如何與真正的當地人溝通，因為「連說的笑話都不同！」

　　筆者2008年再度拜訪田野地時發現，相較於第一代的少談，第二代比較願意談談自己與當地人的互動，以及這些互動對自己造成的心理衝擊。對第二代受訪者而言，「在台灣，我們是外省人，在這裡，我們是台胞，兩邊都不被當作自己人」，充分顯現出他們對現狀的無奈。當前述討論發現外省受訪者部分因為覺得在台灣「被邊緣化」，然後選擇「回到」想像中的「祖國」，他們到了中國大陸才發現自己其實是進入另外一種「被邊緣化」的困境，進入一種「覺得自己應該熟悉，卻發現其實自己一點都不熟悉的」的社會環境，成為一

種多重卻又難以自我面對的困境。他們覺得自己在台灣是從核心落入邊陲，以為（回）到了中國大陸是回到核心，卻忽然發現自己卻是身處另一個邊陲的 triple ambivalence。除了日常生活經驗帶來的失落感外，台灣的「外省人」與大陸的「台胞」雙重稱呼都不斷的提醒他們，自己在兩個社會都不是核心，都只是邊緣人。而面對這種困境，受訪者普遍充滿著無力感，選擇以茫然的態度來面對自己處的困境。

伍、結論：身在家鄉為異客？

在這篇文章中，我們討論17位外省受訪者（回）到中國大陸的原因與實際生活。他們也同時可能是某企業老闆或中高階主管，或者受僱於當地公司行號。所以他們（回）到中國大陸的原因，當然也受到兩岸經濟發展的影響。但是他們自身或近親來自中國大陸的特殊歷史背景，促成了某些特別屬於外省受訪者才會有的情感因素與適應困難。

當一般受訪者大多因為務實的經濟因素而移居中國大陸時，外省受訪者特別多了一分「一方面對大陸仍有情感，另一方面對台灣政治發展厭惡」的情感因素，這些情感因素促使他們對移居後的生活抱持更高的期望。然而，這份情感因素卻使受訪者在返鄉後陷入新的困擾。當一般受訪者最後以「我覺得兩岸不是同文同種，而是同語言但是不同文化」來「總結」自己的生活經驗，並建議他人如何適應兩岸差異；外省受訪者卻陷入不知如何表述自己移居／返鄉經驗的情境當中。

外省受訪者移居之前覺得自己到中國大陸應該是「回家」，定居後才發現自己是「身在家鄉為異客」，不知如何面對這個看似熟悉卻又陌生的環境，也不知如何對外界表達自己的困擾其實是「移居前的情感投射」與「移居後的實際生活」差異太大所造成。當Robert Park以「邊緣人」來形容移民在新社會的生活時，外省受訪者更是陷入一種情感上「雙重邊緣」的多重困境。當他們因為在台灣被視為「邊緣人」而（回）到中國大陸，到了中國大陸卻發現自己

是進入另一個被邊緣化的環境。這種情感失落，卻又無力面對失落的原因並改變外在環境，是促成大部分的返鄉客「少談」或「不談」自己與當地人互動的主因。這種情境如同像是美國小說「李伯大夢」（Rip Van Winkle）的主角，在山上一覺睡醒回到家中之後，發現一切景象既陌生，又熟悉，既熟悉，又荒謬，才知道自己的記憶中的家鄉（或者父母口中思念的故鄉）只是一個遙遠的想像，自己無法再回到那個想像的空間，但也不知如何面對這樣的改變。

　　本章外省受訪者的反應，顯現出影響人口流動的另一類因素：情感因素。當過去以勞工人口流動為主的研究認為，由於移居者缺乏資源，所以經濟因素是促使人口流動的主要原因；當今若干以優勢人口流動，或是人口回流的研究中逐漸發現，對於擁有若干資源的移居者而言，情感因素也許不是最重要的，但是卻如同「催化劑」或「門檻」一樣，對移居動機與生活適應有著不小的影響力。同時，本研究的結果可知，認為加強情感因素，或非台商／台幹的經驗的研究，會有助於未來對整個「台灣人到大陸」有更清楚的瞭解。因此，我們應該思考在未來跳脫台商／台幹的框架，創造出一個包含非台商／台幹的台商研究。

後記

　　本研究經費主要來自中研院社會所、蔣經國基金會與行政院國科會計畫「外省台灣人返鄉後的身分認同」（97-2410-H-194-037）的支持。本章部分內容曾經以英文「Chinese Diaspora at Home」為題，發表在2007年台灣社會學年會、短文〈家鄉中的異客〉的形式，收錄在專書《國家與認同：一些外省人的觀點》當中，以及論文〈情感因素對人口遷移的影響〉，發表在期刊《東亞研究》當中。本章是在前述三文的基礎上，加上讀者建議，以及較新的資料進一步改寫而成。當然，文章中內容有可能的錯誤與引起的爭議，都由筆者承擔。

　　除了前述的會議論文、短文，期刊論文外，筆者也曾經在不同的演講場合中，談到本章的發現。然而一個更有趣（或無奈）的發現是，不同背景的聽眾

（讀者），對於本章的反應是截然不同的。年輕（30歲以下，或明顯為碩士或大學部學生）的聽眾（讀者）多半對於本研究的發現表現出未置可否的好奇，希望筆者能說說更多的「故事」來協助瞭解。較年長（30歲以上，明顯為博士生或已經工作的社會人士）的聽眾（讀者），若依照口音與談話內容推測族群身分，本省籍多半呈現出「那又怎麼樣？是他們自己要去中國的！」蔑視態度；外省籍的聽眾多半呈現出「你終於說出我想說的話」的情緒流露。似乎聽眾（讀者）的背景，影響了他們對這份研究的反應。

　　筆者無意在此評斷聽眾（讀者）的反應，但想提出的是，探討社會現象的背後原因，並將結果轉換成「有貢獻」的學術論文，或協助社會上不同背景的成員，更能瞭解他者的生命歷程，都是社會學家不應迴避的責任。也許如同某些學術期刊審查人的暗示，這不是一篇在學術上「有貢獻」的研究，但是若能引發非外省背景的聽眾（讀者），稍稍理解外省人對中國大陸的複雜情緒，也不辜負文中受訪者對筆者的期許了。

附錄：51受訪者基本資料（淡灰色部分爲本章17位外省受訪者）

東莞地區的受訪者（2004.9-2005.1）

代號	性別／年齡	教育	工作經驗（台灣／大陸）	婚姻狀況／配偶國籍	住宅	親人台灣／大陸	職業
D-1	男／76	19	0／2	單身	否	否／否	台資
D-2	男／62	14	16／4	已婚	是	是／否	台資
D-3	女／67	16	10／3	單身	是	是／否	台資
D-4	男／52	16	15／4	已婚	否	是／是	台資
D-5	男／72	18	5／2	單身	否	否／是	台資
D-6	女／77	16	0／2	單身	否	否／否	台資
D-7	男／50	16	20／2	離婚	否	否／是	台資
D-8	女／60	14	19／5	已婚	是	是／否	台資／自營
D-9	男／67	16	10／4	已婚	否	是／否	台資
D-10	女／81	16	0／1	單身	否	是／否	台資
D-11	男／75	16	0／2	單身	否	是／否	台資
D-12	女／83	14	0／2	單身	否	是／是	台資
D-13	男／37	16	20／14	已婚	是	是／是	自營
D-14	男／62	17	13／4	已婚	否	是／否	台資
D-15	女／60	14	25／4	已婚	是	是／否	台資／自營
D-16	女／60	12	0／5	已婚	否	是／否	自營
D-17	男／18	0	30／0	單身	否	否／是	退休
D-18	男／28	2	30／0	單身	否	否／是	退休
D-19	女／85	13	0／0	單身	否	是／否	學生
D-20	女／77	16	5／0	單身	否	是／否	學生
D-21	女／50	14	30／3	已婚	否	是／否	台資
D-22	男／60	16	10／7	已婚	否	否／否	台資
D-23	男／67	12	5／13	已婚	否	是／否	外商／自營
D-24	女／65	14	5／11	已婚	否	是／是	自營
D-25	女／77	13	1／7	單身	否	是／否	台資
D-26	女／60	12	20／5	已婚	否	是／否	自營
D-27	男／65	14	10／3	單身	否	否／是	外商／當地
D-28	男／80	16	0／1	單身	是	是／否	台資
D-29	男／55	9	21／8	已婚	是	是／否	自營
D-30	女／81	16	0／1	單身	否	是／否	台資

上海地區的受訪者（2005.2-2005.7）

代號	性別／年齡	教育	工作經驗（台灣／大陸）	婚姻狀況	住宅	親人台灣／大陸	職業
S-1	男／44	18	25／5	已婚	否	是／是	台資
S-2	女／57	14	10／10	離婚	否	否／是	台資
S-3	男／63	18	10／4	已婚	是	是／否	自營
S-4	女／69	18	5／4	已婚	是	是／否	自營
S-5	男／72	18	6／1	單身	否	否／否	台資
S-6	男／69	21	6／1	單身	否	否／否	台資
S-7	女／69	16	1／11	已婚	是	是／否	無業
S-8	男／59	16	10／13	已婚	是	是／否	台資
S-9	男／68	16	10／4	已婚	否	是／否	台資／自營
S-10	男／70	18	5／3	已婚	是	是／否	自營
S-11	女／67	17	8／1	已婚	否	否／是	台資
S-12	女／58	16	20／6	離婚	是	是／否	自營
S-13	女／63	16	5／12	已婚	是	是／是	自營
S-14	男／52	14	12／10	已婚	是	是／是	自營
S-15	男／65	16	8／5	單身	是	是／是	當地
S-16	女／65	17	10／1	已婚	否	是／否	台資
S-17	女／60	14	21／1	已婚	是	是／是	台資／外商
S-18	男／66	19	8／2	單身	否	否／是	外商
S-19	男／46	12	20／12	已婚	是	是／否	自營
S-20	男／44	16	36／3	已婚	否	否／是	台資
S-21	男／68	20	0／3	已婚	是	是／是	自營

說明：此處為東莞與上海兩地受訪者基本資料，總計51位；淡灰者為本章焦點的外省訪者，共17位。因主要訪談時間為2004-2005年，所以資料是2004/2005年的情況。

欄1，代號，D與S分別代表當時東莞與上海的受訪者，其中淺灰色為外省受訪者，即本章主要討論對象。

欄2，性別／年齡：男表示男性、女表示女性；數字表示西元出生年（例如：D-30，女／81，表示D-30為女性，出生於1981年。）

欄3，教育：表示受過多少年的學校教育。

欄4，工作經驗：表示在台灣與大陸兩地分別有多少年的工作經驗。

欄5，婚姻狀況：分別指「已婚」表示當時已婚、「未婚」表示當時未婚、「單身」當時單身。

欄6，住宅：表示是否在大陸擁有私人住宅

欄7，親人：表示移居之前，是否有「台灣人」或「大陸人」的親人在大陸。

欄8，職業：「自營」表示為企業業主；「台資」表示台資企業派駐大陸幹部；「當地」表示受雇於大陸當地企業；「外商」表示為外資企業派駐大陸幹部

參考書目

中文文獻

王甫昌，2002，〈台灣的族群關係研究〉，王振寰編，《社會學與台灣社會》：233-274，台北：巨流。

王甫昌，2008，〈族群政治議題在台灣民主化轉型中的角色〉，《臺灣民主季刊》，5：89-140。

吳乃德，1997，〈檳榔和拖鞋、西裝及皮鞋：台灣階級流動的族群差異及原因〉，《台灣社會學研究》，1：137-167。

呂秀玲，1998，〈眷村的社會流動與社會資源，一個榮民社區之田野研究〉，台中：東海大學社會系碩士論文。

林忠正、林鶴玲，1993，〈臺灣地區各族群的經濟差異〉，張茂桂編，《族群關係與國家認同》：101-160，台北：業強出版社。

莊好、魏炯翔，2003，《融入大上海：台商低調策略》，上海：共青團復旦大學委員會。

高格孚，2004，《風和日暖：台灣外省人與國家認同的轉變》，台北：允晨文化。

張茂桂，1993，〈省籍問題與民族主義〉，張茂桂編，《族群關係與國家認同》：233-278，台北：業強出版社。

張茂桂、吳忻怡，2001，〈關於民族主義論述中的認同與情緒：尊重與承認的問題〉，林佳龍、鄭永年編，《民族主義與兩岸關係》：147-180，台北：新自然主義。

夏誠華，2002，〈台灣地區移民變遷之研究〉，張存武、湯熙勇編，《海外華族研究論集第一卷：移民、華僑與經貿》：169-186，台北：華僑協會總會。

陳麗惠，2003，〈大陸台商妻子兩岸婚姻生活經驗之研究〉，新竹：新竹師範學院輔導教學碩士班論文。

楊成安，1994，《國人海外移民現況與動機探討之研究》，台北：內政部人口政策委員會。

趙彥寧，2004，〈公民身份、現代國家與親密生活：以老單身榮民與「大陸新娘」的婚姻為研究案例〉，《台灣社會學》，8：1-41。

劉益誠，1997，〈竹籬笆內外的老鄉門：外省人的兩個社區比較〉，新竹：清華大
　　學社會人類學研究所碩士論文。

蔡淑鈴、瞿海源，1992，〈台灣教育階層化的變遷〉，《國家科學委員會研究彙
　　刊：人文及社會科學》，2：98-118。

瞿海源、丁庭宇、林正義、蔡明璋，1989，《大陸探親及訪問的影響》。台北：財
　　團法人國策研究院基金會。

英文文獻

Aranda, Elizabeth. 2006. *Emotional Bridges to Puerto Rico: Migration, Return Migration, and the Struggles of Incorporation*. Lanham, MD: Rowman & Littlefield.

Barrett, Allan & Philip O' Connell. 2000. *IZA Discussion Paper 135: Is There a Wage Premium for Returning Irish Migrants?*. Bonn, Germany: Institute for the Study of Labour.

Borjas, George. 1990. *Friends or Strangers: The Impact of Immigrants on the US Economy*. New York: Basic Books.

Cassarino, Jean-Pierre. 2004. "Theorising Return Migration, the Conceptual Approach to Return Migration." *International Journal of Multicultural Studies* 6/2: 253-279.

Chen, Tain-Jy & Ying-Hua Ku. 2002. "Offshore Sourcing Strategies of Multinational Firms in Taiwan." In *Taiwan in the Global Economy, from an Agrarian Economy to an Exporter of Higher-tech Products*, ed. Peter Chow. Westport, CT: Praeger.

Christou, Anastasia. 2006. *Narratives of Place, Culture and Identity: Second-generation Greek-Americans Return 'Home'*. Amsterdam: Amsterdam University Press.

Chee, Marina. 2005. *Taiwanese American Transnational Families: Women and Kin Work*. London: Routledge.

Cornish, Flora, Karl Peltzer & Malcolm MacLachlan. 1999. "Returning Strangers, the Children of Malawian Refugees Come 'Home'." *Journal of Refugee Study* 12: 264-283.

de Carvalho, Daniela. 2003. *Migrants and Identity in Japan and Brazil: The Nikkeijn*. London: RoutledgeCurzon.

Fitzgerald, Patrick. 2005. "Come Back, Paddy Reilly: Aspect of Irish Return Migration 1600-1845." In *Emigrant Homecoming, the Return Movement of Emigrants*

1600-2000, ed. Marjory Harper. Manchester: Manchester University Press.

Gmelch, George. 1980. "Return Migration." *Annual Review of Anthropology* 9: 135-159.

Gmelch, George. 2004. "West Indian Migrants and Their Rediscovery of Barbados." In *Coming Home? Refugees, Migrants, and Those Who Stayed Behind*, edited by eds. Lynellyn Long & Ellen Oxfeld. Philadelphia: University of Pennsylvania Press.

Guarnizo, Luis. 1997. "Going Home: Class, Gender, and Household Transformation among Dominican Return Migrants." In *Caribbean Circuits, New Directions in the Study of Caribbean Migration*, ed. Patricia Pessar. New York: Centre for Migration Studies.

Iredale, Robyn. 2003. "The Growth of Skilled Migration in the Asia Pacific Region." In *Migration in Asia Pacific: Population, Settlement, and Citizenship Issues*, edited by eds. Charles Hawksley & Stephen Castles Robyn Iredale. Northampton, MA: Edward Elgar.

Kosmarskaya, Natalya. 1999. "Post-Soviet Russian Migration from the New Independent States." In *Engendering Forced Migration, Theory and Practice*, ed. Doreen Indra. Oxford: Berbabn Books.

Ley, David & Audrey Kobayshi. 2005. "Back to Hong Kong, Return Migration or Transnational Sojourn." *Global Networks* 5: 111-127.

Lincoln, Yvonna & Egon Guba. 1985. *Naturalistic Inquiry*. Beverly Hills, CA: Sage.

Lopez Zarzosa, Helia. 1998. "Refugee Voices: Internal Exile, Exile and Return: A Gendered View." *Journal of Refugee Studies* 11: 189-198.

Malcolm, Elizabeth. 1996. "Elderly Return Migration from Britain to Ireland, a Preliminary Study." Dublin, Ireland: National Council for the Elderly.

Massey, Douglas. 1993. "Theories of International Migration: A Review and Appraisal." *Population and Development Review* 19/3: 431-468.

Maykut, Pamela & Richard Morehouse. 1994. *Beginning Qualitative Research, a Philosophical and Practical Guide*. London: Falmer.

Oxfeld, Ellen. 2004. "Chinese Villagers and the Moral Dilemmas of Return Visits." In *Coming Home? Refugees, Migrants and Those Who Stayed Behind*, eds. Ellen Oxfeld & Lynellyn Long. Philadelphia, Penn.: University of Pennsylvania Press.

Oxfeld, Ellen & Lynellyn Long. 2004. "Introduction: An Ethnography of Return." In

Coming Home? Refugees, Migrants and Those Who Stayed Behind, eds. Ellen Oxfeld & Lynellyn Long. Pennsylvania, Penn.: University of Pennsylvania Press.

Park, Robert. 1928. "Human Migration and the Marginal Man." *American Journal of Sociology* 33: 881-893.

Pilkington, Hiliary. 1998. *Migration, Displacement, and Identity in Post-Soviet Russia*. London: Routledge.

Portes, Alejandro & Jozsef Böröcz. 1989. "Contemporary Immigration: Theoretical Perspectives on Its Determinants and Modes of Incorporation." *International Migration Review* 23: 606-630.

Potter, Rob. 2005. *The Experience of Return Migration: Caribbean Perspectives*. Burlington, VT: Ashgate.

Sjaastad, Larry. 1962. " The Costs and Returns of Human Migration." *Journal of Political Economy* 70/5: 80-93.

Stefansson, Anders. 2004. "Homecomings to the Future: From Diaspora Mythographies to Social Projects of Return." In *Homecomings: Unsettling Paths of Return*, eds. Fran Markowitz & Anders Stefansson. Oxford: Lexington Books.

Thomas-Hope, Elizabeth. 2002. "Transnational Livelihoods and Identities in Return Migration to the Caribbean: The Case of Skilled Returnees to Jamaica." In *Work and Migration: Life and Livelihoods in a Globalizing World*, eds. Ninna Sorensen & Karen Olwig. London: Routledge.

Tsai, Ming-Chang & Chin-Fen Chang. 2010, "China-Bound for Jobs? The Influences of Social Connections and Ethnic Politics in Taiwan", *The China Quarterly*, 203, 639-655

Tsuda, Takeyuki. 2003. *Stranger in Ethnic Homeland, Japanese Brazilian Return Migration in Transnational Perspective*. New York: Columbia University Press.

Weisberger, Adam. 1992. "Marginality and Its Directions." *Sociological Forum* 7: 425-446.

Wessendorf, Susanne. 2007. "'Roots-Migrants': Transnationalism and 'Return' Among Second-generation Italians in Switzerland." *Journal of Intercultural Studies* 28: 345-360.

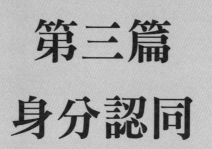

第三篇
身分認同

舒耕德

壹、簡介

從中國大陸改革開放初期，「第一代」台商便前往投入勞力密集產業的珠三角，到吸引許多高科技產業進駐，目前已成為台商投資中心的上海－昆山－蘇州都會帶（大三角），這些地區的台商、台幹及其家眷在大陸久居的人數不斷攀升。雖然仍缺乏準確的數據，但台灣媒體聲稱，當前居住在大陸的台胞約有百萬，且台商投資大陸的總額高達1,500億美元，其人數以及經濟影響力，使得台商研究已成為兩岸關係中最受注目的議題。

由於台商是促進中國經濟發展與融入全球的主要力量，台灣的台商研究大多集中於經濟議題，諸如投資和商業策略，或是一些台資企業在大陸投資遭遇到的結構性問題（陳德昇，2005；Leng, 1998b, 2002, 2005）。而台資企業在大陸地方或區域的發展亦是某些研究的主題（張樹成，1996；張家銘，2006；朱炎，2006；Chuan, 2002）。

此外，兩岸跨界移民多以經濟為動機，隨著台灣經濟結構快速的變遷，與中國市場的新興發展機會，使得台灣企業必須尋求前往中國市場發展的機會。同時，台商必須維持與工廠的緊密關係，才得以在艱困環境中存活下去。某些當地化的進程，如快速決策和解決問題，學習如何適應新法律與規定，以及建立與維持和當地政府及黨籍幹部的良好關係（做關係）等，也皆不可避免，因此也有不少的研究探討台商在中國大陸的行動所引發的政治、經濟後果，其

[1] 本章為作者與上海財經大學公管系副教授耿曙（時任職於政治大學東亞研究所）的合作計畫。並在此感謝蔣經國基金會提供國際學者交流的機會與對計畫的補助。

中很多研究是在調查台商與地方政府的互動和台灣人與陸資企業間建立的網絡（黃凱政，2003；Hsing, 1996; Wu, 1997; Tian, 1999; Lee, 2008）以及中國台商協會的發展（林瑞華，2004；耿曙、林瑞華，2007；Schak, 2003）。

此外，海峽兩岸遷移的不同議題也為台灣學者關注，包含台商／台胞與中國大陸居民間的社會互動，以及台灣不同移民群體跨國認同的形成，包含台商（鄧建邦，2005；林瑞華、耿曙，2008；Lin, 2006; Keng, 2007）、中國台資廠內的勞工關係（鄧建邦，2002）、兩岸婚姻所建立的家庭，甚至是著名的「二奶」，即台商與中國大陸女子婚外情的問題（Shen, 2005）都是研究的焦點。

然而在這些研究中，幾乎沒有討論到台商在政治面向上所扮演的角色。華人與西方學者對於台資企業、台幹和居住在中國的台灣人政治想法之瞭解並不多。在眾多媒體報導與極少的學術文章中，大部分是用想像的方式處理這些議題，缺乏實證資料的佐證，而且這些報導與文章也欠缺系統性的整合。

台商經常被認為是中國對台政策中的潛在受害者，在兩岸關係緊張時更為明顯，中國政府認為屆時可以利用台商做為打擊台灣經濟與島內「台獨」傾向政府的手段。[2]另一方面，台灣的輿論一再指控台商任由資金不斷流向大陸，可能出賣自己國家的利益，並且為了自己的利益不斷討好北京當局，將會漸漸掏空台灣的主權與安全。[3]

特別是在陳水扁政府時期（2000-2008），台商成為台灣政治中主要爭論的議題，即使在2008年5月，國民黨取回政權之後，這樣的爭論出現改變，但是對於泛綠陣營來說，他們在大陸是否會固守台灣基本利益，以及台灣對大陸的高度經濟依賴所可能造成的問題，仍有很大的疑慮。

然而，在台灣也有其他觀點，對台商寄予同情的眼光，認為台商與對岸的互動將使兩岸增加交流與整合的機會，也會帶來更多的經濟機會。台商亦能成為幫助兩岸展開建設性對話的重要政治中介者，運用自己的優勢條件，處理與

---

[2]　這類假設從90年代起被學者不斷地重複討論。請參閱：Niou et al., 1992; Wu, 1994; Leng, 1998a; Gang et al., 2004; Cheng, 2005; Chan, 2006; 邱垂正，2008。
[3]　泛綠陣營一直持這樣的觀點，且做為2008年民進黨總統候選人陣營的政治議題。

當地政府官員，甚至是中國共產黨領導們的關係，以這方面來說，台商是台灣政府形塑和平兩岸關係中重要的因素。[4]

顯然，對於傾向台灣獨立的人而言，台商（或台胞）若非支持統一，就是有比保護台灣民主成就更重要的利益考量，這種二分法的認知太過簡單，以致於無法明確說明台商的世界觀與兩岸關係的複雜現實面。對在大陸的台灣商人來說，最現實的就是經濟的利益，他們對於能夠擁有中國人與台灣人的優勢，並成為「世界第一」相當有信心，他們認為，海峽兩岸確實能夠共享繁榮與自由。

在此對台商政治態度不甚瞭解的背景下，相關的調查顯得相當缺乏，然而涉及兩岸關係的政治議題具有高度的敏感性，使得台商提及相關話題時相當謹慎（當學術調查涉及此類議題時，亦會引發大陸當局的重視）。台商傾向關心經濟、遠離政治，以避免那些因個人看法而誤觸兩岸關係、國家認同和台灣獨立等「地雷問題」對事業發展造成的負面影響。

即便如此，本章仍將試圖釐清台商在這些議題上的觀點，並關注某些台灣國內政治及中一台關係上具有爭議性的議題。此外，本章也將調查台商若面對兩岸衝突的狀況，將如何定義自己的政治角色。這些問題的答案提供我們線索，瞭解在海峽兩岸不斷融合的現況下的台商之感受究竟為何。

近幾年來，台灣學者開始透過實證研究探討台商的政治角色，耿曙（2005），耿曙、林瑞華（2005）與Keng & Schubert（2010）等文以四個象限的型態，釐清台商的角色，從而呈現出台商作為人質、走卒、夥伴與說客等不同角色的特徵。本章將以此為研究架構，針對台商移居中國所產生政治意涵，以及台商作為兩岸持續整合過程中所發揮的媒介效用，做出更有系統的假設。支持這一系列假設的實證研究，則是來自2006到2008年在珠江三角洲與上海—

---

[4] 這是以國民黨為代表的泛藍陣營所持的觀點。如數百名台商參與的兩岸經貿文化論壇，其為中國共產黨與中國國民黨自中國內戰結束後，雙方最高領導人會晤後且同意定期共同舉辦會議。參見兩岸論壇促進文化交流，http://news.xinhuanet.com/english/2009-07/12/content_11695970.htm，檢閱日期：2009年8月19日。

昆山都會區所做的田野研究。

　　必須提及，在這些個案中很難定義出同質性的「團體」，不同的台商不但有著不同的社會經濟觀點、其產業活動的內容以及他們的年紀和最初到大陸的時期，皆不相同，最關鍵的分歧點，在於他們的政治觀點與傾向也有很大的差異性。為說明此一複雜性，本章將首先建構台商的理想型。雖然這是方法論上的問題，但是已足夠組織我們的質性資料，並且期望帶出一波對於台商在不斷進展的兩岸關係中所造成的重要政治意涵的討論。

　　在簡單說明方法論的運用之後，本章接續的部分，將從資料與明確的理論出發，以說明觀察後的結果並獲致初步的結論，以期引導對此議題進一步的研究。

貳、方法論的運用

　　本研究所採取的質性資料是來自2006年到2007年間，三次訪問廣東珠三角的東莞市與上海昆山都會帶的田野行程，包含一些2008年3月（剛好在該年3月總統大選後），在台灣的一些受訪者。2006年3月與4月抵達前述兩地，並進行第一次田野研究，也為了接下來2006年8月和2007年8月、9月能廣泛探索，安排更有系統性的訪談做準備。台灣的部分，我們與一些在中國做生意的台商／台幹對談，但他們沒有把那邊當做長期發展的根據地，仍舊以台灣作為主要發展舞台。我們的訪談以半結構性問卷為主，問卷的設計來自先前訪談的經驗與其後不斷修改的成果。[5]本章資料出自35個台灣企業主（台商）與工廠管理者（台幹），[6]然而本研究並沒有單獨區分出這兩組研究對象。[7]對本章來說，我們只考量受訪者是否能夠充分理解與全面性的考量下列議題：國家認同、兩岸

5　見附錄Ia。該問卷資料的第二部分並非本章的範圍。
6　關於我們受訪者的背景資料請見附錄II。
7　總而言之，我們訪談約50位台商／台幹，而且不少是他們的配偶（某些是大陸籍配偶）與子女，甚至有些是已婚台商的大陸女友（俗稱二奶）。此外我們訪談東莞、昆山當地台灣事務辦公室（台辦）的官員，也與深圳、廣州與上海的中國研究兩岸經濟交談。

關係和台商對於自己所扮演的政治角色的感受。此外，這些資料也包含台商在中國生活的感受，這部分的收穫，將可做為驗證其政治感受的參考資料。

　　本章的分類研究需要技巧性的設計，因為這些議題的本質都具有很高的政治敏感度，而且台商會擔心引起大陸的反應，所以在此議題上，特別謹慎回應。我們首次的田野研究，是藉由朋友的幫助，在台商社群中尋找受訪者，由朋友介紹當地的台商朋友，採用「滾雪球」的方法，遇到許多願意進行訪談的台商，不過也有些人在得悉我們的訪談內容後，決定不接受訪談。因此，我們必須回頭找一些曾經訪談過的受訪者幫忙，當中不乏具有個人聲譽和組織影響力的知名台商，多數也是台商協會（Taiwanese Business Associate, TBAs）的高階幹部，這也讓我們接下來的訪問建立在信任上，也得到進入田野更好的管道。

　　整體而言，這些受訪者都在坦率且非刻意的態度下接受訪談，時間通常持續一到兩個鐘頭，甚至更久，受訪者多半談論他們的事業，並針對我們提出的許多尖銳的問題細心回答。對我們來說，我們絕不直接觸及那些我們想瞭解的政治性問題，而是以整合受訪者在非正式談論時提到他（她）的經商和公司營運的情況做為替代的問題。以此方式，我們知道沒有辦法得知所有問題的答案，許多受訪者會逃避掉某些問題，而我們也不會強迫他們回答，因此，我們的調查並不完整，如附錄Ib所見[8]。許多接續的陳述與評估便奠基在受訪者給我們的整體印象，儘管從附錄中，侷限性的資料尚未提供令人信服的答案。然而，接下來的分析將嘗試以初步的實證研究，瞭解兩岸關係架構下，台商的政治思維與其身分所造成的政治意涵。

---

[8] 只有當受訪者針對附錄Ib所列的問題有明確的說明，我們才會嚴格標準化地採用受訪者的回答。所以，在多數的案例裡不同的子樣本（sub-samples）是很少見的。

參、台商問卷資料──初步發現

一、台灣認同

多數的受訪者表示他們會非常（63%）或是稍微（26%）定期關注台灣的政治發展，他們會訂購台灣的報章雜誌（有時候甚至不只一份），透過衛星電視收看台灣電視節目，也會一起討論台灣的政治。同時，絕大部分的受訪者也表示，他們覺得中國大陸的電視節目很無聊，甚至很愚蠢，對此顯得興趣缺缺。即便很多台商批評台灣媒體，特別是電視，太膚淺、太商業化或是跟大陸相較之下角度太偏頗，但最終他們還是比較願意接受台灣的電視節目和報章雜誌。

多數的受訪者（86%）告訴我們，他們會定期返台，以便參加重要的大選（例如2008年總統大選）。雖然這些台商常常批評台灣的政黨政治以及分化的政治文化，但他們對於自己的個人投票還是相當重視。這表明了身處大陸的台商對台灣國內政治的相對重視，以及關注台灣政治對兩岸關係發展的影響。出乎意料地，在解釋政治參與的原因時，我們的受訪者並不認為2004年與2008年總統大選所引發的政治對立是台商動員回台投票的主因。的確，我們也遇到一些受訪者覺得台商在票數上有很重要的影響力，投票被視為是必要的，因為投票可以表達一個人對台灣民主的支持，對民進黨政府的鄙棄（我們多數的受訪者似乎是泛藍選民），[9]或是對於新政府（國民黨）能夠提供更穩定、更有助經濟發展的兩岸關係的期待。然而，也有少數受訪者指出，他們並沒有回台灣投票，因為他們對台灣的民主體制抱持負面的觀感，覺得台灣的政治是腐敗的，認為台灣的政客很偽善。這個群體透露出對台灣政治深層的疏離，特別是

---

[9]　我們的受訪者鮮少透露自己的政黨傾向，而且他們大多數都強調自己是支持國民黨的，完全沒有人宣稱自己是支持民進黨的。

對民進黨政府。[10]必須強調的一點是，我們並沒有發現任何證據去證明，這些拒絕參與台灣重要選舉又表示他們忽視台灣政治的受訪者會對中國大陸的政治體系越來越認同。顯然，對台灣政治的失望並沒有造成對一黨領導的擁護。

在很多案例中，我們的受訪者都強調，他們很少在公開場合講他們的政治偏好，因為說了可能會為他們的生意帶來麻煩，並且摧毀台商與當地政府之間那種只要不談論政治，官方就得以維持不傷害台灣地位的底線。這也可能意味著至少有些台商曾經是泛綠支持者，他們在公開場合表現出支持國民黨親中政策，或是表明自己支持國民黨，比較不會為自己帶來麻煩。此外，台商圈中也盛傳，中國政府掌握了大部分台商的政治傾向（特別幾家重要的大型公司）。許多人也認為中共當局對過去曾支持泛綠陣營的人，即民進黨的金援者，廣義來說，就是對台灣所有支持民進黨政策的人都特別關注，因此，沒有什麼比對國民黨表達政治忠誠（或許是假的）更好的了。

透過我們對自我認定的調查，[11]在中國大陸的台商呈現出豐富而多元的面貌。在我們看來，部分受訪者在他們的認同上有概念的搖擺，並沒有形成一個完整的輪廓。在受訪的22位台商之中，有9位強烈認為自己是台灣人，而有4位則覺得自己是中國人，此外，也有4位覺得自己既是中國人也是台灣人。其中，有兩位受訪者拒絕這些太過於政治化的辭彙，因此迴避這些選項，認為自己是華人，而認同並不是那麼清楚的人則有3位，他們的認同經常視所處環境而轉變。有趣的是，許多台商受訪者在回答自己是「台灣人」還是「中國人」的時候，會特別小心自己的論證的方式，而且回答都有點矛盾，這強化了台商給我們的「妥協認同」（negotiated identity）的總體印象。下面摘錄了受訪者較具代表性的陳述：

---

[10] 大多數人都強烈抨擊陳水扁政府（或陳水扁個人）在政治上的無知，以及對兩岸關係發展上的傷害，沒有任何受訪者對民進黨政府做出正面評價。

[11] 在我們的問卷中並沒有明確的把身分認同和政治或國家認同區分清楚，因為我們希望可以藉此讓受訪者對自己的認同有足夠的定義和解釋的空間。

　　我覺得我是從中國大陸來的台灣人，我們的文化跟大陸人不一樣。我喜歡跟我的台灣同事在一起，我喜歡在台灣商店裡消費，只要我們公司裡的老闆是台灣人，同事間的相處就會覺得特別有親切感。（R13）

　　我認為我自己是中國人，但是中華人民共和國也不完全代表中國。如果外國人問我的話，我會說我來自台灣。如果我說中華民國的話，很少人會知道。（R30）

　　我覺得當中國人跟當台灣人並不衝突，我對外國人說我是來自台灣的大陸人〔原文如此〕，只是避免他們把我以為是共產黨。我覺得我自己是台灣人也是中國人，但是肯定不是大陸的中國人*。畢竟兩岸已經分隔幾十年了，真的不太一樣了。（R16）

　　這得看你跟誰在講話。在台灣，我被認為是大陸人。在這裡我被當成台灣人。外省人之間則會說他們自己是中國人。如果你在台灣問這個問題，本地人會說他們是台灣人，而外省人會說他們是中國人。在回歸之前，因為香港經濟比較強勁，香港居民將自己跟中國區隔開來，認為他們自己是香港人。但現在香港經濟已經越來越依賴中國大陸，他們會說自己是中國人。在血緣關係上面，我們都是中國人，只是被不同的政黨所統治。（R9）

　　如果我在台灣被問的話，我會說我是中國人。如果我在這裡被問的話，我會先看看我是在跟誰講話。這是禮貌問題〔原文如此〕。即使是現在，兩邊對於這個議題還是沒有共識。在台灣，還是有一半的人想要獨立。所以，如果我們台商面臨這個問題，我們都必須先看一下我們是在跟誰講話。如果是外國人問我的話，我就會說我來自台灣。這一切都要看情況而定。（R28）

　　如果上海來的問我，我就跟他們說我是台灣人。我們和中國人在生活方式上還是存在差距。當我在國外的時候，我會告訴所有人我來自台灣，但我會加上一句我的祖先來自於中國大陸。（R25）

　　如果大陸當地人問到我的認同，我會跟他們說我是中國人或是中國南方人，

在這種情況下我通常會比較謹慎。如果外國人問我，我會告訴他們，我是台灣人。台灣是一個地區概念，不是一個國家概念。（R4）

我們都是華人！從歷史文化角度來看，我是中國人，但是從地理的角度來看，我是台灣人。……此時此刻，兩岸的生活水準還有很大的差距，我們台灣人會覺得被中國大陸拖累。但是，有朝一日當兩岸生活水準變得一樣高時，就再也沒有任何抗拒統一的理由了。

我在台灣出生，但我的祖先來自於中國大陸。如果外國人問我，我會說我是台灣來的華人。真正的台灣人是島上的原住民，其餘的人全都是從中國大陸來的。……「華人」是不受地域限制的，所以我是一個台灣人，同時也是華人的台灣人。（R34）

我們都是華人。但我更常說我是台灣人。當我在大陸的時候我說我是中國人，他們聽到都會驚訝得說不出話來，因為這代表我是本地人。我想我們應該稱自己作華人。說「中國人」或是「台灣人」看起來就像是沒選擇一樣。（R32）

我是中國的台灣人。（R5）

對定居在中國大陸或是時常往返兩岸的台商而言，「情境認同」的情況已經浮現，而且根據我們的資料顯示，這樣的情境認同已經逐漸內化。我們分析了許多受訪者的陳述之後發現，台商會因地制宜地調整他們的認同。在中國，如果被強迫要回答，他們也會宣稱自己是中國人，而不是台灣人，就算態度不明確，也會說台灣是中國不可分割的一部分。如果是外國人問他們的話，他們都會回答他們來自台灣，藉此凸顯他們與對岸的不同，特別是在文化優勢的程度上。只有在台灣，大部分台商都想要和國家認同的意識型態之爭保持距離，但是身為本地人就可以不言而喻的說自己是台灣人。事實上，大部分接受我們訪問的台商都認為認同不應該是個問題，我們的受訪者往往不願意說出任何意見（樣本蒐集尚未完成，此處僅有22位受訪者提供意見），而且也覺得關於認

同的議題沒有必要想太多。最後，許多人都明確表明，他們的生活就是希望可以將心力放在做生意上，自由穿梭在兩岸之間，還有就是維持兩岸人民間友善的關係。大多數的受訪者在我們看來，覺得被稱作是中國人也沒關係，這不僅是從戰略思考的角度，也應該是跨越兩岸分隔的認同。從台商的角度來看，他們是整個秩序的一部分，並不一定要被政治化。[12]

二、對兩岸關係的觀點

當我們在問卷中問到他們對於當前兩岸關係的觀點時，絕大部分的受訪者（87.5%）表示「不穩定」，當中只有一位受訪者認為是穩定的。在陳水扁的第二任任期中，兩岸關係尖銳緊張，所以有這樣的結果並不讓我們意外。然而，我們的受訪者並沒有對這樣緊張的態勢感到不安，而且也不會覺得這樣的情況會影響到他們在大陸的生意。著重在海關與勞工的影響上，在在都會增加他們的生產成本。如果再進一步追問兩岸政治氣候怎麼影響他們的投資時，台商的回答都變得很含糊。台商雖然很務實地在解決問題時會仰賴地方政府，但是卻離國家層次的兩岸政治很遠。雖然很多台商都同意平穩的政治關係有利於經濟氣候，但是很多受訪者，也許是大多數，都不太擔心兩岸關係的緊張情勢。

幾乎所有的受訪者都同意兩岸三通有利於台灣，而且也不會讓台灣過度依賴中國大陸至危險的程度。此外，台商也不瞭解為什麼貿易互賴會是個問題。一方面，三通明顯對台商有利，因為往返和運輸成本會大量降低，讓他們的生意在日益艱難的中國市場上更有競爭力；另一方面，兩岸經濟整合是全球化時代來臨下，台灣要生存唯一能走的路。我們訪問的大部分台商都認為，在一個

---

[12] 許多台商聲稱他們的認同並沒有因為居住在大陸而有轉變，而且他們的「情境認同」是比較穩定的。但是無論如何，這些模糊的概念都需要進一步研究，特別是2008年中，國民黨重新執政後改變了台灣的政治環境。

共通的中國市場裡台商還是有辦法發揮他們的相對優勢，特別是在R & D的部分。有些台商也指出，如果人才、貨物和資本可以獲得保障，他們能夠將更多的利潤匯回台灣並且進行再投資。然而，也有其他的受訪者對三通後的台灣感到悲觀，感覺對台灣未來沒有什麼幫助，[13]因為三通對台灣經濟的助益已經為時已晚，而且已經看到台灣朝向不可逆轉的孤立、貧窮和社會腐敗。

　　台商對於什麼是兩岸未來的最佳政治選項的觀點是相當歧異的。在16位受訪者中，有10位支持維持現狀（63%），而偏好統一的則有6位（37.5%）；其中有1位則是支持「一國兩制」。可預期的是，沒有人支持台灣獨立。雖然我們沒有辦法排除這些陳述都是受訪者受到政治敏感威脅的可能性，但我們的印象是，大多數的受訪者認為，統獨問題早就不合時宜了。對他們而言，兩岸關係應該去政治化，並且把重點完全放在服務兩岸經濟互動之上。在大多數台商的眼中，宣布獨立根本就沒有意義，因為這樣只會違背兩岸整合的趨勢，更加傷害台灣：

　　獨立沒有道理。獨立之後台灣的市場還是一樣太小。你想要跟有錢人做生意還是跟窮人做生意？當然，統一一定是有條件的，因為它會增加相當的市場規模。但是不統一，你的選擇就會受限。……如果兩岸互動增加，台灣只會更有競爭力。（R31）

　　最好的策略是兩岸的政治人物在避免討論主權問題的先決條件下，將重點放在推動貿易自由化和兩岸合作的努力上，如此一來可能還有助於未來任何政治協議的推動。就某種程度上來說，證實了台灣許多泛綠支持者的指責，就是台商缺乏愛國心。然而，對我們的受訪者來說，愛國主義並沒有轉換成台灣的民族主義。我們的受訪者不斷地表示「台商無祖國」的這個說法，這其實是在強調跨國的雄心和解放界限，以及政府對他們的事業更大力的支持。務實主義

---

[13] 三通在此指的是台灣與中國大陸之間直接通航、通商以及通郵。

和放眼全球是在大陸經商的台灣人最突出的兩種政治思維──一個質疑當前台灣意識型態統獨爭議的思考。

同時，我們的受訪者也主張，台商透過經濟活動可以幫助兩岸關係的穩定。台商面臨（泛綠）質疑時感到相當震驚，因為這些人指控他們出賣台灣，也就是把他們的資金轉移到大陸，造成台灣經濟空洞化以及打擊台灣政治士氣。顯然，多數台商認為，無論在經濟上或是政治上，他們對大陸的投資都幫助被孤立的台灣繼續生存下去，而將台灣當前的問題怪罪到他們頭上是相當不公平的。接受我們訪問的台商認為，利用他們長期接觸當地的經驗，以及對內地市場的熟悉，一定有助台灣重振經濟，但是他們的建議在台灣卻沒有引起共鳴。這些受訪的台商一再對我們表示，因為漠視台商，台灣已經失去許多重要的機會：

台灣擔心台商為大陸服務，但是事實上，我們只把重心放在賺錢上面。我們有辦法參與兩岸政治嗎？台灣政府有可能會聽我們「小生意人」說的話嗎？（R13）

過來大陸投資表示我們更愛台灣，因為我們才是推動台灣經濟發展、為台灣貿易順差負責的人。（R21）

台商不可能出賣台灣。但是台灣也不可能幫助台商在全球化進程中獲得一個重要的地位。對台商來說，在衣食父母爭辯成這樣的情況下，要走到現在這樣的位置是一件不容易的事情。讓衣食父母停止爭論是很重要的，因為這樣可以讓台商為台灣帶來更多經濟利益。如果台商過去沒有在法令上偷跑的話，跟大陸比起來，台灣現在不可能享受這麼巨額的貿易順差。如果沒有這些去大陸的台商，台灣很快就要承受貿易赤字了。……過去，這些台商都是面向台灣的。即便他們受傷，他們也還是在乎台灣。但是有些政黨把台商稱作叛徒。台灣需要更多的自信，而不應該主張台商到大陸就是傷害台灣。事實上，只要我們在這裡，台灣就會變得更強。（R9）

三、當地生活

　　對於融入當地的經驗與觀點，透過我們的受訪對象以及其家屬的描述，我們也看到了一個截然不同的面貌。有74%的人認為台灣人與大陸當地人相當的不同。和那些說自己相當融入、相當當地化的台胞比起來，許多受訪的人向我們表示，他們總覺得自己跟當地人還是有一定的距離，甚至感覺台灣人與大陸人之間還是存在很大的差距。下面的陳述反映了台商對大陸人的典型觀點：

　　大陸人怎麼看我們台灣人？他們認為台灣人在這裡就是吃喝嫖賭，然後他們就知道怎麼賺錢了。他們最會什麼？就是騙錢啊！大陸人不可能跟台灣人當朋友；相反地，有些高階層的人也會鄙視他們。（R16）

　　台商間普遍相信，他們不太可能被當地人接受。[14]有趣的是，我們的受訪者指出也會將不同世代的台商區別開來。有一個台商告訴我們（R27），1980年代和1990年代初期到大陸的第一代台商給當地人很負面的觀感。他回憶道，這些台商對當地人的態度常常是很高傲的，而且只顧著賺錢。對這位受訪者而言，更重要的事實是，許多大陸人最鄙視這些經商失敗，變成所謂「台流」的第一代台商。就是這些台流傷害了前人的聲譽，他們甚至也破壞了後人的聲譽，那些90年代中期過來中國，經營的更成功、更賺錢的第二代台商。

　　總體而言，許多受訪者向我們強調，當地人很尊敬台商，因為台商很會做生意，而且為當地帶來工作機會——因此相較之下，當地人比較喜歡第二代台商。無論是直接針對台商或是他們的家屬，我們都沒有任何一位受訪者在大陸有過被公開歧視的經驗，但同時他們也跟我們表示，台商也沒有被大陸同業普遍接受。我們熟識許多台商都把當地人視為他們的好友，也定期和他們有社交活動。然而，根據我們的調查，更大一部分的受訪者其實鮮少與當地人接觸，

---

[14] 在問卷中，在中國覺得被尊重或不被尊重的相關問題（請看附錄Ib）可能不是很有意義，所以只有少數的答案因為有直接針對問題回應，因此有被納入。

而且接觸的時間不但少，對象又僅限於生意上的夥伴或是下屬：

> 台灣人很少能夠完全融入中國社會。以我為例，我下班之後就待在家裡看電視，然後也不會出去。所以我不會遇到什麼中國人。（R21）

解釋這個現象的原因有很多。例如，以台資企業的內部關係來說，就算大部分的台資企業——大型或小型——在過去這幾年都縮減了台灣人的比例，台幹還是比資深陸幹有特權。台幹還是比任何中階陸幹更具資格，而且更值得信任，這是大家都知道的，因為台商都覺得這些陸幹平均來說都比較沒有經驗，而且容易被競爭對手公司用好條件給獵人頭獵走。在台資企業中，信任和可靠似乎是台灣人和大陸人平等關係的最大阻礙，而這個障礙所導致的疏遠也尚未被克服。

雖然有直接回答的人數很少，但還是有一些台商以及他們的家屬對於融入當地社會以及日常生活還是很積極。然而，在我們訪問的過程中，台商專注的焦點主要在於安全、教育、勞動市場，以及面對大陸同學的激烈競爭，台灣小孩所要承受的社會壓力。而且，特別是在南方的東莞，台商家庭都住得很近，群聚在一起，仰賴台灣的醫療、餐館和商店等基礎設施，顯示台胞與當地社會有相當程度的隔離：

> 台商是一個相當離群索居的群體。他們的生活獨立於當地之外。他們相當保守，而且把自己隔絕於東莞當地人之外。比方說，他們建立他們自己的會館和學校。而且東莞政府為了安撫台商，也會給予他們特殊的待遇。這就是為什麼台商沒有當地化。[15]

雖然說上海與昆山台商的可信度比珠三角要高，但根據我們的印象，台商與他們的家屬並沒有他們所說的那麼融入當地社會。可能有很多人已經舉家

---

[15] 2006年3月29日東莞台商訪談。這位受訪者的意見並未收錄在附錄Ib的表格內。

遷徙或是準備攜家帶眷過去中國大陸，但是大部分我們訪問到的台商都還沒將家眷帶過去大陸。跟早期隻身赴陸的台商相較之下，晚期的台商，即1990年代後期，較傾向攜家帶眷一起到大陸打拼，這也可能表示未來社會融合的速度會加快。

　　當我們問到台商退休後的打算，我們得到的答案非常／相當分歧。有50%的人計畫退休後回台灣，25%的台商想要留在大陸，而另外25%則尚未決定。然而，我們絕大部分的受者都尚未完全確定他們未來的計畫。很多人對於退休似乎都有點矛盾：他們會讚美住大陸的優點（例如低廉的生活費用、便宜的服務、沒有颱風、很多娛樂、而且沒有民主〔原話如此〕），但我們討論到「家鄉」或是「根」的時候又陷入沉思──對於家鄉的思考，一般來說都與年紀或過去的記憶有關。除此之外，年輕台商與年長台商之間具有引人注目的差異：愈年輕（也愈成功），愈多決定要留在大陸。老台商在年輕的時候就離開台灣外出打拼，因此預見到他們在退休之後會缺乏社會網絡。然而，雖然這些老一輩的台商不願意直接承認，但是他們和台灣老鄉的情感聯結還是比較強的。根據我們的發現，隨著時間推移，台胞在大陸的社會性發展會愈來愈受關注，在大陸的時間愈久，他們的認同可能逐漸會從台灣人轉變為某種形式的中國人。這也許是暗示他們放棄了「情境認同」，轉而（更）支持「中國人」這個穩定的身分認同。[16]

四、政治角色的自我認定

　　最有趣的莫過於台商在兩岸關係中扮演的政治角色，一般認為，台商若非中國政府的「人質」或「說客」，就是了追求的政治利益而自發性的穿梭於北

---

[16] 然而，我們也更有理由相信，只要在政治上，台灣塑造出有別於中國大陸的政治形象，台商的台灣認同就會變的比廣東人或是上海人更強更顯著。當我們討論到目前台灣的相對自由──也與生活模式有關，不少台商也提及這樣的說法。

京和台北之間的「走卒」。

　　然而，我們的受訪者卻否認這樣的說法，他們認為不論是「人質」和「說客」說，均與事實不符，一方面政商關係的建立為台商投資所必須；另一方面，從中國總體經濟發展來看，相較於外資，台商投資的金額和規模愈來愈微不足道，這使得北京政府以台商做為「人質」或「說客」的可能性降低。對於「人質」說，受訪者不斷提到，台商在大陸市場享有的比較優勢，這幾年來不斷減少，不但勞工和原物料成本上升，國際競爭也愈來愈激烈：

　　台商的優勢正逐漸消失，國內企業正在崛起，一些大規模的國家項目都給國內企業，這是一種排除外商的意識型態，包括台商。除非你是很大的台資企業才有機會分一杯羹，否則你只能當供應商。（R25）

　　有趣的是，即便那些獲利最高、納稅最多、具備高階知識且握有技術的上海和昆山的受訪者，都不認為他們對中國經濟有什麼重要貢獻，儘管他們為最受中國關注的高科技產業。相對於此，東莞台商則為勞力密集型產業，他們多抱怨中國的生產成本增加，以及法治化之後造成尋租空間下降（降低他們從「關係網絡」中的獲利）。由於上述問題，台商很難評價自己對中國政府的政治價值：

　　中國政府會利用台商嗎？這是民進黨杜撰的，用來欺騙無知的台灣人民！現在全世界都知道中國的能力，他們怎麼會需要台商？台商對中國真的有任何重要性嗎？……我從來沒聽說過有哪個台商被共產黨利用去向台灣政府遊說。（R16）

　　更有甚者，相較於過去中國政府自認可以影響台商的政治態度，受訪者表示，當前已經感受不到中國政府對他們的威脅：

　　在江澤民時代，中國政府試圖透過台商協會去影響台商的投票行為，那發生在2000到2004年，中國政府表示不希望有人投票支持獨立。但是現在中國太聰明

了，他們知道台灣人愈感受到威脅，反而愈會反抗，所以這些活動都停止了，而且中國政府也變得比較不像過去試圖直接影響台商政治態度。（R32）

「說客」論點同樣被多數受訪者反駁，他們不認為台商在兩岸的中央層級中有任何政治槓桿的角色。事實上，只有極少數的經驗證據顯示中國政府為了向台灣施壓而打壓台商，此乃在民進黨執政時期，這樣的施壓方式幾乎是沒有用的，因為陳水扁政府顯然準備好以縮小兩岸經濟互動為代價，來對抗中國的制裁；而在國民黨執政之後，如是施壓方式亦不需要，因為馬英九已積極推動兩岸接觸和經濟整合。根據訪談，我們的受訪者中未曾有扮演「說客」（lobbyists）者，亦未見為了追求特定議題，而自發奔走於兩岸政府之間的「走卒」（agents）角色者。相反的，台商認為自己對兩岸中央層級的影響是微乎其微的，即便2007年4月成立的全國台企聯，也被認為是「沒有牙齒的老虎」，無法在政治遊說上發揮有力的作用，台企聯和各地台商協會幾乎只能服從中央或地方政府的政策：

台商對兩岸關係連最輕微的影響力都沒有，因為他們的投資相對來說太小，300-400萬美元對個別台商來說已經是最多的了。而外商動輒投資幾10億美元，所以他們可能比較有影響力，像INTEL。（R26）

台商協會的角色和功能相當有限，隨著中國政府深化法治基礎，台協將逐漸喪失影響力，包括中央和地方層級都是如此。[17]（R32）

總的來說，我們的受訪者對於兩岸關係走向並未有什麼政治願景，也不認為台商能夠在這中間扮演什麼角色。對本章來說，他們的政治觀點相當令人意外。

---

[17] 然而，也有少數台商持相反觀點：「台商事實上可以影響兩岸關係，中國知道台商對中國經濟的貢獻很大，沒有台商，中國不可能進步得如此迅速。如果台灣政府激怒中國，將會發生嚴重後果。如果戰爭爆發，台商一定會被中國政府控制。」（R27）

五、創造台商理想型

前述訪談得出的大陸台商政治思想，我們可以歸納出什麼呢？此處我們將援引韋伯的方法論，以經驗資料創造出一些台商理想型，並做出嘗試性的結論：

（一）「典型」的台商，通常對台灣內部政治感興趣，並且會定期關注台灣的政治發展，但對於中國的新聞或電視節目卻興致缺缺。在陳水扁執政時期，支持國民黨的台商較多願意回台灣參加重要選舉，雖然他們似乎不認為投票能夠產生重大的改變，然而，多數台商通常避免公開談論政治，且不願在中國人面前討論任何台灣主權或獨立的話題。

（二）台商通常會保持「情境性認同」（situational identity），意即他們會隨不同情境而回答自己是「台灣人」或「中國人」。「情境性認同」程度隨台商的流動程度之不同，又可分為「跨國的」（transnational）、「國際的」（cosmopolitan）、「全球的」（global）或「混合的」（hybrid）認同。[18]

（三）台商認為兩岸關係是不穩定的，[19]但其實他們對於國家事務的關注並不深。此外，台商也不認為當前的政治局勢對他們的經濟運作有太大的風險，比較令他們擔心的，反而是生產成本的增加，以及中國大陸愈來愈法治化之後，台商尋租空間將減少。

（四）台商對於兩岸中央層級的政治議題較無興趣，但卻相當關注自己與大陸地方政府之間的政治關係。當然，他們希望兩岸能夠有直接的接觸機會，並支持兩岸經濟、社會甚至政治上的整合。[20]

（五）台商相信經濟整合及兩岸共同市場的建立，不只對自己的事業來說

---

[18] 當然，讀者可以質疑受訪者的回答並不反映他們「真正的」認同，因為我們的問題具有政治敏感性，其「主要認同」（master identity）可能隱藏在情境性認同之後。關於此問題的進一步研究仍有待完善。

[19] 這種觀點很有可能在2008年國民黨執政後有所改善。

[20] 有趣的是，受訪者往往無法說出在制度層面上，什麼樣的政治統合較為可行，因此不論他們偏好怎麼樣的統合模式，其優先選擇均落在兩岸政治的穩定。

是重要的，也是台灣在經濟上和政治上能夠生存的唯一選項。因此，他們認為暫時維持現狀對兩岸關係來說是最好的選項。

（六）台商認為關於兩岸政治的統獨之爭已經是不合時宜的。兩岸的自由貿易和交通往來最終將解決政治上的衝突，且會產生一個雙方都可接受的解決方案。[21]他們相信台商在大陸的投資及商業運作有助於減緩台灣和中國的緊張，且將強化台灣的經濟實力（至少長期而言）。他們也相信台灣政府應該會更注重台商在大陸的經驗，並且善加利用台商與中國官員的非正式管道來促進兩岸的對話和協商。然而，台商並不認為自己或其他台商應該在兩岸關係的處理上作為一個重要的政治行動者。（見下述）

（七）台商認為台灣人和大陸人之間仍存在著極大的文化和社會落差，因此在當地過著飛地式的生活。此外，台商並不認為大陸人能完全接受台灣人，主要因為台商具有較佳的經濟優勢及社會地位，所以台商很少與大陸人往來，通常只限於同事或客戶。台商也傾向住在台灣人群聚之處，且聚集在由台灣人所開設的商店或餐廳。[22]

（八）台商不認為自己會成為中國政府對台政策的「說客」或「人質」，因為他們在大陸市場的經濟重要性正在減退。而且台商也沒有興趣自發扮演「走卒」角色來對抗中國和台灣政府，以捍衛自己的利益。對台商來說，台協（尚）不是一個有效的政治遊說工具，且那些未在台協中擔任幹部的台商對於這個組織的評價出乎意料的低。[23]

（九）台商傾向在政治上避免引人矚目，而是把大部分的精力用來應付地方官員和客戶。在這個意義上，台商是一種去政治的角色。

必須強調的是，這份資料只是嘗試性的初步分析，需要更大的樣本以及控

---

[21] 如是論點雖然未包含進附件Ib，但卻見諸於本研究多數訪談對象。

[22] 比起較現代化大城市上海，這種現象在東莞及昆山更為常見。

[23] 這項發現與台協近幾年的發展相互抵觸，其組織仍不斷擴張且高度制度化。然而，我們的大多數受訪者主要是根據地方台協的基本功能來進行評價：即台協在協助解決法律糾紛，提供重要的商業訊息，作為簽訂（非商業）契約及尋找新商業伙伴平台的功能。台協也被認為有助於維持地方台商團體與政府幹部之間良好關係，但是絕非台商能夠運用的政治工具。多數受訪者都認為台協對於地方政府並沒有太多議價權力。

制許多變數，尤其是年紀、抵達中國的日期、居住地及從事的商業類型，如此才能衍生出更多的理型分類，或是看出更多變化。再者，吾人必須注意的是，台商總是處於不斷變動的環境中，就兩岸政治層面來看，2008年5月台灣歷經第二次政黨輪替；就投資環境觀之，2008年底侵襲中國的經濟危機，迫使許多台灣工廠關閉或移往其他國家，上述因素對於本研究的發現將產生極大的影響。此外，我們或許可以預期，未來台協也許能夠獲得更高的自主性，以與大陸地方或中央政府協商，並帶動中國公民社會的發展。最後，在當前不斷變動的環境下，不論台商之間政治觀點的歧異將持續或消失，都值得吾人進一步研究。

附錄Ia：訪談問卷

台灣認同以及對兩岸關係看法

1. 您關心台灣政治到什麼程度？您對台灣發生的事感興趣嗎？您對台灣政治的總體看法為何？

2. 您的政黨傾向為何？

3. 您會回台灣參加重要的選舉嗎？

4. 您認為這幾年台灣方面在兩岸關係中最重要的政治發展為何？兩岸關係穩定嗎？

5. 「三通」一直是兩岸關係很重要的議題，在台灣也存在正反兩派爭論，有人認為直航將導致台灣對大陸依賴愈益深化，有人則持相反意見，認為這是台灣的機會，您怎麼看待這個議題？

6. 您怎麼看待兩岸關係未來的發展？您希望它朝什麼方向發展？您對台灣統獨議題的看法為何？您認為兩岸最佳的政治協議是什麼？

7. 有人認為台商（台胞）在兩岸交流間扮演重要的角色，最終將有利於政治整合；有些人則認為台商是賣台，或容易被中共用為對台灣政府施壓的工具，您認為呢？

8. 身為台商，您覺得自己是「台灣人」或「中國人」？在您的觀念中，什麼是「台灣人」，什麼是「中國人」？何謂「既是台灣人又是中國人」？

9. 自從到大陸經商後，您對「台灣人」或「中國人」的認同（政治認同）有轉變嗎？如何轉變以及為什麼轉變？

當地生活

10. 身為台胞，您覺得這樣的身分有被當地人接受嗎，或您覺得不受尊重以及受到差別待遇？若為後者，您認為他們為什麼歧視台商（台胞）？可以請您舉個例子嗎？

11. 您認為中國人與住在大陸的台灣人（台胞）間存在差異嗎？最大的差異在哪？可以請您舉個例子嗎？

12. 您的家人覺得在大陸生活好嗎？他們是否覺得自己融入當地社會？他們希望未

來常住在這還是最終會回台灣？

13. 您退休之後，是希望繼續留在中國，還是回台灣，抑或到其他國家？

與地方政府的關係以及台商協會的重要性

14. 您認為大陸官僚體系（官員）有對台商提供協助嗎？在與當地黨政官員接觸過程中，最困擾您的問題為何？

15. 對台商而言，台商協會的重要性何在？協會有無對您的企業是否具重大差別？

16. 您認為台商協會的主要任務是什麼？您曾經藉由協會得到事業上的幫助嗎？得到什麼樣的幫助？

17. 您認為在事業經營上，究竟是台商協會還是私人政商關係網絡較能提供幫助？

18. 據您瞭解，台商協會如何與當地黨政官員溝通以爭取台商權益？台協有多大的自主性，以及台協對官員的影響多大？

19. 您認為大陸政府對台商與其他（當地或外國）商人不同嗎？若是，哪裡不同以及為何不同？

20. 您認為當前台商在中國大陸面臨最大的問題是什麼？應該如何解決？您認為中國政府果真如其所不斷強調的支持台商嗎？

21. 您認為中國政府會利用台商對台灣政府施加壓力嗎（以商逼政）？如果會的話，對台商在大陸運作的影響有多大？

附錄Ib

	回答	佔總樣本比例
1. 您對台灣發生的事感興趣嗎？		
非常感興趣	17	63
有點興趣	7	26
不敢興趣	3	11
樣本	*27*	*100*
2. 您會回台灣參加重要的選舉嗎？		
是（經常）	19	86
否（不常）	3	14
樣本	*22*	*100*
3. 您的政黨傾向為何？		
國民黨	12	67
民進黨	---	---
親民黨	---	---
新黨	---	---
台聯	---	---
無特別偏好	6	33
樣本	*18*	*100*
4. 您認為兩岸關係穩定嗎？		
穩定	2	12.5
不穩定	14	87.5
樣本	*16*	*100*
5. 有人認為直航將導致台灣對大陸依賴愈益深化，有人則持相反意見，認為這是台灣的機會，您怎麼看待這個議題？		
直航是風險	---	---
直航是機會	11	100
樣本	*11*	*100*

	回答	佔總樣本比例
6.您認為兩岸未來最好的走向為何？		
統一	5	31
一國兩制	1	6
獨立	---	---
維持現狀	10	63
樣本	*16*	*100*
7.有人認為台商（台胞）在兩岸交流間扮演重要的角色，最終將有利於政治整合；有些人則認為台商是賣台，或容易被中共用為對台灣政府施壓的工具，您認為呢？		
在兩岸間扮演重要角色	6	100
台商為中共對台施壓工具	---	---
樣本	*6*	*100*
8.身為台商，您覺得自己是「台灣人」或「中國人」？		
台灣人	9	41
中國人	4	18
既是台灣人也是中國人	4	18
其他（華人……）	2	9
無明確答案（看情況）	3	14
樣本	*22*	*100*
9.到大陸後，您原本對「台灣人」或「中國人」的認同有轉變嗎？		
有轉變	2	33
沒有轉變	4	67
樣本	*6*	*100*

	回答	佔總樣本比例
10. 身為台胞，您覺得這樣的身分有被當地人接受嗎，或您覺得不受尊重以及受到差別待遇？		
感覺被尊重	5	56
感覺不被尊重	4	44
樣本	*9*	*100*
11. 您認為住在大陸的台灣人（台胞）與中國人間存在很大的差異嗎？		
差異很大	17	74
沒什麼差異	6	26
樣本	*23*	*100*
12. 您的家人覺得在大陸生活好嗎？他們是否覺得自己融入當地社會？		
感覺融入	3	100
感覺不融入	---	---
樣本	*3*	*100*
13. 您退休之後，是希望繼續留在中國，還是回台灣，抑或到其他國家？		
留在中國	2	25
回台灣	4	50
其他／未決定	2	25
樣本	*8*	*100*
14. 您認為大陸官僚體系（官員）有對台商提供幫助嗎？		
能夠	4	66
不能	1	17
不明確	1	17
樣本	*6*	*100*

	回答	佔總樣本比例
15. 商協會對您的企業而言很重要嗎？		
重要	8	50
有些重要	1	6
不重要	5	31
取決於產業／公司	2	13
樣本	*16*	*100*
16. 您曾經藉由協會得到事業上或個人上的幫助嗎？		
曾經	---	---
不曾	7	100
樣本	*7*	*100*
17. 您認為在事業經營上，究竟是台商協會還是私人政商關係網絡較能提供幫助？		
台商協會	3	23
私人網絡	7	54
兩者都重要	3	23
樣本	*13*	*100*
18. 據您瞭解，台協有多大的自主性，以及台協對官員的影響多大？		
有很強的自主性和影響力	2	33
有一點自主性和影響力	3	50
沒有自主性或影響力	1	17
樣本	*6*	*100*
19. 您認為大陸政府對台商與其他（當地或外國）商人有不同嗎？		
不同	3	75
相同	1	25
樣本	4	100

	回答	佔總樣本比例
20. 您認為中國政府有像其不斷強調的那樣支持台商嗎？		
有	1	100
沒有	---	---
樣本	*1*	*100*
21. 您認為中國政府會利用台商對台灣政府施加壓力嗎（以商逼政）？		
會	2	40
不會	3	60
樣本	*5*	*100*

附錄II

受訪者資料

受訪者	性別		地位		所在地點		
	男	女	台商	台幹	東莞	上海／昆山	台北
R1	•		•		•		
R2	•		•		•		
R3	•			•		•	
R4	•			•		•	
R5	•		•			•	
R6	•			•		•	
R7	•			•		•	
R8	•		•		•		
R9	•					•	
R10	•			•	•		
R11	•		•		•		
R12	•			•	•		
R13	•		•		•		
R14	•		•		•		
R15	•		•		•		
R16		•			•		
R17		•		•	•		
R18		•	•		•		
R19		•		•	•		
R20		•	•			•	
R21	•		•			•	
R22		•	•			•	
R23	•			•		•	
R24	•			•		•	
R25	•			•		•	
R26	•			•		•	
R27	•		•			•	
R28	•			•		•	
R29	•			•		•	
R30	•		•				•

受訪者	性別		地位		所在地點		
	男	女	台商	台幹	東莞	上海／昆山	台北
R31	•			•			•
R32	•			•			•
R33	•		•				•
R34	•			•			•
R35	•			•			•
小計	29	6	17	18	13	16	6

參考書目

中文文獻

朱炎，2006，《台商在中國：一位中國旅日經濟學者的觀察報告》，台北：財訊。

邢幼田，1996，〈台商與中國大陸地方官僚聯盟一個新的跨國投資模式〉，《台灣社會研究季刊》，23：159-182。

林瑞華，2004，〈把網絡帶回來：台商參與台資企業協會之動力分析〉，台北：政治大學東亞研究所碩士論文。

林瑞華、耿曙，2008，〈經濟利益與認同變化：台商與韓商個案〉，陳德昇主編，《台日韓商大陸投資策略與佈局：跨國比較與效應》：123-153，台北：印刻。

邱垂正，2008，《兩岸和平三角建構》，台北：秀威科技。

張樹成，1996，《昆山發展軌跡紀實》，昆山：江蘇人民。

張家銘，2006，《台商在蘇州：全球化與在地化的考察》，台北：桂冠。

耿曙，2005，〈屠城木馬？台商社群的政治影響分析〉，陳德昇主編，《經濟全球化與台商大陸投資：策略、佈局與比較》：111-147，台北：晶典文化。

耿曙、林琮盛，2005，〈全球化背景下的兩岸關係與台商角色〉，《中國大陸研究》，48（1）：1-28。

耿曙、林瑞華，2007，〈制度環境與協會效能：大陸台商協會的個案研究〉，《臺灣政治學刊》，11（2）：93-117。

陳德昇主編，2005，《經濟全球化與台商大陸投資：策略、佈局與比較》，台北：晶典文化。

傅玉能，2002，《台商在大陸投資的區域研究》，北京：台海。

黃凱政，2003，〈大陸台商當地化經營之研究──以大上海地區為例〉，台北：政治大學東亞研究所碩士論文。

鄧建邦，2002，〈接近的距離：中國大陸台資廠的核心大陸員工與台商〉，《台灣社會學》，3：211-251。

鄧建邦，2005，〈我們是誰？跨社會流動下中國大陸台商的認同〉，「跨界‧流離：公民身份、認同與反抗」國際學術研討會」，台北：世新大學。

英文文獻

Chan, Steve. 2006. "The Politics of Economic Exchange: Carrots and Sticks in Taiwan-China-U.S. Relations." *Issues & Studies* 42(2): 1-22.

Cheng, Tung-Jen. 2005. "China-Taiwan Economic Linkage: Between Insulation and Superconductivity." In *Dangerous Strait: The U.S.-Taiwan-China Crisis*, ed. Nancy B. Tucker. New York: Columbia University Press.

Gang, Lin et al. 2004. "Cross-Strait Economic Ties: Agent of Change, or a Trojan Horse?" *Woodrow Wilson Center*. Asia Program Special Report 118: 1-18.

Keng, Shu. 2007. "Understanding the Political Consequences of People-to-People Relations Across the Taiwan Strait: Towards an Analytical Framework." *Chinese History and Society (Berlin)* 32: 63-80.

Keng, Shu & Gunter Schubert. 2010 "Agents of Unification? The Political Roles of the Taiwanese Businesspeople in the Process of Cross-strait Integration." *Asian Survey* 50(2): 287-310.

Lee, Chun-Yi. 2008. "When Private Capital Becomes a Security Asset: Challenging Conventional Government/Business Interaction." *East Asia* 25(2): 145-65.

Leng, Tse-Kang. 1998a. "Political Analysis of Taiwan's Economic Dependence on Mainland China." *Issues and Studies* 34(8): 132-154.

Leng, Tse-Kang. 1998b. "Dynamics of Taiwan-Mainland China Economic Relations." *Asian Survey* 38(5): 494-509.

Leng, Tse-Kang. 2002. "Economic Globalization and Its Talent Flows Across the Taiwan Strait." *Asian Survey* 42(2): 230-50.

Leng, Tse-Kang. 2005. "State and Business in the Era of Globalization: The Case of Cross-Strait Linkages in the Computer Industry." *China Journal* 53: 63-79.

Lin, Ping. 2006. "Tong-wen-tong-zhong? The Cultural Integration of Taiwanese in China." unpublished paper presented at the Third Annual Conference on Transborder and Diaspora, Governance, Survival, and Movement, 7-8 October, Taipei.

Niou, Emmerson M, Peter C. Ordeshook & Guofu Tan. 1992. "Taiwanese Investment in Mainland China as a Policy Tool." *Issues and Studies* 28(8): 14-31.

Schak, David C. 2003. "The Taiwanese Business Association in the People's Republic of

China." In *Civil Society in Asia*, ed. David C. Schak & Wayne Hudson. Aldershot: Ashgate.

Shen, Hsiu-Hua. 2005. " 'The First Taiwanese Wives' and 'The Chinese Mistresses': The International Division of Labour in Familial and Intimate Relations Across the Taiwan Strait." *Global Networks* 5(4): 419-437.

Tian, Qunjian. 1999. " 'Like Fish in Water': Taiwanese Investors in a Rent-Seeking Society." *Issues & Studies* 35(5): 1-94.

Wu, Jieh-Min. 1997. "Strange Bedfellows: Dynamics of Government-Business Relations Between Chinese Local Authorities and Taiwanese Investors." *Journal of Contemporary China* 6(15): 319-346.

Wu, Yu-Shan. 1994. "Mainland China's Economic Policy Toward Taiwan: Economic Need or Unification Scheme?" *Issues & Studies* 30(9): 29-49.

第五章 作為政治社會化機制的東莞台校：台生身分認同來源

曾于蓁、曹敏娟、耿曙

壹、前言

隨著兩岸經貿交流的逐步開展，愈來愈多的台商與台幹遠赴對岸謀生，[1]但在西進絡繹不絕的同時，其子女教育問題卻成了台商、台幹心中的隱憂。「如何讓在大陸生活、就學的孩子，仍然可以保有台灣人的身分認同？」、「如何讓孩子的教育能與台灣同步，之後可以銜接台灣的教育體系？」這些困擾台商已久的問題，終於在2000年獲得了初步解決，中國大陸首開風氣的東莞台商子弟學校（以下簡稱東莞台校），其成立適時抒解前述的疑慮（詳細人數及資料請見附錄一）。

中國大陸目前設有三所專門為台商子女所設立的台商子女學校，分別位於東莞、華東及上海，他們選用台灣的師資、教材，任用台籍的校長並配合台灣的升學考試系統。從政治社會化的角度，似在異地複製了台灣的教學場域，以盼學生在返台時仍能銜接台灣教育體制，更重要的是希能藉以維持既有的台灣身分認同（陳金粧，2008）。然而，與大陸當地社會脈動同步呼吸的生活，經過「年深外境猶吾境，日久他鄉是故鄉」的催化，台生的「大陸化」是否亦逐步發酵？[2]

---

[1] 據統計，約有4萬台灣人定住大陸，另外至少有100萬常住台胞。數字來源：兩岸新聞網，http://news.chinayes.com/newsbase/20090309/web646.shtml?categoryType=both。

[2] 從陳鑑任、吳建華（2006）的研究中，發現有年紀較幼的學生，因在台灣居住時間甚短，缺乏深刻的印象與回憶，對台灣故鄉的認同漸趨模糊，或早已認同當地作為故鄉。劉勝驥（1999）及祝政邦（1999）亦有發現台生在大陸當地學校就學時，因政治意識型態的灌輸，而導致台商子女對某些價值觀及認同產生混淆，令家長極為憂心。

根據海基會2006年的調查顯示，台灣目前有家人在中國大陸投資、工作或居住者，占全國總人口數的15%；曾在中國大陸居住累積超過3個月者，則有17%（馬岳琳，2007）。在大陸之台灣子弟「身分認同」維持或轉移議題顯需國人關注，因從小處而言，這是一個小環境與大環境的對抗；放大來看，這更是台灣與中國兩方意識型態延續的最佳驗證場域。

一、台商子女教育與認同

兩岸交流時間至70年代末才展開，有關大陸台商子女教育的相關研究，為數不多，審視相關文獻，大都為陸委會或海基會之專案研究報告。高承恕（1994）曾在當年2月至8月，分別到廣東、福建、上海、北京進行台商子女教育問題研究，主要說明台商子女就學困難，並就未來成立台商學校進行評估。當時政府雖已瞭解到台商子弟於大陸當地就讀產生之弊處，[3]但由於兩岸交流尚處於摸索階段，故而政府未有實際行動。另，劉勝驥（1999）受陸委會委託，1995年及1998年於廣東、上海、浙江、山東、湖南、湖北、河南、河北、北京等地進行研究，就台商子女在大陸的就學現況、學生態度等進行調查，其認為大陸教材不論在思想品德、語文、自然、數學、藝能都有政治意識型態的灌輸，導致台商子女對某些價值觀及認同的混淆。近來，陳鏗任、吳建華（2006）藉由訪談、參與式觀察、文本分析等面向，瞭解台商子女對故鄉與異鄉的認同意象，並找出台商學校永續經營之建議。

就學校內部而言，東莞台商育苗教育基金會董事鍾思嘉認為，東莞台校存在陸籍、台籍教師在教學觀念、意識型態及方法上歧異之挑戰（張聖岱，2002）。儘管校方一再要求教師避免在言談時涉及敏感的政治議題，以維持關係和諧。不過，學生對於認同問題仍相當敏感，對於新教師到校服務會先詢問

---

[3] 例如台商子女就讀大陸當地學校或國際學校後，將來返台難以與台灣教育相銜接，且在學習內容、世界觀與台灣學生之程度落差等。

其是否為台灣人，同時在相處上學生與台籍教師亦較為融洽（陳鑑任、吳建華，2006：174）。顯見即使校方刻意避免製造差異，但並沒有使學生忽略或淡化彼此身分之認同關注。

二、兩岸政府皆重視台商子女之身分認同

自2004年下半年胡錦濤主持對台工作，推動所謂「對台新政」，透過胡錦濤的讓利、惠台政策，通常均鎖定明確的施惠對象，例如台灣農民、台商、或航運、觀光、房產等特定業者（耿曙，2005）。中共對台商釋出之善意亦為「寄希望於台灣人民」之具體表現。在2008年總統大選前夕，中共就以多項利多政策，爭取台灣各界對改善兩岸關係的認同，像是：台商子女在大陸就讀中小學與幼稚園，擇校、繳費，一視同仁。[4]中共官方認為，藉由交流加強兩岸之間的溝通與合作，特別在與做為兩岸關係和平發展的種子（台商子女）的年輕一代，是有利於減少彼此隔閡、增加認同，進而促進兩岸未來之發展。

〔陳雲林〕看到兩岸下一代之間的誤解與隔閡越來越少，發自心靈的認同越來越多，我們感到無限的欣慰和高興。青少年學生是民族的希望，是兩岸共同繁榮發展的未來，是促進兩岸和平發展的重要力量。海協會的重要職責之一是協助有關方面促進兩岸交流，我們願與包括東莞台商子弟學校在內的台灣師生加強聯繫、提供服務……〔台校學生〕作為兩岸關係和平發展的種子，未來要為中華民族的偉大復興而努力。[5]

台灣方面，陸委會將台商子弟教育列為政策重點，認為台商子弟學校之設立，對於促使家庭團聚，有其正面意義。政府並積極輔導及協助台商子女教

---

[4] 〈臺胞子女就讀大陸更方便〉，中國台灣網，2008年3月4日，http://www.chinataiwan.org/tsfwzx/hs/znjy/200803/t20080304_598384.html。
[5] 〈陳雲林會見台商子弟欣慰下一代隔閡越來越少〉，人民網，2009年2月26日，http://tw.people.com.cn/BIG5/14810/8873477.html。

育，爭取台商對政府之向心力：

　　鼓勵大陸台商學校與國內學校交流，返台參加政府舉辦之各項競賽活動，以增進與國內學校學生互動，與台灣教育接軌，並協助台商子女認同鄉里，心懷台灣。[6]

貳、相關理論與分析架構

　　本研究的焦點，在探討東莞台校之學生身分認同維持機制。一般來說學校教育與國家之關係密切，從系統分析的觀點而言，國家以財務支持學校，提供學校幾近壟斷性的教育權，而學校則教導學生服從國家法律，支持國家的合法性。另一方面，從分配理論觀點而言，國家介入教育，運用教育機器以再製社會關係，並組成勞動力的社會分工（蔡璧煌，2008：205-208）。但於大陸所設之台商子弟學校之特殊性，使得國家的功能在此較不明顯，不僅教材需受到當地教育主管機關的事先審查才能發給學生，同時，一些敏感詞彙圖案，例如中華民國、國旗等皆需經過加工處理覆蓋或整頁撕去（林平，2009：2）。因此，必須對台校之政治社會化功能重新檢閱，瞭解究竟是何因素發揮了在異地卻仍能維持既有之台灣認同。以下先簡述相關理論。

一、政治社會化

　　對於何謂政治社會化，學者尚沒有一致的見解，不過從相關的研究中可以發現政治社會化理論不脫個人層次以及結構層次兩個面向。一方面，從社會成員個體的角度講，政治社會化是一個人透過學習和實踐獲得有關政治體系的知

---

[6] 資料取自陸委會網站，http://www.mac.gov.tw/big5/cnews/961019b-5.pdf。

識、價值、規則和規範的過程，透過這種學習和實踐，一個自然的人轉變成為一個具有一定政治認知、政治情感、政治態度和政治傾向的社會政治人（Hess & Torney, 1967; Dawson & Prewitt, 1977）；另一方面，從社會整體的角度講，政治社會化是一個社會將政治文化（普遍的政治知識、價值、規則和規範等）通過適當途徑廣泛傳播的過程，透過這種傳播，社會中人們所具有的政治認知、政治情感、政治態度和政治傾向傳授給新一代社會成員，強調的是政治社會化對於政治系統的穩定、變遷與統一的功能（Almond & Powell, 1978; Easton & Dennis, 1969; Langton, 1969）。此外，政治社會化是一個繼續不斷的學習歷程，縱向方面不僅包括兒童時期的政治學習，同時成人時期的政治學習亦應包括在內。在橫向方面，政治的與非政治的也應皆屬政治社會化之範圍（袁頌西，2004：17）。

早期的政治學者多將注意力置於小學時期之孩童，認為孩童早期所習得的經驗與課程會形塑個人之基本的態度及行為（Greenstein, 1965; Hess & Torney, 1967; Dawson & Easton, 1969; Easton & Dennis, 1969）。其後，學者漸注意到政治學習是終生持續之歷程（Niemi & Sobieszek, 1977; Jennings & Niemi, 1981），並將關注重點轉移至所謂的「敏感時期」（impressionable years），即青少年時期至成年初期，為個人發展政治經驗、培養政治取向且具有持續影響其生活之重要時期（Jennings & Niemi, 1974; 1981）。

為何在個人成長的前10-15年不為政治學者所感興趣，兩個主要理由是：其認為這個時期的孩童並不具有足夠的政治認知，且其生活基本上與政治無相關。但是相關研究發現，政治並不是與兒童完全隔離的，社會的發展或者劇烈的政治情勢轉變會影響兒童之生活經驗，特別是戰爭或是人民衝突等激烈事件會使孩童留下深刻影響（Hick, 2001; Machel, 2001）。此些重大政治事件，兒童的反應與獲得的印象是遠較成年人之想像，並且具有長期性的影響。甚至，此時期的兒童已有能力組織與涉入一些政治論壇，表達自己之想法。簡單的說，青少年時期兒童並非只是「模仿」成人（父母或師長等）之言行與舉動，若以家庭潛移默化或教育灌輸之影響一筆帶過，將忽略青少年之自主性

（Sapiro, 2004: 13-18）。

二、教育的政治社會化角色

在公民的培養上，家庭、學校、同儕團體及大眾傳播一般被學者視為政治社會化的重要媒介。其中，學校教育由於具有系統性、計畫性及機構性，更是學生學習的重要來源（蔡璧煌，2008：202）。完全移植自台灣教育的東莞台校，在使用台灣教材、引進台籍教師、任用台籍校長的狀態下，究竟是否能夠讓這群在對岸求學的台灣之子仍始終保有台灣人的身分認同，能否藉由教育的延伸，而在對岸發揮其維繫認同的功能，為筆者重點關切問題。

Dawson and Prewitt（1969: 143-180）從社會化的觀點，將學校在政治社會化過程中的角色，分為正式課堂的教學及非正式的課堂以外之活動兩方面加以分析。分述如下（蔡璧煌，2008：114-117）：

（一）正式課堂內的教學

一般來說，政治學習主要來自於正式課堂內的教學。透過課程的教導、儀式性活動，以及教師的舉止，年輕一代的政治態度即由此形成。

1.課程

課程是政治社會化的主要工具之一，是社會的文化價值創造者與增強者。許多社會的基本價值，例如國家的價值、歷史的光榮、公民與政府等，都透過教學，讓年輕的公民能夠充分瞭解這些既有秩序的性質與光榮。學校中正式的政治教學，可以分成兩種方式：公民教育（civic education）與政治灌輸（political indoctrination）。前者強調的是公民對國家政治事務的參與，透過公民課程學生可能得知更多政治訊息，養成更多的政治效能跟愛國心；後者則指的是為特定政權的合理化、正當化而做的

特殊政治意識型態的學習。學校體系或多或少都帶有某些政治灌輸，不論是過去的神話或傳奇、現在的政策或未來的遠景目標，都會被選擇性的以教科書或是教材等教與學生。其目的至為明顯，是有其政治社會化目的。

2.儀式性活動

政治價值有時也透過儀式性的活動傳遞給學生。例如向代表國家的國旗、國歌、國父遺像，行禮致敬，以及對領袖言論及圖像等政治象徵的認識，政治意味非常濃厚。教育決策者相信有系統的呈現這些符號，將有助於培養學生愛國的情操，表達愛國的意志與承諾，以及對國家的凝聚力與認同，強化「我輩感」（we-feeling）。至於學校的一些政治性的環境佈置，例如政治人物肖像、政治標語，在在顯示學校希望由外而內、由上而下的進行政治社會化。

3.教師

根據Dawson and Prewitt的分析，教師對於政治社會化的影響，主要由於教師是特定政治價值與意見的持有者，也是理念的傳播者；同時，在教室中，教師是學習文化的創造者與操縱者。

（二）課堂以外的非正式活動或結構

課堂以外的非正式活動或結構，包括學校的社會氣氛、學生政治組織及課外活動。

1.學校的社會氣氛

學校成員的社會背景成分可能影響政治社會化。學校是家庭以外兒童第一個接觸的主要機構，在這新的接觸中，兒童學會如何分清並解決集體的問題，在與他人的競爭中保護自己的權利，並探索社會合作或衝突的可能性。因此，學校的成員是否同質，或是否確切反映了成人世界的異質性，將影響學生的社會適應。兒童的刻板化印象及偏見即常受到學校成員背景的影響。

2.課外活動與學生政治團體

　　每種文化有不同的學校課外活動與學生組織。這些活動提供學生學習社會技巧的機會，使他們能夠在未來適應複雜的成人政治世界。包括像是「全校性的活動」及「學生政治團體活動」。前者訓練了學生的政治參與以及以此相關的文化價值；後者則是累積了學生的實際經驗，直接面對政治世界進而形成政治定向，也塑造了政治自我，具有相當深遠的影響。呂亞力（1997：371）即認為並非青少年在一起討論政治話題，而是青少年的個性、人生觀、自我價值等，間接影響其對政治的觀念與態度。在社團活動方面，學生參加的程度頻率，會和參與感、政治參與等均有顯著的正相關（蔡璧煌，1994：75）。

三、與社會／環境接觸之政治影響

　　社會心理學有關群際互動的相關研究，提供兩類對立的理論觀點：「接觸假說」（contact hypothesis）與「社會認同」（social identity theory），前者凸出交流接觸的感化作用，後者則強調既有認同的侷限效果（Turner & Giles, 1981; Hogg & Abrams, 1988; Duckitt, 1995）。進一步對應有關「認同形成」與「認同變遷」的相關理論，則前者比較接近所謂「境遇觀點」（或「工具觀點」，circumstantialism/instrumentalism）以及「建構觀點」（或「想像／創發觀點」，constructivism/imagined or invented），而後者則比較吻合「原生觀點」（或「本質觀點」，primordialism/essentialism）（陳朝政，2005；Hutchinson & Smith, 1994; 1996）。

（一）接觸假說

　　人與人間直接的交流與接觸向來被認為是族群間消除偏見、化解歧視的關鍵（Turner & Gile, 1981: 33-65; 59-64; Stephen & Donald, 2003: 433-357, 446-448），其中最具代表性的觀點，乃是Gordon W. Allport所提出的「接觸假

說」（Allport, 1954）。根據Allport的研究，「刻板印象」來自種種先入為主的偏見，往往是族群歧視與衝突的根源。但不同族群間頻密的接觸互動，由熟識而逐漸理解，將有助破除雙方的「刻板印象」，避免以「類屬」、「簡化」的方式看待不同族群的成員。

　　Thomas F. Pettigrew進一步以三階段模型分析交流接觸如何導致態度轉變：首先浮現的是「針對個人」（individuation）的傾向，有助「消解類屬印象」（de-categorization），摒除既有偏見敵意。其次，交流接觸逐漸強化對不同族群成員的認識瞭解與正面情感。最後為「再造類屬印象」（re-categorization），此時所建構的「刻板印象」就不再負面消極，反有助促進同化融合（Pettigrew, 1998: 49）。

　　國內有關群際接觸的實證研究，目前仍未見系統的發現。例如伊慶春及章英華研究顯示，頻密的社會接觸確能降低台灣民眾與外籍／大陸媳婦間的社會距離，促進彼此的族群親近感（伊慶春、章英華，2006）。但另方面，王甫昌從台灣閩南族群的地域分佈著眼，追索其族群意識的起源差異，結果卻發現，族群間的接觸機會並未有效降低族群的分類意識（王甫昌，2002）。

（二）原有認同的制約：「社會認同」理論

　　針對前述「族群認同」被不斷發明建構，甚至可以從中操縱的觀點，部分學者提出不同看法。例如Clifford Geertz便強調，即便族群需要經過建構，但建構所依據的「原生聯繫」（primordial ties），才是族群形成的關鍵。換言之，此類先於個人存在的文化特質——如語言、傳統、宗教、歷史起源的傳說等——方才是族群成員身分認同的基礎，所謂「建構」的過程，不過在確認「族群基礎」（ethno）罷了（Geertz, 1973）。與之立場類似者為Anthony D. Smith，他反對上述「建構觀點」與「接觸假說」的主張，認為「族群社群」（ethnic community）形成的過程，在「意識到」自己擁有與其他群體不同的起源神話、儀式傳統、符號象徵或歷史記憶，因此深受既有「身分特徵」的制約（龔維斌、良警宇譯，2002）。

　　上述族群「原生觀點」受到社會心理學研究結果——尤其「社會認同」理論——的支持。後者最早由Henri Tajfel提出，根據其定義，「社會認同」是「個體認識到他／她從屬於特定的社會群體，同時也認識到做為群體成員帶給他／她的情感與價值意義」（張瑩瑞、佐斌，2006；Tajfel & Turner, 2003: IV; Hogg, 2006; Turner & Reynolds, 2001）。奠基於此，「社會認同」理論認為：當事者會通過覺察差異、社會分類，對所屬群體產生情感與認同，也同時對「他者」群體萌生偏見與排斥。為何如此？相關研究發現：個體可藉由「社會認同」過程，提高自我的價值與自尊，而後者通常必須通過團體歸屬、凸顯差異，方能抬高「我群」、貶斥「他群」，進而拉抬維護自身的地位（Tajfel, 1982, 1981; Abrams & Hogg, 1990）。

　　因此，根據「社會認同」理論，不同族群間可資辨認的差異，將成為成員「類別化」的線索，並構成族群認同與族群對立的基礎。互動與接觸不但無助化解偏見，反將有助凸顯彼此的「差異」，而此類「差異意識」的憑藉——包括身體特徵、舉止風格、甚至既有偏見——都將影響「族群認同」是否形成與如何形成。[7]就此而言，「社會認同」與「接觸假說」是針鋒相對的。應用分析兩岸議題，莊耀嘉研究發現，台灣大學生既有的「族群認同」（台灣人／中國人）、來自父母的「省籍身分」等，都會影響當事人對大陸人民的偏見以及對兩岸交流的立場（莊耀嘉，2003：20）。換言之，依照「社會認同」理論，吾人可以推想：既有身分認同會決定接觸所可能帶來的影響，例如認同中國者，接觸過程或能降低其族群偏見，但認同台灣者，邀訪交流反將強化其族群偏見（李美枝，2003：20）。

---

[7]　「基模」（schema/schemata）的作用，可以對此提供說明。所謂「基模」乃個體用以統整認知、分類記憶的機制，通常通過類屬、簡約過程，構成當事人思考的基礎、推論框架。對此可參看李維譯，《記憶：一個實驗的與社會的心理學研究》，台北：桂冠圖書，1998。

四、研究架構

　　探究維繫東莞台校學生身分認同之機制，其中，學校的政治社會化作用以及學生與當地社會環境之接觸皆為不可忽視的重要因素。家庭雖亦為常見的重要政治社會化機制，不過，在本研究中，並不凸顯此一因素並將其視為控制變項。有兩主要原因，一方面，學生平日皆須住校，僅有週末才返家，在校時間遠較在家時間來的長；另外，前述文獻亦已點出，青少年、兒童之行為並非全然是模仿父母之言行，特別是在具軍事化管理的住校環境中，更應重視兒童本身外於家庭之自主性。

　　作者根據學校政治社會化理論，將學校主要的政治社會化方式分為「正式課堂教學活動」與「非正式教學與結構」兩部分。其中將分別從校園設備、學校活動、課程教材、師資教學、同儕溝通等做更細部的分析，以瞭解教育對台生身分認同之影響。另外，學生與當地社會環境互動接觸的部分亦加以考量，評估其是否撼動既有之身分認同。不論是在學校內或是與當地社會往來，都不免會與大陸人民發生接觸互動，藉由前述文獻討論亦可瞭解學生是否會因接觸而改變認知／認同，抑或加深強化既有之族群界線。綜合上述，本研究將根據圖5.1的架構，觀察分析東莞台校之政治社會化機制。

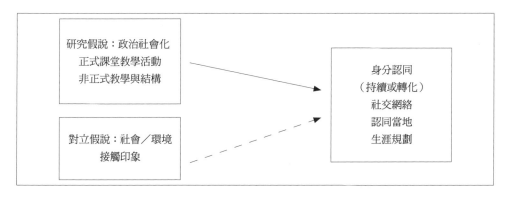

圖5.1　本研究分析架構圖

資料來源：作者自行製表

選擇台商子女作為研究對象，原因在於孩童並非因利益來到大陸，他們是跟隨台商原生家庭遷移，因而可迴避利益可能影響認同的問題，使原本的認同變數單純化，直接觀察族群接觸與認同的關係。而東莞台校目前立校已邁入第九年，制度與風氣皆已漸趨成熟，適合深入調研。研究東莞台生的身分認同，只依賴相關報導的蒐集恐無法獲得深入可靠資料，故採質性研究方法，結合「深度訪談」（in-depth interviews）及「半結構式的訪談問卷」（semi-structured questionnaire）方法，蒐集、分析田野調查資料，貼近研究參與者的環境，並對東莞台校師生深入訪談與觀察，希望更能還原事實原貌。在個案選取上，為避免年紀尚幼的孩子對訪談問題尚難回應，故選取上以國、高中學生為主（參見附錄二）。

參、東莞台校之政治社會化機制與學生的身分認同

在過去的相關研究中，不論是家庭或是社會，都承載了認同遷移及代間傳遞之功用，但在研究東莞台校的過程中，發現了家庭與社會的功用相當微弱，由於東莞台校本身之特殊性，也造就了它在理論框架下的異質性。而就教育的部分而言，過去的研究多著重教育在意識型態傳遞的功能，但在東莞台校的個案中，我們似乎也很難從教育當中找到有關於意識型態傳遞的蛛絲馬跡，以下將針對相關影響分別論述。首先，從背景來看，學生與家庭互動較少，同時與外界（社會）接觸機會並不多。

（一）有心無力的家庭[8]

家庭是一個人最初接觸的環境，對一個人的人格養成有著極為重要的地位。過去，在家庭形成和發展的過程中，上一代將其信念與價值傳遞給下一

---

[8] 在受訪的台校學生中，多數人的父母雙方皆為台灣籍人士，為了工作的需求與發展至大陸工作，最初多父親隻身前往，待事業穩定後再接妻兒前去團圓，有的則有部分親屬仍在台定居。

代，許多的知識與經驗便如此簡單的傳遞。甚而對於國族的認同意識，上一代的傾向也佔據舉足輕重的地位。

1.學生住校，較少家庭互動

不過由於東莞台校屬住宿型的學校，約有九成學生全天候住校學習與生活，禮拜五下午返家，禮拜一早晨回到學校，故學生在家的時間非常的有限。當問及與同學出去玩的時間多如何安排之時，一位受訪學生說道：

> 對啊！我們週一到週五都住校，只有假日的時候，偶而會約一約同學出去玩。（960725A-1）
> 跟父母接觸的時間不多，因為我們家開店的關係！假日他們都在上班，變成我跟他們接觸的時間很少，因為他們晚上要上班，那我晚上都在家，不然就跟同學出去喝東西、唱歌或在家玩電腦，早上都在睡覺。（960725A-3）

2.親子間之議題絕少涉及政治意識型態

東莞台生本身在家時間已經很有限，週休假日回家與父母的互動也甚少，東莞地區的台商因工作之故，大多的時間都忙於事業，與孩子的交集也相對減少。當問及其與父母的互動狀況及是否會相互討論有關政治的議題之時，受訪學生多表示如下：

> 爸爸媽媽工作忙，在家裡互動的時間很少，〔即使談話〕，也不會談論到政治的議題。（960725A-10）
> 平時跟爸爸、媽媽互動很少，因為他們工作都很忙，回家的時間，我們大部分都在打電腦，也不會跟父母談論到政治的相關議題。（960725A-12）

大部分的台商與大多數的父母一樣，與孩子的交談內容多是日常生活中的瑣事或是孩子課業上的問題，極少談論政治的議題。不難發現，家庭的功用對東莞台生而言，絕非是在意識型態的傳遞上。除了學生個人住校因素，在家時

間有限外，家長工作上的繁忙，也是造成兩者互動甚少的影響因素。因此，身分認同在這求學的階段，原生家庭影響並非主要因素。

（二）台生相對隔絕於社會

身在大陸環境中的台灣學子，不論在校內或是校外甚至自家工廠中都有機會遇到大陸人，與當地社會接觸是無可避免之事。但台生受中國大陸這個大環境的影響為何？接觸當地人事物之感想與認同觸發又是如何表現？

1.缺乏交流

東莞台校的學生因屬住校的性質，與社會大環境互動的機會就只有假日的時間或是學校舉辦校外活動的時間，但在訪談的過程中，我們不難發現，東莞台校本身與陸校的互動並不頻繁，學生與外面的整個大環境幾乎是隔離的。周末放假時，也是同學自成一團體出遊或待在家中休息，極少有與大環境互動的機會。

其實很少跟本地人接觸，然後出來也是跟同學，就是台校的同學。所以說在生活互動上就已經做一種區隔，極少跟他們在一起。學校的戶外教學參觀，大不了就是去參觀人家比較大的廠啊！那些廠也是台灣人開的，也都是學校裡面同學家裡的廠。（960725A-1）

曾經接觸的經驗是校慶時學校邀請附近學校來訪，感覺他們自說自話，很不尊重別人，所以經驗不佳，不喜歡同大陸人打交道，朋友中也沒有大陸人，學校除了參加部分東莞地區的比賽外，與東莞當地幾乎沒有互動。（960725A-13）

2.語言差異隔閡與心態排斥

若探究其中原因，不難發現由於語言障礙或是對大陸人的印象較為負面，因而心態上多抱持優勢心理、選擇疏離當地與其有所區隔。

問：與當地小孩會常玩在一起嗎？答：不常。因為有一些他們不會說國語，

只會說廣東話之類的。可是台灣人就都會說普通話、台語，可以聽的懂，就可以溝通。（陳鏗任、吳建華，2006：183）

　　嗯……我們沒有很多機會跟當地的人來往，大多是同學們自己聚在一起。因為大陸給人的感覺很混亂，階級差落太大。然後這邊的治安跟台灣比也差很多，所以整體而言，我覺得台灣比大陸好。（960725A-7）

　　就像〔大陸人〕會隨便吐痰、隨地丟垃圾之類的。我就覺得看不下去，素質很差，所以想跟他們撇清關係。（960725A-4）

　　同時，在言談中往往夾帶了強烈的自我優越感。雖然生活在大陸環境，但卻清楚的與環境做區隔，認為自己是個有別於大陸人的台灣人。

　　〔若被認成大陸人時〕我會馬上說不是，我是台灣人，覺得被說成大陸人好像低一級，因為大陸人很沒水準。（960725A-12）

　　問：你比較喜歡簡體字還是繁體字？為什麼？答：繁體字。因為我是台灣人啊！……不要用簡體字，我覺得跟他用一樣的字很爛。（陳鏗任、吳建華，2006：185）

　　由此可知，東莞台校的學生即使生活在大陸的環境中，他們仍舊營造出一個屬於自己的生活模式，而這樣的模式也減少了他們與大環境深入接觸的機會，生活圈中仍以來自台灣的同伴為主要的成員。因此，社會這一大環境對於東莞台生的影響可說微乎其微。學生本身心態的排斥與自我優越感驅使，再加上缺乏與大陸環境交流的經驗、生活又自成社群的狀態下，使我們清楚否定環境影響東莞台生身分認同的可能。

（三）學校內正式課堂之政治社會化功能薄弱

　　在大陸成立台商子弟學校一向是被認為不可能的任務，尤其在大陸這個一向將教育視為思想傳輸的利器之所，更是嚴防「台灣經驗」進入大陸校園，因此東莞台校的成功設立，可說是兩岸政府共同釋放善意的產物，為了解決台

商在事業發展的同時，同時能兼顧家庭及子女，特別是子女的教育和家庭的團聚，才得以化解僵局，圓了學校夢，也圓了台商的天倫夢。因此，東莞台校在設立之初便並非以意識型態傳遞的功用為前提，而是單純以支持台商的角度為出發，尤其在兩岸關係仍舊緊張的狀態下，辦學中立，避免意識型態的灌輸，更是成為了延續東莞台校繼續存在的一大方針。而這些特質，我們可從以下幾點略窺一二。

1.學校之設備與活動會避免兩岸敏感議題

為了維持學校客觀的辦學立場，在校園中並不會見到懸掛國旗的畫面，以校旗取代了國旗的懸掛，國歌亦由校歌來替代。[9]當問及學校的環境佈置是否會懸掛五星旗之時，受訪者即表示：

幹嘛掛五星旗？就連台灣的〔國旗〕也不掛？學校裡頭不論老師、學生，大家都比較少談論這樣的〔意識型態／國家認同〕話題，就連環境布置也很中立。（960725A-1）

學校的活動是最好的潛在課程，許多價值的建立，往往藉由活動可達推波助瀾之效，但在維持價值中立的狀態下，東莞台校所舉辦的活動，甚少觸及意識型態的傳遞，往往只是單純的以對學生有益為考量的出發點。當問及學校舉辦的活動是否會與家鄉——台灣有所相關之時，受訪者做了以下的表述：

沒有，學校不會出有關台灣的題目當作比賽的題目。很少有關於〔台灣〕的東西當作競賽的題目。（960725A-7）

應該說在我們學校很少有活動刻意去區分說是台灣的或是中國的。好像比較

9　東莞台校校歌的歌詞：「南海椰風伴隨絃歌飄揚，化育東莞台商子弟學堂，同學們讓我們齊追求；勤力行求真知；樂群善美體格健壯！好兒郎當自強；課業爭光品德端詳，要期許萬古聖賢，應立志環宇傑強，共創我大中華，新世紀榮光。」從歌詞中不難發現其不分兩岸，多元看待之寓意。

沒有從這樣的思維出發，我們辦活動會比較從學生的角度出發，對學生有意義的，〔我們便會舉辦〕，像我們現在每年三、四月會辦成年禮活動。（960725B-1）

由此可知，東莞台校對於任何可能觸及台灣的教學活動也是盡可能的予以迴避，在兩岸關係如此微妙敏感之際，竭盡所能將教學盡可能單純化，而避免任何泛政治化的可能。

2.課程教學教材控制

東莞台校教材之來源屬台灣自選版本，並沿用台灣全日制教材，讓學生可與台灣的學制接軌，並配合台灣基本學力測驗的制度同步學習，隨時注意學生與台灣地區學生的相當權益，但對於涉及傷害兩岸人民情感的議題及意識型態的內容，一直為大陸政府所正視與注重，因此已與大陸政府先有協定，必須避免有關政治的議題，杜絕製造對立的紛爭。故開學初，必先將教科書內容審議後部分刪除，並送交廣東省教育單位通過，始能發下教科書。故學生使用的教科書，已是單純為與教育銜接的內容。當問及學生是否對於教科書刪除部分感到好奇之時，受訪的學生做了以下表示：

對，會剪掉或者劃掉有關於一些民國或中華民國之類的字。但是我們對於被劃掉的部分也不會有什麼好奇的感覺，〔已經習慣了〕。（960725A-1）

除了剪貼之外，也會用黑筆畫掉。像民國就會改成西元，比較敏感的詞就會塗掉，但我們也不會去管塗掉的是什麼。（960725A-2）

當問及教科書的檢查流程時，台校的老師做了以下的論述：

檢查一定會檢查，沒有檢查完，我們書是不能發的，就是我們修改完之後，會請廣東省教育廳的人來看，然後他就會抽查，看你有沒有依照他的修改意見。由學校老師自行修改，大概要有三天的工程，工程很浩大。（960725B-1）

意識型態與教育一直是許多專家學者研究的議題，而教科書的設計與內容也一直被認為是意識型態傳遞的最佳工具。因此，東莞台校在這一部分也配合大陸政府的要求做了教科書再次的審核工作，希望盡可能做到立場中立，讓台校的設立是兩岸教育上的雙贏，而不是另一個對立的開始。不過，曾任教於該校之教師林平認為，刻意刪除教科書內容反而引起學生注意到兩岸政治差異的結果。中共官方的刻意避免，不僅無法消弭差異，反容易招致疑惑與當初立意之反面效果，刺激了學生之認同歸屬（林平，2009）。

3.師資與教學中立化

東莞台校的師資組成多元，包含台籍教師、大陸籍教師及外籍教師，彼此之間的生活習慣、價值觀及思維模式等均有很大的差距，要發揮集體的力量共同辦理一所學校，必須整合共識發揮集體的力量，而這股力量的基本來源即是彼此的相互尊重及包容。不管是學校對教師的要求抑或是教師自我本身在教學上，都盡可能不談論意識型態的問題，教學的主軸以課程或升學相關的資訊為主軸。當問及台校老師之間會不會談論一些國族認同的問題，台校受訪的老師表示：

其實我們學校在我們剛考進來時，都會跟我們說有兩個部分不要去談，第一個是薪資的部分，另一個就是政治立場的部分不要談。就是跟一些陸籍老師或員工時，我們是比較不去談這些的，會有一些特殊性吧！像我們的朝會是沒有國歌的。（960725B-2）

當詢問台校教師對於學生升學問題將如何與之溝通時，台校教師回答：

其實大概就是跟他們說可以在這邊升學或是回台灣，或是去國外升學。主要負責的是輔導老師或是教學組長，大學的部分會有各學群〔老師〕介紹。我們講的概念是領域的部分，而不是去強調〔大陸或台灣〕。（960725B-1）

當問及學生台籍教師是否特別凸出台灣人的驕傲之時，受訪台校生即表示：

> 沒有，大家都小心翼翼，不要碰觸此類議題也不會特別凸出台灣民主政治的發展。由於課本編得很糟，老師有時會利用參考教材或自編教材，加強我們的知識，不過這是為了升學的競爭，與兩岸意識型態無關。（960725A-13）

> 沒有，沒有這麼白目的老師。台灣老師也不會去講這些〔國族意識〕的話，在我們學校就是很有默契的不談這些事。（960725A-9）

東莞台校因其環境、師資等諸多特殊的因素組成，有些議題在學校避而不談已是一種共有的默契，而這些議題當中又以國族意識議題為甚，這種默契不止代表著內部成員的相互尊重，更是降低彼此對立，使教育單純化。

（四）小結

綜合上述可知，東莞台校由於所在環境的特殊性，教育的功能並不如過去許多相關的研究，扮演著意識型態傳遞的工具。學校非權威的機構，教師亦非擔任霸權文化下的知識傳遞者，教育的控制與再製的功能並不凸顯。身處環境的微妙性，使東莞台校在意識型態的灌輸與傳遞部分，更是需要特別避免與注意。不論是從校園設備、學校活動、課程教材、師資教學、同儕溝通各個面向來檢視教育在東莞台校所扮演的定位，皆可發現，這是一個有別於過去眾人對教育認知的一個新場域。

另外，藉由家庭、環境與教育的各個面向來檢視其對學生身分認同的影響，不難發現，在東莞台校這個特殊的場域中，對學生身分認同之影響因素並不如過去大家的認知。家庭在極少接觸互動的狀況下，其代間傳遞的功能相當薄弱。而大環境的影響，也因教育小環境的隔離與學生心態上的排斥，存在著極大的距離。在教育的部分，其扮演意識型態傳遞的角色也不明顯。

肆、學校作為「社群」對東莞台生身分認同之影響

當代教育社會學以「結構—功能論」所建立的典範，自1970年代以後受到詮釋學、現象學、知識社會學及符號互動論的影響，已漸發展為一新的研究領域，此即所謂的「新教育社會學」（New Sociology of Education，陳伯璋，2001：167）。

在這個新的發展中，有的從學校制度與組織層面，批判學校是維繫現存社會體制與文化系統「合理化」的工具，學校活動中充滿著權威、約束、強制等外在規範性的要求，其組織和結構正是社會文化權力結構的反應。也有些學者則分析傳統學校的課程，經由學校權力的控制使知識的選擇、分配、分類、傳遞和評鑑充滿階級、性別、年齡等種種的意識型態。而也有些學者從教學的歷程中來檢討學習活動中，教師如何在學校的「儀式化」規範中，將現存社會規範和價值內化給學生，而使學生成為意識型態的負載者，同時也根據社會分工的需要，如何將不同種類和層次的知識，分配給學生，並完成「社會和文化的再生」（social & cultural reproduction，陳伯璋，2001：167-168）。

綜合這些研究的發展，其中有關課程與教學的微觀研究最具特色，尤其是圍繞在意識型態的探討，更是重點所在（陳伯璋，1988）。但東莞台校的特殊性，也造就了它在意識型態傳遞途徑的特殊性，過去學者研究的課程與教學，卻是東莞台校最需閃避之處。那究竟東莞台生的身分認同究竟從何而來，在摒除教育直接的因素和家庭、環境因素後，到底是怎樣的力量在這個小環境中產生決定性的影響呢？

（一）教育作為「社群」對認同的影響

在前述的章節中，我們可以瞭解到東莞台校是一個相當特殊的教育場域，不論是其人員組成、所在位置或是其課程型態的展現。而這些特殊的造成，最主要的因素便是它是一所在大陸卻使用台灣教材、師資，與台灣教育同步的教育環境。雖然在教育本身的課程或是傳遞上，我們無法從這當中尋找到有關身

分認同的意識型態傳遞。不過在訪談的過程中，我們不難發現，**東莞台校這個教育場域由於有著一群相同背景的人所組成，而這群人因有著相同的文化意識與溝通模式，雖然身處在敏感的大陸環境，卻因為這些種種的共同點，使他們聚集成一個有別於大陸人的新社群，而這樣的社群產生，也間接的延續了社群中成員的身分認同。**

　　學校做為「社群」的具體表現與效果論述如下：

1.隔絕當地、橋樑台灣

　　東莞台校是一所為了延續台商子弟教育的一個新場域，不論是在教育環境的布置與設備上，或是為了配合台商工作上的需求而採行的住校模式，[10]都使學生雖生活在異地，但卻處在台灣化的情境之中。

(1) 營造與台灣相近無幾的校園氛圍

　　東莞台校對於對兩岸比較敏感的議題，保持儘量不去觸碰的態度。但因為所服務的對象幾乎都來自台灣的狀況下，校園內依舊可以發現一些與台灣相關的訊息。不論是圖書館內的報紙、餐廳的電視、電腦教室的網路資源抑或是布告欄上的公告資訊，甚至連學校餐廳的飲食有時都會有著濃濃的家鄉味。這些設備可以讓師生在最便利的方式中取得台灣的資訊，即使身在外地的學校，也與台灣的校園一般，有著相同的親切感。當問及平時在學校如何接收有關台灣的訊息之時，受訪者的回答如下：

　　校園的每個角落啊！在操場上就會聽到同學在聊有關台灣的事情，教室裡面的教科書也是台灣來的，有時候我也會去圖書館看看台灣的報紙，吃飯的時候，餐廳的飯菜有時候也會有台灣味。另外校園裡花圃種的花也跟台灣的校園很像，大陸的學校〔比較〕沒有在種花。（950725A-5）

　　學生表示會從新聞與網站關心台灣發生的事情，是因為他們認同台灣是生

---

[10] 由於台商工作繁忙且分佈各地，故東莞台校為一住宿形式的教育環境。

我長我育我的母土。

　　研究者：你都如何瞭解台灣發生什麼事情？答：看電視新聞、上網，還有每
個禮拜都打電話回去。（研究者：你覺得讓你關心的原因是什麼？）
　　答：因為出生在那邊啊！（陳鏗任、吳建華，2006：181）

　　東莞台校雖然盡可能避免意識型態等敏感議題進入校園，但隨著網
路、衛星資訊的便利，即使遠在大陸，仍可輕易取得有關台灣的訊息。

(2) 節制社會互動

　　東莞台校的學生除了參加部分東莞地區的比賽外，與東莞地區幾乎沒有
互動，一方面由於他們對大陸地區的負面印象，本身與大陸人幾乎沒有任何的
交集，另一方面又由於他們大多數的時間待在學校，除了平時的上課時間，還
包括晚上的晚自習活動，學生作息時間相當規律。東莞台校似乎給了這群台灣
學子一個學習的溫室，學校內的環境自然而然形成了一個有別於大陸環境的台
灣社群。當被問及平時出去玩，是否會跟大陸人接觸或交朋友之時，受訪者表
示：

　　幾乎沒有，我們都是跟台校的學生一起出去，全部的人都是台灣人，也不太
跟大陸人打交道。（960725A-8）
　　我覺得跟大陸的人不能相處。很多文化都有差別，譬如說衛生習慣、人的素
質等，每一點我都不喜歡，所以平常跟大陸人幾乎是沒有接觸的。（960725A-5）

　　由此可見，學校與大環境的隔離與缺乏交流的狀況下，給了東莞台生一個
維持原有認同的屏障。

(3) 寒暑安排返台參與課外生活

　　每當寒暑假來臨時，回到台灣是許多東莞台生的不二選擇，除此之外，學
校亦會在放假時安排學生回到台灣參加夏令營（探索台灣之美、回台的補救教

學）的活動。[11]因此，在學校的安排下，也間接提供了學生接觸台灣事物的機會。一位參加過返台夏令營的受訪者陳述了過去的經驗：

喔！對，我們去嘉南技術學院，到那裡學校有請一些台灣當地的老師幫我們補一些歷史的課，就是關於社會科方面的。（960725A-3）

夏令營好像有兩種，一種像探索台灣之美，那個是自由報名參加，另外一種好像就是，就是，那個名稱叫什麼忘記了，就是比較像是有一些課程要回去上，類似補救教學。（960725B-1）

在學校提供學生返台的資訊下，學生至少每隔一段時間都有機會回到台灣，在舊有的記憶與新的刺激影響下，學生自然而然對台灣的記憶又有了新的火花，而新舊記憶的編織，使學生對台灣的認同產生增強的效果。

2.同儕生活先於社會、影響選擇

在學習階段的孩子，同儕的影響力往往是深遠且深入的，尤其像東莞台校這種住宿型的學校，孩子與同學的相處時間遠超過家庭。因此，彼此之間價值觀的相互影響在所難免，而這種觀念的強化，也使得有相同背景的台灣學子，有了共同的話題，這些有關台灣的話題，也間接使得他們對於自己的身分認同從未擺盪。

(1) 關心議題相近

衛星電視是生活在大陸的台灣人，覺得與台灣最接近的接觸。無論外面的世界如何改變，打開電視，看見熟悉的畫面，變成了是他們最放鬆的時刻。對於身在東莞的台生而言，回到家中，電視依舊成為他們的好夥伴，由於語言的差異，台生幾乎不收看當地的節目。台灣的節目是他們大多的選擇，且選擇的

---

[11] 海峽交流基金會副董事長兼秘書長游盈隆指出，台灣與中國在政治、經濟、文化方面存在許多差異，離鄉背景的台商子女需要政府提供更多照顧，透過海基會在暑期舉辦的「探索台灣之美」研習營，可以讓台商子女更進一步深入瞭解家鄉、認同台灣。〈游盈隆：海基會研習營增台商子女對家鄉認同〉，《中央社》2007/7/29，http://tw.epochtimes.com/bt/7/7/29/n1786534.htm。

內容深受同儕的影響，因為會是他們回到住校生活中的共同話題。

> 同學都是台灣人啊！跟同學談天的話題比較接近，都看台灣的電視，比較有共同的話題。（960725A-2）
> 不會去看他們的電視，因為聽不懂……（研究者問：聽久了不就懂了嗎？）答：聽不懂還看什麼！（陳鏗任、吳建華，2006：183）

至於平時與同儕之間的話題是否會涉及台灣的事物，受訪者的回答如下：

> 會啊！我們會聊一聊假期的安排，〔放假回到台灣後〕，可以安排去哪玩，會事先做規劃。（960725A-5）
> 會，大概都是聊台灣哪些方面比大陸好！（960725A-10）

(2) 區隔意識

當問及陸校與台校感覺的差異，一位曾在陸校就讀再轉學至台校的受訪者做了以下陳述：

> 應該是台校比較好，都是台灣人啊！跟同學談天的話題比較接近，看台灣的電視，大家比較有話聊。（960725A-2）
> 偶而會聊到一些台灣吃的東西，或是台灣哪裡好玩之類的。生活在這裡久了，只能說是比較習慣了，但覺得自己是大陸人是不可能的啦！至少我們班不可能，我們班有這個共識。有時候我們在一起聊天，都會說一些很討厭大陸人之類的話，所以不可能覺得自己是大陸人。（960725A-12）

由上述可知，雖然東莞台校的學生身處大陸，不過大部分的人都有著台灣生活的經驗，而這些經驗成了他們之間共同的話題與回憶。在談論過程中，間接的增強了他們對原生環境的思念與認同。

3.師生間之共有連繫加強其與外界的差異意識

雖然東莞台校的課本必須以去意識型態為主要訴求，但仍舊維持繁體字的台式課本、台籍教師。在共同的文字與語言背景下，使東莞台校的學生在學習的過程中，與台籍老師的互動較為緊密與親切。課堂上，教師過去與學生相似的經驗背景，也成了上課舉例的好素材。而在這樣的學習環境下，「台灣」不是他們的過去式，仍舊維持著現在進行式。

(1) 共有經驗觸發共鳴

台籍教師由於背景與學生相似，都來自台灣，在上課之時不論是舉例或是與學生的互動都比陸籍教師來的吸引學生，許多受訪者便做了以下的陳述：

老師平常會跟我們談論到一些台灣的事情，尤其是社會課，一說到從前，老師就會拿自己以前身邊的事物當例子。（960725A-10）

我比較喜歡讓台灣老師上課，因為他們講的都是台灣的東西啊！……關於台灣發生的問題，我就會比較想聽！（陳鏗任、吳建華，2006：187）

台籍教師亦表示在與學生互動上，若使用台語或以台灣的事物為舉例，孩子們的學習有時會特別興奮與好奇。

會啊！當然是會。像我有時候就會故意用台語跟他們上課，你就會看到他們那種很興奮的表情，然後希望你多講一點。（960725B-1）

會啊！我們上課也會講，小朋友之前在台灣讀過書，就會跟你有互動。沒有在台灣讀過書的也會充滿好奇。（960725B-2）

(2) 差異意識

當問學生對於台籍及陸籍教師的觀感之時，受訪者的回答如下：

我們主要的導師是台灣人，那生輔老師〔副導師〕就是陸籍老師，他是負責照顧我們生活的，有些陸籍老師也會教一些藝能科的科目。但我們比較不尊重陸籍

的老師，因為他們比較無理取鬧，你懂嗎？就是對於他們教的方式，我們不習慣他們的教法，就會吵，所以就會比較不尊重他們。台籍老師我們比較尊重他們，說真的，台籍老師對我們很照顧，假如有同學生病，感冒比較嚴重，我們老師還會煮魚湯給他喝，然後像我們受傷，他就會照顧我們。（960725A-1）

對於陸籍的老師跟台籍的老師感覺的差異，受訪台校生做了以下的陳述：

台灣老師講的比較聽得懂。陸籍老師雖然都教藝能科，但有些也是會教數學。可是比較起來台灣老師講的我們就比較聽得懂。一部分可能是因為溝通的模式不同，另一個原因是因為陸籍老師有口音。再加上我們班有些人本身〔心態上〕就會排斥大陸的老師。（960725A-3）

當問及如何分辨台籍與陸籍教師的差異之時，受訪者的回答如下：

就是從語言啊！我們都講台語嘛！然後就是待人的模式也會有差。（960725A-7）

生活在異地，相同的語言與背景是拉近彼此距離的最佳方法，東莞台校即是一個最佳的例證。即使身處異地，老師與學生因為有了這些同質性，教學上的互動與舉例也變得更加多元與豐富。無形當中，學生對於之前生活的環境始終抱持著一種記憶猶新的感受。

4.教學配合台灣教育，學生返台升學比率高
(1) 生涯規劃類似

目前，東莞台校的學生仍以回到台灣繼續升學為主。基於考試的考量，學校仍舊需針對考試範圍內的知識予以傳授，學生也需接收一些台灣資訊以應付考試。2008年3月，東莞台校針對校內家長進行問卷調查，在1,324份的問卷中，有735位家長將返台升學列為第一。另外，在高中生返台升學追蹤調查結果，近三年返台升學之比例近七成，2008年更高達七成八，超過當屆畢業人數

的3/4，可知，在學校發展日趨穩定的狀態下，學生返台就讀大學的比例已佔一定的比例（陳金粧，2008）。大部分學生的升學仍以回台升學為正宗，受訪者即如此表示：

同學大部分都是回台灣唸書，繼續升學，留在大陸的少之又少。（960725A-1）

幼稚園開始都是在台灣，到了國一下來到大陸。從國一下一直念到高三畢業，今年要回台灣念大學。（960725A-7）

未來唸書的方向希望能回台北就讀政大附中，比較不會考慮在大陸讀大學。（960725A-13）

(2) 配合台灣考試趨向

學生為了升學，彼此之間也會談論一些相關的考題，老師亦會為學生準備一些相關的升學書籍當作學生的補充教材。

喔！對！只要課本會考的都會聊，不會考的都不會聊。台籍老師回到台灣，就會帶一些有關台灣歷史、台灣地理之類的書，都是有關教學部分的書來當我們的補充教材。（960725A-3）

在以升學為考量的環境下，東莞台校仍須對學生進行一些關於時事的補充說明，也需提供學生完整而清晰的升學資訊。在這些因素的驅使下，學生接收台灣的訊息變成一種理所當然的需求，而在其他研究數據的顯示當中，目前台商學校學生回台繼續升學的狀況仍較為普遍。

綜合以上所述，從教育的內部或外部因素來看，在教育作為環境的狀態下，對於東莞台生的身分認同有著顯著的影響。不論是從校園設備的配置、同儕生活的形塑，抑或是教材教學的控制、節制社會互動、決定課外生活及安排發展規劃等諸多面向來檢視，我們都不難發現，教育小環境的影響，成功的延續了東莞台生的身分認同。在認同的變與不變當中，東莞台校仍舊發揮了隔離

外在影響認同的可能因素。

（二）教育的雙重功能：灌輸與社群

「什麼知識最有價值？」是教育不得不面對的基本問題，因為有關知識的傳遞、分配、分類與選擇，都圍繞著此一中心而展開。

然而在教育的活動中，由於意識型態的涉入，而學校也成了意識型態的製造工廠。若以政治權利的運作與分配來看，學校是政治社會化重要的單位。當今學校知識的形成、分配、傳遞和評鑑，都與社會的、政治的、經濟的和文化的因素有關，它不可能是獨立自主或中立的，因此如果要使社會充滿創造的活力，以及符合社會正義的理想，而避免社會的暴力與不幸，認真的檢討意識型態的問題，應有積極的意義。因此教育研究應該逐漸走出政治的神話與禁忌，多關心教育與意識型態的問題，不僅有利於學術領域的開拓，對教育功能的發揮以及意義的展開也將獲得更進一步的肯定（陳伯璋，1999）。

學校教育是知識生產與傳遞的重要場所，是社會化與社會創新的媒介，也是選擇與分配以及社會控制的最佳場域，而因為這些特質，教育的工具化便成為許多學者不停研究、省思之處。

在這樣的研究使命下，許多有關教育的研究多在意識型態的傳遞。但教育的本身除了意識型態的灌輸外，社群的建構亦是其另一個重大的功能。目前相關研究都只著重在灌輸，本研究利用東莞台校這個特殊個案，說明在如此微妙敏感的情況下，灌輸的作用無法充份發揮時，社群建構的功能仍然強大，而在這環境下創造的社群，也間接造成了東莞台生與大陸環境的社會隔離，不只維繫也延續了台生的身分認同。

伍、結論與建議

東莞台校的設立，的確為許多台商家庭解決了長久分隔兩岸的問題，這所首開先例的學校，也讓台商子弟學校在大陸設立有了良好的依據。在兩岸局

勢仍舊緊張的狀況下，東莞台校是兩岸政府對教育交流所釋出最具體的善意表現，因為全世界幾乎找不到類似的案例，能在政治較為敏感對立的國家中設立學校，此舉可謂近年來在兩岸關係上一項重大的突破，但同時也說明了台商在子女教育上所面臨的複雜度與不確定性。

　　隨著台商的努力、學校穩定成長及兩岸教育當局的支持，已逐漸呈現豐碩成果。誠然，兩岸分隔多年，政治制度想要異中求同似乎無法一蹴可幾，只要兩岸依舊對立，競爭就難以避免，而教育作為未來國力的延伸，台商學校就成為台灣教育經驗在中國土地上的櫥窗，也是前進中國的灘頭堡。雖然在許多教育的面向中，為使台商學校能持續經營，避免意識型態的衝突與灌輸在所難免。但在教育避免意識型態灌輸的狀況下，東莞台校的教育環境成功建構了一個屬於台灣人的社群，而這個社群的建構，也繼續了台灣認同的延續。

　　在東莞台校的經驗中，我們不難發現教育的雙重功能，除了大家一直所熟悉的意識型態灌輸外，社群建構更是其另一個重大的功能。尤其在前一功能無法充份發揮之時，我們或許可以選擇另一種方式，在對岸建構一個有別於大陸的台灣教育環境，繼續延續著台灣的文化，承繼著屬於台灣人的身分認同。

附錄一　東莞台商子弟學校學生人數統計表

班級	2007/10/15 在籍人數	本月異動人數		現有在籍人數	本學期累計 轉入人數
		轉入人數	轉出人數		
幼稚園人數合計	58	2	0	60	
國小人數合計	760	2	1	761	188
國中人數合計	557	1	2	556	128
高中人數合計	348	1	1	348	57
全校男、女生總人數	1,723	6	4	1,725	373

資料來源：東莞台商子弟學校2007年11月15日統計。

附錄二　受訪台校師生之背景資料

學　生						
代碼	年齡	性別	當地居住時間	陸校	台校	東莞台校
960725A-1	18	男	6年	0年	6年	6年
960725A-2	20	男	13年	10年	0年	2年
960725A-3	16	男	7年	0年	2年	7年
960725A-4	13	女	7年	0年	0年	7年
960725A-5	13	男	7年	0年	2年	7年
960725A-6	16	男	6年	3.5年	2年	2.5年
960725A-7	18	男	5.5年	0年	6.5年	5.5年
960725A-8	18	男	5年	0年	7年	5年
960725A-9	18	女	6年	0年	6年	6年
960725A-10	12	男	8年	0年	2年	6年
960725A-11	14	男	3.5年	0年	2.5年	3.5年
960725A-12	14	男	3年	0年	5年	3年
960725A-13	15	女	7年	0年	3年	7年
教　師						
代碼	年齡	性別	當地居住時間	東莞台校		
960725B-1	31	男	2年4個月	2年4個月		
960725B-2	30	男	3年	3年		

參考書目

中文文獻

《中國台灣網》，2008，〈臺胞子女就讀大陸更方便〉，http://www.chinataiwan. org/tsfwzx/hs/znjy/200803/t20080304_598384.html。

《中央社》，2007，〈游盈隆：海基會研習營增台商子女對家鄉認同〉，http:// tw.epochtimes.com/bt/7/7/29/n1786534.htm。

王甫昌，2002，〈族群接觸機會？還是族群競爭？本省閩南人族群意識內涵與地區差異模式之解釋〉，《台灣社會學》，4：11-74。

王甫昌，2003，《當代台灣社會的族群想像》，台北：群學。

王坤生，2003，〈建構非營利學習組織：東莞台商子弟學校之個案研究〉，台北：世新大學行政管理學系碩士學位論文。

石之瑜、姚源明，2004，〈社會科學認同的幾個途徑〉，《東亞研究》，35 (1)：1-36。

伊慶春、章英華，2008，〈對娶外籍與大陸媳婦的態度：社會接觸的重要性〉，《台灣社會學》，12：191-232。

牟淑芬，2001，〈大陸台商子女就學模式之研究：以中小學為例〉，台北：淡江大學大陸研究所碩士論文。

吳乃德，1996，〈自由主義和族群認同：搜尋台灣民族主義的意識形態基礎〉，《台灣政治學刊》，1：5-39。

吳叡人譯，1999，《想像的共同體：民族主義的起源和散布》，台北：時報。譯自 Benedict Anderson. *Imagined Communities: Reflections on the Origin and Spread of Nationalism*. London; New York: Verso. 1991.

呂亞力，1997，《政治學》，台北：三民書局。

李美枝，2003，〈台灣地區族群與國族認同的顯性與隱性意識〉，《本土心理學研究》，20：39-71。

李金梅譯，2000，《國族主義》，台北：聯經。譯自 Ernest Gellner. *Nationalism*. Washington Square, N.Y.: New York University Press. 1997.

汪宏倫，2001，〈制度脈絡、外部因素與台灣之「national question」的特殊性：一

個理論與經驗的反省〉，《台灣社會學》，1：203-208。

李維譯，1998，《記憶：一個實驗的與社會的心理學研究》，台北：桂冠圖書。譯自Frederic C. Bartlett. *Remembering: A Study in Experimental and Social Psychology*. London: Cambridge University Press. 1932.

林平，2009，〈中國大陸台商學校學生的身分認同〉，《新社會政策雙週刊》，http://www.taiwansig.tw/index.php?option=com_content&task=view&id=1181&Itemid=117&userid=92&content_type=article。

林志慎，2002，〈外來動力的「制度創新」：「東莞台商協會」成立「台商學校」之研究〉，台北：政治大學東亞研究所碩士論文。

林文琪譯，2006，《認同與差異》，台北：韋伯文化。譯自Kathryn Woodward. *Identity and Difference. London*; Thousand Oaks, Calif.: Sage in association with the Open University. 1997.

林淑貞、粘美惠、張筱婷，2007，《95年度訪視大陸地區台商學校出國報告》。

祝政邦，1999，〈大陸台商子女教育問題之研究──以上海市與廈門市為例〉，台北：淡江大學大陸研究所碩士論文。

耿曙，2005，〈經貿交流的政治影響：中共的對台新政與台灣的兩岸研究〉，《中國大陸研究教學通訊》，71：1-6。

袁頌西，2004，〈政治社會化理論與實證〉，台北：三民書局。

馬岳琳，2007，〈上班族的中國愁〉，天下雜誌，4月25日，頁113。

高承恕等，1994，《台商子女在大陸教育現況與需求調查──兼論我政府因應措施之建議》，台北：海峽交流基金會。

張瑩瑞、佐斌，2006，〈社會認同理論及其發展〉，《心理科學進展》，14 (3)：475-480。

莊耀嘉，2003，〈族群與偏見在兩岸關係中的角色：社會認同理論的檢驗〉，《本土心理學研究》，20：73-104。

陳伯璋，1988，《意識型態與教育》，台北：師大書苑。

陳伯璋，2001，《新世紀教育發展的回顧與前瞻》，高雄：麗文文化。

陳妍君，2007，〈游盈隆：海基會研習營增台商子女對家鄉認同〉，《中央社》，http://tw.epochtimes.com/bt/7/7/29/n1786534.htm。

陳金粧，2004，〈學習型學校願景之建構與實踐：以東莞台商子弟學校為例〉，國立新竹師範學院進修暨推廣部教師在職進修國民教育研究所學校行政碩士班碩

士論文。

陳金粧，2008，〈東莞台商子弟學校高中返台升學現況與問題之研究〉，《國家政策研究基金會》，http://www.npf.org.tw/post/3/4924。

陳朝政，2005，〈台商在兩岸的認同與流動：經驗研究與政策分析〉，台北：東吳大學政治學系博士論文。

陳鏗任、吳建華，2006，〈是故鄉，還是異鄉？從東莞台校學生的學習經驗看台商子女的身分認同意象〉，《師大學報教育類》，51（2）：173-194。

劉勝驥，1999，《台商子女在大陸就學現況之調查》，台北：行政院大陸委員會。

蔡璧煌，1994，《學校與學生政治社會化》，台北：師大書苑。

蔡璧煌，2008，《教育政治學》，台北：五南。

龔維斌、良警宇譯，2002，《全球化時代的民族與民族主義》，北京：中央編譯。譯自Anthony D Smith. *Nations and Nationalism in a Global Era*. Oxford, [England]; Cambridge, Mass.: Polity Press. 1995.

英文文獻

Abrams, D. & M. A. Hogg. 1990. "Social Identification, Self- Categorisation, and Social Influence." *European Review of Social Psychology* 1: 195-228.

Allport, Gordon W. 1954. *The Nature of Prejudice, Reading*. MA: Addison-Wesley.

Almond, A. & G. Powell. 1978. *Comparative Politics: System Process and Policy*. Boston: Little, Brown.

Barth, Fredrik. 1969. "Introduction." In Fredrik Barth ed. *Ethnic Groups and Boundaries: The Social Organization of Culture Difference*: 9-38. Prospect Heights, IL: Waveland Press.

Dawson, R. E., K. Prewitt & K. S. Dawson. 1977. *Political Socialization* (2nd ed). Boston: Little.

Dawson, R. E. & K. Prewitt. 1969. *Political Socialization*. Boston: Little Brown Co..

Duckitt, John H. 1992. *The Social Psychology of Prejudice*. New York: Praeger.

Easton, D. & J. Dennis. 1969. *Children in the Political System: Oorigins of Politics Legitimacy*, NY: Mcgraw-Hill.

Easton, David & Jack Dennis. 1969. *Children in the Political System: Origins of Political Legitimacy*. New York: McGraw-Hill Inc..

Geertz, Clifford. 1973. "Integrative Revolution: Primordial Sentiments and Civil Politics in the New States." In Clifford Geertz ed. *The Interpretation of Cultures*. New York: Basic Books.

Greenstein, Fred I. 1965. *Children and Politics*. New Haven: Yale University Press.

Tajfel, Henri & John C. Turner. 2003. "The Social Identity Theory of Intergroup Behavior." In Michael A. Hogg ed. *Social Psychology: Vol. IV: Intergroup Behavior and Societal Context*. Thousand Oaks: Sage.

Hess, R.D. & J.V. Torney. 1967. *The Development of Political Attitudes in Children*. NY: Doubleday & Company.

Hogg, Michael A. & Dominic Abrams. 1988. *Social Identifications: A Social Psychology of Intergroup Relations and Group Processes*. London & New York: Routledge.

Hogg, Michael A. 2006. "Social Identity Theory." In Peter J. Burke ed., *Contemporary Social Psychological Theories*. Stanford, CA: Stanford University Press.

Hutchinson, John & Anthony D. Smith eds. 1994. *Nationalism*. Oxford & New York: Oxford University Press.

Hutchinson, John & Anthony D. Smith eds. 1996. *Ethnicity*. Oxford & New York: Oxford University Press.

Jennings, M. Kent & Richard G. Niemi. 1981. *Generation and Politics: A Panel Study of Youth Adults and Their Parents*. Frinceton, New Jersey: Frinceton University Fress.

Jennings, M. Kent, Kenneth P. Langton & Richard G. Niemi. 1974. "Effects of the High School Civics Curriculum." In M. Kent Jennings & Richard G. Niemi. *The Political Character of Adolescence. Frinceton*, New Jersey: Frinceton University Fress.

Langton, Kenneth P. 1969. *Political Socialization*. New York: Oxford University Press.

Machel, G. 2001. *The Impact of War on Children: A Review of Progress Since the 1996 Report on the Impact of Armed Conflict on Children*. London: Hurst and Company.

Niemi, R. G. & B. I. Sobieszek. 1977. "Political Socialization." *Annual Review of Sociology* 3: 209-233.

Pettigrew, Thomas F. 1998. "Intergroup Contact: Theory, Research and New Perspectives," *Annual Review of Psychology* 49: 65-85.

Sapiro, V. 2004. "Not Your Parents' Political Socialization, Introduction for a New Generation." *Annual Review of Political Science* 7: 1-23.

Tajfel, Henri. 1981. *Human Groups and Social Categories: Studies in Social Psychology.* Cambridge & New York: Cambridge University Press.

Tajfel, Henri & John C. Turner. 1986. "The Social Identity Theory of Intergroup Behavior." In Stephen Worchel & William G. Austin eds. *Psychology of Intergroup Relations*: 7-24. Chicago: Nelson Hall.

Turner, John C. & Howard Giles. 1981. *Intergroup Behaviour.* Oxford: Blackwell.

Turner, John C. & Katherine J. Reynolds. 2001. "The Social Identity Perspective in Intergroup Relations: Theories, Themes, and Controversies." In Rupert Brown & Samuel L. Gaertner eds.. *Blackwell Handbook of Social Psychology: Intergroup Processes.* Oxford: Blackwell.

Wright, Stephen C. & Donald M. Taylor. 2003. "The Social Psychology of Cultural Diversity: Social Stereotyping, Prejudice, and Discrimination." In Michael A. Hogg & Joel Copper eds. The Sage Handbook of Social Psychology. Thousand Oaks, CA: Sage.

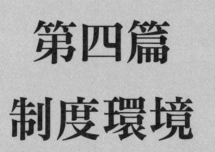

第四篇
制度環境

林瑞華、耿曙

壹、前言

近年無論中外，在政治、社會學門中，均可見一波有關公民社會的研究熱潮，咸認公民社會的發展，將深刻制約政社體制內涵與轉型途徑（例如顧忠華，1998；顧忠華，1999；蕭新煌編，2000；鄧正來，2001；俞可平等，2002；陳定銘，2004；俞可平等，2006；鄧正來與Alexander編，2006；Hudock, 2003; Salamon et al., 2007）。影響所及，當代中國研究領域，也紛紛聚焦於「公民社會」，探討其能否在現有政社體制中萌芽發展。其中尤其被稱為「公民社會組織」，也就是「自發協會」（voluntary associations）[1]能否滋生茁壯，由於其最足以代表公民社會發展的指標，得到學界最多的關注（王穎等，1993；王名、劉國瀚、何建宇，2001；俞可平編，2002；王建芹，2003；范麗珠編，2003；王紹光、何建宇，2004；冷明權、張智勇，2004；賈西津等，2004；賈西津，2005；康曉光、韓恆，2005；王名，2004；王信賢，2006；浦文昌，2007；賀立平，2007）。現有的代表性研究中，頗多聚焦於「自發協會」如何受其政社制度的制約（賈西津、沈恆超、胡文安，2004；郁建興、黃紅華、方立明，2004；郁建興，2006；俞可平，2006；王信賢，2006；White, 1993; Pearson, 1994; Nevitt, 1996; White, Howell & Shang, 1996; Unger, 1996; Saich, 2000; Foster, 2001; Foster, 2002）。

---

[1] 「自發協會」或譯「自願協會」或「自由協會」，強調其自由加入與退出，由民間自發組織，在中國大陸社會背景下，此類組織常稱為「民間組織」（王名、劉培峰等，2004），當然也有學者將其逕稱為「公民社會組織」，例如尚曉援（2007）。

　　此類自發協會受到制度環境的包圍，它的每一步發展，都必然受到制度環境直接或間接的影響。各種正式或非正式的規則，對作為公民社會主體的民間組織的各個方面，發揮著這樣或那樣的作用，最終塑造著公民社會的型態、特徵和在社會政治生活中的角色。（俞可平，2006：6）

　　換言之，制度環境為影響公民結社行為和民間組織活動的各種正式規則和非正式規則的統稱，這些規則的集合體是決定公民社會生存發展的重要外部條件。（何增科，2007：121）。制度環境與民間組織的關係，固然「難分難捨」，唯吾人一旦進一步追問兩者間的具體關聯究竟為何？此時往往深感現有研究的不足。因為目前可見的文獻，一則對「制度環境」的界定略嫌狹隘，[2]再則對「制度環境」的影響，往往語焉不詳、含混籠統。[3]面對現有研究的不足，解決之道或許在紮實的個案研究，若能就此日積月累、逐一分判釐清，將有助吾人對整體「制度環境」及其影響的掌握，此即引發、孕育本研究的理念。

　　有鑑於此，本研究的目的，在觀察中國大陸現今的制度環境下，台商協會是否得以發展成強而有力的組織。基於此目的，作者乃納入「社會資本」（social capital）、「政治資本」（political capital）及「專享福利」（selective incentives）[4]等組織功能的分析框架，嘗試探討台商協會所運作的制度環境，將如何影響其組織效能。從當前相關理論推論，使台協均具備強勢協會的條件，也被期待為中國大陸「公民社會」的中流砥柱（Schak, 2003），故對驗證「制度環境」與「協會效能」關係言，應該屬於一項具有「關鍵個案」（crucial case）意義的案例研究。[5]換言之，本研究將協會身處的「制度

---

[2]　例如最具代表性的中央編譯局團隊，在進行中國大陸「制度環境」的分析時，便過份著重正式制度，而相對忽略非正式制度，對此，可參考俞可平（2006：13-32）與何增科（2006：121-155）。此處的不足，見後文的討論。

[3]　前引著作中，類多如此。

[4]　「專享福利」乃selective incentives之翻譯，通譯「選擇性誘因」，然究其內涵，乃指組織所附帶提供，唯會員方得享有的利益，selective意指「有所鑑別的提供」，故不如譯為「專享福利」，參考Olson（1989: 139-170）。

[5]　換言之，根據所處環境與所具條件觀察，台商協會應屬「較可能」發展出強勢組織者，但若

環境」（institutional environment）視為自變項，聚焦於台商協會為台商成員所創造的效益，藉此分析作為依變項的協會「組織效能」（organizational effectiveness）。[6]

　　研究發現，處於今日中國大陸的制度環境下，上有強勢的國家機器，下為有力的社會網絡，協會規則又無法保證會員專享福利，台協吸引台商加入並且投入、付出的能力，因而深受局限。此項研究的經驗資料，來自兩位作者於2004到2007連續四年間，主要在對岸東莞與昆山台商社群的田野調查所得，雖然本質上仍為案例研究，但應有助吾人瞭解對岸協會組織所運作的制度環境。

　　對於上述研究發現的描繪與分析，將分為以下四節進行。下節主要申說公民社會與自發協會的價值與研究架構。第三節將分項說明，為何若就台協所處的制度環境進行推論後，台商協會被期待為「強勢協會」？但為何經過實際的田野調查後卻發現，台商協會其實遠遠不符上述理論預期。之後的第四節乃本研究的主體，作者將利用田野調查資料，就本章的研究架構，分析協會「制度環境」中的人際規範、國社關係、與運作規則三者，分別搭配社會資本、政治資本、專享福利三項理論框架，說明台商協會的「組織效能」如何受其「制度環境」所制約？至於作為結論的第五節，則將總括本章論點，並試圖以此個案研究為基礎，說明中國大陸公民社會的環境制約。

貳、文獻回顧與研究方法

（一）公民社會、自發協會與中國脈絡

　　近年涉及民主轉型一類文獻，多認為民主轉型的鞏固與民主政治的品質，

仍無法發展出強勢組織，其背後環境局限為何，當「更」值得深入探究。有關「關鍵個案」策略的運用與反省，可參看Eckstein（1975）與Gerring（2004）與Gerring（2007）兩篇論文。

[6]　此處所指各概念的精確界定，參看本章第二節。

有賴一個健康有力的公民社會（Salame ed., 1994; Diamond & Plattner eds., 1996; Linz & Stepan, 1996; Diamond ed., 1997; Schimitter, 1997; O'Connell & Gardner, 1999; Alagappa, 2004）。其中尤其關鍵的是被稱為「公民社會組織」的「自發協會」，學者多以其做為觀察公民社會發展的指標，是類組織能否大量滋生茁壯，得到學界最多的關注（何增科、歇繼紅、周紅雲編，2000；賈西津，2006；Baker, 2002; Howell & Pearce, 2001; Salamon, 2002; Hudock, 2003; Gutman ed., 2006; Salamon et al., 2007）。此乃因自發協會為「公民在國家之外實現自助和互助並努力解決各種社會問題的重要途徑，同時也是公民們在社會共同體中獲得歸屬感並增進社會信任的重要途徑，為公民提供了參與公共事務的機會和手段，提高了他們的參與能力和水平。」（何增科，2007：1）。正如Robert Putnam所言：經過義大利20多年的基層民主實踐，「〔證明〕托克維爾是對的，當存在強健的公民社會時，民主政治會得到加強，而不是削弱。」（Putnam, 2001: 214）。

總括學者有關民主政治為何有賴「自發協會」的研究，我們可以歸納出如下三個由淺入深的論點（Hodgkinson & Foley eds., 2003; 龐金友，2004a，2004b；龐金友，2006）。首先，學者們強調，公民社會最重要的特徵是它相對於國家的獨立性和自主權（何增科，2007：3），因為獨立於國家之外，一個強大的公民社會足以節制一個可能暴虐、掠奪的「國家」（何增科、歇繼紅、周紅雲編，2000：6-7；鄧正來，2001；王紹光、何建宇，2004；Hudock, 2003; Gutman ed., 2006）。此說法可溯源至洛克「社會先於國家而在」的論點，他認為國家權力來自於社會中個人將某些「自然權力」讓渡出去，使國家發揮「守夜」功能，換言之，社會具有獨立於國家而在的品格或身分，後者除守夜外，不可干預社會運作（鄧正來，2001）。當然就這個角度而言，公民社會只消獨立於國家之外，便足以發揮其功能。

其次，學者們認為，一個強大、多元的公民社會，因為沒有統一的信仰與一致的利益，將有助滋生多元主義（Hall ed., 1995; Edwards, Foley & Diani eds., 2001），而且不同團體的身分重疊與利益交錯，經過互動磨合之後，還

將有助孕育「容忍」（tolerance）與「文明」（civility）的態度（Walzer, 1985, 1997; Baker, 2002）。當然，此時的公民社會必須由相當數量且部分重疊交錯（overlapping membership）的團體所構成。

最後，學者們也同時主張，一個強大、多元而且由自發團體組成的公民社會，將有益培養社會信任、化解集體行動難題，徹底解決民主社會的參與與協調問題（Seligman, 1992; Seligman, 1997; Putnam, 2001a, 2001b; Putnam ed., 2002）。由於意涵豐富深遠，其所要求的標準也比較高，除卻前述獨立國家之外、多元交錯互動兩要件外，公民社會還必須由自發參與的社團組成，方能有效發揮促進信任、降低協調、監督成本的作用。綜合上述，為能符合學者所期待於公民社會的角色，此類「自發社團」必須具備一定程度的：1.自主性（相對於國家）；2.數量；以及3.（自發的）組織能力（參考Salamon et al., 2007: 13; Salamon & Anheier, 2000: 259; 叢日雲、龐金友，2002；梁治平，2003）。

基於上述對於「公民社會」的理解，吾人便不難切入利用此概念分析當代中國的相關文獻了。根據作者所見，此類文獻可以大別為兩類：正面觀點與負面觀點，兩者雖立足點有別，彼此有所辯論，雙方論據倒是相去不遠，原因是前者對於「公民社會」的內涵要求較少，所以比較偏正面，認為「公民社會」正在或起碼可以在當今的中國大陸發展茁壯，但後者則對「公民社會」的標準較高，所以比較偏負面，認為尚未見明確具體的徵像，顯示「公民社會」正在或一定可以在當今的中國大陸發展茁壯。

前者如Gordon White等人據其浙江蕭山調查，發現各種民間社團如雨後春筍般萌芽，因此論證「公民社會」正在大陸逐步發展（White, 1993, 1996; White, Howell & Shang, 1996; 尚曉援，2007: 41-63），並推論一則由於經濟改革、社會重組，醞釀出各種功能團體，再則由於法制確立、軌道明確，各種功能團體日漸組織化，因此朝向「公民社會組織」方向發展。與White等人呼應但稍保守的是王紹光，同樣凸出各類社團的蓬勃發展與相對民間的組織特性，並稱「中國改革開放後正在經歷著一場社團革命」，而且「中國的確是全球結社革命的一部分」（王紹光、何建宇，2004：71）。與前述不同的觀點，

則一方面強調上述社團未必真正獨立於國家之外（Michael Frolic稱其為「國家引導的公民社會」（state-led civil society），Frolic, 1997；類似觀點參考Nevitt, 1996; Foster, 2001, 2002; 郁建興、吳宇，2003；王信賢，2006；郁建興，2006；賀立平，2007），另方面即便上述發展透露了「民間」空間的拓展，但「公民社會」的內涵非僅國家之外，還須具備前述多元交錯、自發組織等特性，目前各種民間社團似仍有嚴重不足（鄧正來，2001；梁治平，2003）。

對於現有透過「自發協會」關照「公民社會」的相關研究，根據作者所見，其不足處主要為以下兩項。首先，如上述文獻檢閱顯示，現有論著的爭辯，焦點在上述協會是否「獨立」或「自發」？或者「獨立」或「自發」到哪個程度才算得上「公民社會」？結果極易流為對「定義」的爭辯，但由於雙方對「公民社會」定義不同，標準有別，因此只能自說自話，無法產生有意義的討論。其次，現有文獻極少嘗試提出解釋：為何此類社團組織難以「獨立於國家之外」且「具備有自發組織」能力？根據最具代表性的中央編譯局團隊，其認為今日中國的「制度環境」，乃「公民社會」無法迅速茁壯的根本關鍵（俞可平編，2006）。但俞可平等人在討論「制度環境」時，過份著重「正式制度」，而相對忽略「非正式制度」（俞可平，2006：13-32；何增科，2006：121-155），制度環境中社會文化的層面，因此遺漏在分析之外。

若盼解答為何目前新興的社團組織，難以「獨立於國家之外」且「具備有自發組織」能力？最好通過系統的個案研究，觀察「民間組織」如何植根於國社關係之中，而「制度環境」又如何制約「民間組織」的自組能力。但衡諸現有文獻，深入而系統的個案研究仍然屈指可數。

有鑑於此，作者乃以台商協會作為個案，探討生根、發展於中國大陸「制度環境」中的台商協會，能否充份發展其組織能力，成為一個獨立自主、自發強勢的協會組織，並藉此關照中國大陸「制度環境」與「公民社會」的相互關係。

（二）分析架構：制度環境與組織效能

本章旨在探討「制度環境」對台協「組織效能」的影響，而所關注的焦點，則在台協是否能有效滿足成員需求，提出足以吸引加入與投入的誘因（Moe, 1980: 22-72）。因此作者從理性抉擇的角度出發，分析重點在微觀層次的「成員誘因」（Moe, 1980: 13-21; Knoke, 1990: 27-45）[7]——亦即「成員或潛在成員利益或效用的滿足」——這將基本決定潛在會員是否加入協會？既有會員是否滿意於成員身分？是否投入協會活動？與是否接受協會動員？總而言之，決定該協會組織效能的強弱。[8]此類分析的出發點，即Mancur Olson所言：「組織若不能推進成員利益便不能生存；即使倖存，數目也相當有限」（Olson, 1989: 22）。換言之，「團體誘人之處，不純在其歸屬感，還包括成員身分帶來的實質好處（Leon Festinger的名言，轉引自Olson, 1989: 22）。」下文先就所涉及的依變項與自變項進行界定。

首先，就本研究依變項的「組織效能」而言，根據Frans van Waarden的看法，一般「協會組織」均須滿足兩類功能，即「入會需求」（logic of membership）以及「支配需求」（logic of influence, Waarden, 1992; 蘇國賢，2002）。[9]換言之，協會組織的成功，既在吸引更多的成員加入（即「入會考量」），也在有效的支配（動員或規範）成員行為（即「支配考量」）。既然如此，吾人可就Waarden架構出發，觀察台商協會的「組織效能」。

根據Waarden架構進一步推敲，則協會組織的「入會需求」面，既涉及潛

---

[7] 類似分析角度的論證，參見Becker (1976)、Coleman (1992)、Foss (1995)、Ostrom (1998)、Dunleavy (2004, 52-78)、Milgrom & Roberts (2004)及Douma & Schreuder (2006)。

[8] 相關文獻的整理與述評，可參考Finkel & Muller (1998)、Kollock (1998)、Lapp (1999)、Perrow (2000)、Jordan & Halpin (2003)及Heery (2004)等。

[9] 對此Moe有同樣看法，他將利益團體的組織量分成「加入」與「維持」兩層面來觀察（1980: 22-72）。對於「組織效能」的研究背景，可參看Knoke (1990: 124-133)、Scott (2002: 270-302 & 329-349)、Hall (2003: 265-289)、高三福（2003：281-307）。兩岸三地的經驗研究中，比較深入的是李漢林等（2006：39-102），但與本研究不同，李漢林等人的研究集中關注所謂「組織團結」或一般所謂組織「凝聚力」，本章所探討的「組織效能」，則涵義相對寬泛些。

在會員參與協會的比例（所謂「加入」），還必須涵蓋會員滿意的比例（所謂「滿意」），因為後者既關係現有成員是否持續參與，也涉及潛在成員能否聞訊加入。此外，就協會組織的「支配需求」面，既有賴成員投入時間、精力的程度（所謂「投入」），也涉及協會動員成員的能力（所謂「動員」）。綜合上述，作為本研究依變項的台協「組織效能」，其觀察衡量的標準有四，包括：1.〔潛在〕成員加入的比例、2.〔既有〕成員滿意的程度、3.〔既有〕成員投入的層次、以及4.〔既有〕成員被動員的層級。

　　進一步觀察，本章所聚焦的自變項，則係台協的「制度環境」。如吾人所知，制度環境指的是「一個組織所處的法律體制、文化期待、社會規範、觀念制度等等為人們視為理所當然的社會事實」（周雪光，2003：72，文字略有調整），所涉範疇極其廣泛，既包括由國家監護的「正式制度」（formal institutions），如各種法規之類，也涵蓋一般社會組織的「非正式制度」（informal institutions），如人際互動的規範之類，還涉及兩者互動所衍生的實際「執行規則」（enforcement/operation rules）等，彼此交互影響，形成一個制度整體（North, 1994: 7-15, 47-76）。[10]由於所涉過於廣泛，未能與社會資本、政治資本、專享福利等現有理論框架相配合，本研究特別聚焦於前述「制度環境」中的人際規範、國家角色及協會規則三項制度特徵。

　　作者所關注的制度特徵，首先在制度環境的「人際規範」。根據社會資本理論，協會成員間的行為規則，將決定其是否能有助動員彼此所握資源、降低相互交易成本，創造出「互惠」與「信任」等社會資本，終而回頭影響協會的組織效能。其次為制度環境中的「國家角色」。根據政治資本理論，協會成員與政府互動時相對的「談判地位」（bargaining power），將決定其能否藉

---

[10] 組織領域對於制度環境的關注，部分始於John W. Meyer與Brian Rowen兩人1977年發表的論文（Meyer & Rowen, 2007）。受其影響，今日學者往往區別「技術環境」（technical environment）與「制度環境」（institutional environment），前者指影響組織營運效率的物質環境，向為管理實務領域所關注，後者則指制約組織功能運作的政社環境，向為政治、社會學者所關切。對於制度環境的界定與討論，可參看張苙雲（1986：19-33）、張永宏編（2007）、Perrow (1988: 1-57)、Pfeffer & Salancik (2006)，以及前引Hall (2003: 225-262)、Scott (2002: 115-138) 等組織研究教材。

由「集體議價」（collective bargaining）及「個別尋租」（rent-seeking）等途徑，取得檯面上或檯面下的政治資本，終而回頭影響協會的組織效能。最後為制度環境的一般「協會規則」或前述之「執行規則」。根據Olson（1989）所謂的「專享福利」觀點，協會能否透過資訊散佈、感情交融、急難救助等方式，提供協會成員「額外的」誘因，終亦同樣影響協會的組織效能。

上述三組「制度特徵」與「協會效能」間的相互關係，可以簡單勾勒如圖6.1，此即本研究分析架構。

在研究方法方面，作者主要採取「質性方法」（qualitative methods），尤其是「菁英訪談」（elite interviewing），[11]輔以部分文獻、報導與統計資料。[12]具體而言，作者乃就大陸台商聚集最眾、研究對象最富的昆山與東莞兩地及周邊城市進行實地調查，方法主要為深度訪談與田野觀察，並視情形進行「半結構式訪談問卷」（semi-structured questionnaire）。至於訪談的對象，主要涵蓋三大群組，即一般台商、台協會員與幹部，以及台辦官員，共累積超過60位訪談對象。其中針對台協會員與會外台商，作者安排有不同的訪談提綱，藉以比較兩者動機與評價的異同，方便解讀台協制度環境與其組織效能間的關係，在

圖6.1　本研究分析架構圖

---

[11] 有關「精英訪談」部分，可以參考Dexter (1979)、Ethridge (1994)、Hertz & Imber (1995)、Leech et al. (2002) 以及Burnham et al. (2004)、Hobbs & Wright eds. (2006)、Marshall & Rossman (2006) 部分章節。

[12] 利用質性方法的組織研究，國內仍然相當罕見，但國外足供參考的典範研究不少，如首開風氣之Maanen & Faulkner (1982)、Maanen (1998)及Wagner (1998)。對相關研究方法的探討，可以參考Cassell & Symon (1998)、Lee (1999)、Cassell & Symon (2004)、蕭瑞麟（2006）。

案例選取方面，特別注意類型與管道的分散。[13]本研究自2004年暑假展開，首先在昆山及東莞進行為期3週的台協訪談，2005年暑假再赴昆山及周邊城市，展開2週餘的接續調查，之後的2006年，則於3月下旬與7月下旬展開各為期2週與4週的相關研究，重點為東莞及周邊城市，[14]2007年7月下旬與9月中旬又分別於東莞、昆山各進行兩週訪談。

參、台商協會：強勢或弱勢的自發協會？

根據一般觀察所得，台商協會既係彼岸匯集台人力量的代表性組織，理應具備相當的揮灑空間，扮演斡旋台商與台商間、政府與台商間的關鍵要角，成為組織效能極高的「強勢協會」（李道成、徐秀美，2001；柏蘭芝、潘毅，2003；童振源，2003；吳介民，2004；耿曙、林琮盛，2005；陳振偉、耿曙，2005；張家銘、江聖哲，2005），也成為中國大陸最具潛力的「公民社會組織」（Schak, 2003）。然而事實是否如媒體所報導、一般人所預期？下文將就理論預期與調查發現間的扞格，進行初步的對照。

一、台商協會：強勢協會的理論期待

對於中國大陸的台商協會，研究者往往會形成其「有辦法」、「極強大」的印象（李道成、徐秀美，2001：97-117；柏蘭芝、潘毅，2003：77-90；童振源，2003：331-420；Schak, 2003），因而對台商協會與所處環境的關係，產生一定程度的誤解。此類失真的印象，往往導因於對台協的「制度環境」只

---

[13] 作者對此特別留心，以免過份依賴於單一線索所引見之台商，並力求不使訪問對象集中於某些特定的部門、背景或地域。

[14] 作者2006年兩次廣東田野，雖以東莞為中心，也涵蓋臨近城市如深圳、中山、廣州、花都等。

見浮光掠影式的掌握、[15]對台協的「組織效能」缺乏縝密而系統的考察、[16]再就所想像的圖像，率爾進行理論聯繫，終而締造出台協是為「強組織」的迷思。本節將先對此類觀察進行簡單描繪，以便與之後深入調查所得兩相參照比對。

　　為能清楚刻劃台協的「組織效能」，作者將運用功能／需求角度為架構。原因在於台協不同於大陸本地的行會／商會須受制於「業必歸會」規定，台商是否加入台協？是否對台協付出？均屬台商自由、自願的範疇（Schak, 2003），[17]主要取決於台協所提供的福利與服務，能否有效滿足台商經營與生活所需？因此，作者將「台商需求」歸納為下列三大類，以備下文的分析：[18]首先為「社會資本」的需求／功能，包含資源動員與信任建構所可能帶來的效益。其次為「政治資本」的需求／功能，涉及集體議價與個別尋租所可能產生的效益。最後為「專享福利」的需求／功能，涵蓋急難救助、情感抒發與資訊分享等三類誘因。

（一）台協作為強組織：人際規範與社會資本

　　吾人首先可自「社會資本」角度認識台協的組織效能。所謂「社會資本」，乃「個人基於其網絡或協會等的成員身分，所相應擁有的社會資源」（Coleman, 1999; Lin, 2005; Lin, Ensel & Vaughn, 2002），又可區分為「資源動員」與「信任建構」兩方面。首先，協會成員的身分，可以發展出強勢／親密網絡（strong ties）（李道成、徐秀美，2001；張家銘、江聖哲，2005；

---

[15] 見本節對制度環境的粗略掌握，並參照之後第四節對制度環境的深入探討，加入對第三節的刻畫的大幅修正。

[16] 若仔細閱讀有關台協的刻畫與報導——如前引李道成、徐秀美（2001）、柏蘭芝、潘毅（2003）等的描繪，以及相關媒體報導——我們不難發現，相關的理解與評論，往往來自對協會幹部的訪談，彼等為凸出其「業績」，往往傾向誇大台協的組織效能與成就。結果，「幹部／會員對台協的評價與非會員有相當程度的差別」，參考Schak（2003）。如此缺乏系統的調查，其成果容易讓人質疑。

[17] 其他處於類似地位的外商協會情況，可參閱湯蘊懿、胡偉（2006）、湯蘊懿（2007），以及湯蘊懿、唐興霖（2007）。

[18] Schak（2003）的論文中，曾提出較完整但未經系統歸併的「需求—功能」列表，與本研究性質類似，模型建構但更為周延完整者，參考Knoke（1990）。

Schak, 2003）。在華人社會中，強勢／親密網絡往往具備動員彼此資源的能力（Bian, 2002）。[19]而台商協會的成員身分，適足以構成壟斷性互惠的基礎，在此客觀需求引導下，台協當不難吸引台商投入與付出，發展出強而有力的組織。

此外，台協成員的身分也涉及生意往來過程中的「交易成本」（transactions costs，參考Williamson, 1996; Goldberg, 1980; Baker, Gibbons & Murphy, 2002）。基於協會成員「自己人」的身分，交易雙方乃能以相互信任為前提（Granovetter, 2007; Fukuyama, 1998; Gambetta, 2003）、持續互動為基礎（Granovetter, 1985; Corts & Singh, 2004; Brousseau & Fares, 2000），大幅降低交易過程所產生的搜尋成本、度量成本、締約成本、履約成本等（劉世定，1999；Levin, 2003）。台商因此可以台協身分，發展出相互信任，形成交易基礎，有效增進雙方互動的效率（李道成、徐秀美，2001；吳介民，2004；張家銘、江聖哲，2005；Schak, 2003）。

綜合上述，台商協會的成員身分，適足為互惠、信任的依據，發展出相互支持、高效交易的成果，在此客觀需求的驅使下，台協因而不難吸引台商投入與付出，發展出強而有力的組織。

（二）台協作為強組織：國社關係與政治資本

其次可自「政治資本」觀點解讀台協的組織效能。所謂「政治資本」，主要指透過政府／官員所取得的資源或影響。[20]政治資本的取得途徑，可區分為兩類：其一是透過組織動員成員，藉由「集體行動」形式，取得所需的資源或影響。[21]其次則是透過交遊往來，藉由雙方間的「特殊關係」（particularistic

---

[19] 相較之下，西方社會中社會網絡的角色，似乎以互通訊息最為凸出，對此可參考Granovetter（2007）與邊燕杰對其的修正（2002）。

[20] 對「政治資本」的一般刻畫，參見Lopez (2002)。特別在中國／轉型研究背景下捕捉「政治資本」意涵者，可參考Walder (1995)、Ehrlich & Lui (1999)、Liu (2003)及Shu & Bian (2003)。

[21] 此即常見於西方的「多元主義」或「壓力團體」的決策模型，對此可以參考Salisbury (1965/1966)、Moe (1980)、Olson (1989)、Knoke (1990)、Petracca (1992)、Truman (1998)、Olson (2001)及Lopez (2002) 等。

ties）取得期待的資源或影響，亦即所謂「尋租活動」（rent-seeking, Rowley, Tollison & Tullock eds., 1988; Buchanan, Tullock & Tollison, 1980; Tullock, 1999; Tollison & Congleton, 1995; Harris, 2001; Colander, 2005；張軍，1995）。

　　若就「集體行動」層面觀察，對台商而言，由於須面對無所不在、無所不管、卻又不諳市場運作的地方政府，唯有透過協調彼此行動、聯合反映協商，提升其「議價地位」（bargaining power），方能爭取應得的權益與保障（Schak, 2003: 143-149；柏蘭芝、潘毅，2003；其餘如李道成、徐秀美，2001：102-106；陳振偉、耿曙，2005；朱鴻偉，2006；張家銘，2006：107-130）。[22]另方面，由於台協地位特殊（李道成、徐秀美，2001；童振源，2003；耿曙、林琮盛，2005），恰足以作為協調集體行動、組織利益團體的架構。因此，在此類客觀需要促成下，台協不難發展出強而有力的組織。

　　此外，再就「特殊關係」層面觀察，台商之所以遠赴中國，關鍵之一在於追逐政策優惠（諸如土地、稅賦、社保等，參看吳介民，1996；鄭政秉，2002）。因此，台商往往迫切需要與當地官員經常互動、結交關係，最好能形成「利益共生」的聯盟（邢幼田，1996；Hsing, 1996; Hsing, 1998; 陳振偉、耿曙，2005；張家銘、江聖哲，2006；張家銘，2006：107-130）。由於對多數台商而言，台協一方面是雙方互動的橋樑，另方面也是台商發展個人關係的管道（吳介民，2000；李道成、徐秀美，2001；陳振偉、耿曙，2005；張家銘、江聖哲，2005）。因此，在此又一層的客觀需要促成下，台協不難發展出強而有力的組織。

　　綜合上述，無論為爭取集體權益的「集體行動」，抑或個別利益的「特殊關係」，台商協會的成員身分，均有助台商向當地政府部門爭取更實質、豐厚的優惠與資源，台協因此能有效吸引台商投入與付出，發展出強而有力的組織。

---

[22] 根據 Schak的調查，由於台商協會的組成，台商得以取得與台辦相對平等的地位，據此進行妥協與交換（on a more or less equal, give and take basis），參考Schak (2003: 141), 李道成、徐秀美（2001：102-106）。

二、強組織的期待：運作規則與專享福利

最後，吾人可就「專享福利」層面分析台協的組織效能。所謂「專享福利」本為Mancur Olson所提出，意指：「獎賞成員為團體賣命的正面激勵（inducement）」，根據Olson的看法，「唯有『個別』且能『甄別』（separate and selective）的誘因，才能激發潛在團體中的理性個人，為團體目標而努力。」（Olson, 1989: 58, 139-170; Heckathorn, 1993; Lowry, 1997; Horne, 2004; Lowery & Gray, 2004）就此觀察大陸台協，由於能夠有效提供台商亟需的「專享福利」，[23]台協將能有效吸引、凝聚其台商會員，發展出強而有力的組織。

台協所具備的「專享福利」，最關鍵的是「急難救助」（emergent assistance）。由於中國大陸法規極其繁複，但規定未必明確，中央—地方常不同調，施政、執法各地均有不同、政策時而反覆，又帶有嚴重「人治」傾向（李道成、徐秀美，2001；包龍星，2005a；2005b；陳振偉、耿曙，2005；Tian, 2006: 122-150），因此時聞台商涉法違規，遭到起訴扣押的事端（Schak, 2003; 吳介民，2000；李道成、徐秀美，2001：97-117；林志昇，2002；高為邦，2005；陳振偉、耿曙，2005；張家銘，2006：107-130）。由於台協幹部閱歷經驗頗富，且特意經營政商關係，故能及時提供急難救助，足為台商深深倚賴，以備不時之需。

第二項「專享福利」為「情感交流」（expressive needs）。由於台商離鄉背井，飄蕩不羈，常須交流情感、結交玩樂，加上孤身在外，自然亦感認同需要（Keng, 2003; Schak, 2003; 鄧建邦，2002；吳介民，2004）。台協一方面作為台人象徵，恰能依歸情感、凝聚認同，另方面所提供的各種娛樂、才藝活動，也適能慰藉逆旅心情（李道成、徐秀美 2001, 97-117；Schak, 2003）。[24]最

---

[23] 對此根據Schak（2003: 143-144），台商所需、協會所及者包括投資諮詢、資訊提供、急難救助、慈善事業、娛樂抒發、交流聯繫、意見表達等7項。其中符合本研究所指之「專享福利」者為急難救助、情感抒發與訊息提供。亦可參看李道成、徐秀美（2001：97-117）。

[24] 例如台協所組各種籃球隊、壘球隊等，為台商眷屬所開辦的才藝、插花訓練課程等。

後一項「專享福利」係「訊息分享」（information sharing）。大陸台商往往人地生疏，投資無門，加以法令欠熟，經常誤觸禁令。常須透過台協，開授各種法規與管理課程，並進行資訊／心得的交流與分享，回應台商資訊與諮詢的需要（李道成、徐秀美，2001：97-117；陳振偉、耿曙，200；張家銘、江聖哲，2005；Schak, 2003）。[25]由於台協能有效提供其成員急難救助、情感抒發與訊息提供三項迫切需求，故能成功發展出強而有力的組織。

　　綜合上述就「社會資本」、「政治資本」與「專享福利」三方面進行的分析，吾人不難得出台協是為強組織的期待，其具體分析簡單表列如表6.1。但台協是否果真符合吾人的期待？必須等待進一步的田野調查，方能加以確認。至於調查結果及理論詮釋，則為下節主題。

表6.1　台商協會組織效能：強勢組織的期待

社會資本範疇	關係性質及其效益	協會效益
未入會（會外台商－會內台商間、會外台商－會外台商間）	弱／疏關係 （有限資源動員／偏高交易成本）	顯著
入會（會內台商－會內台商間）	強／親關係 （有力資源動員／偏低交易成本）	
政治資本範疇	**官商地位及其效益**	**協會效益**
未入會（會外台商－地方官員間）	弱勢地位 （難以集體議價／有限個人尋租）	顯著
入會（會內台商－地方官員間）	強勢地位 （較易集體議價／大開個別尋租）	
專享福利範疇	**額外福利及其效益**	**協會效益**
未入會（會外台商－協會間）	難享福利 （難獲急難救助／缺乏情感抒發／欠缺稀缺訊息）	顯著
入會（會內台商－協會間）	專享福利 （保證急難救助／滿足情感抒發／分享稀缺訊息）	

資料來源：作者整理。

---

[25] 例如台協所開辦的各種稅務講座、法規分析等，部分台協並定期邀請地方職能部門主管，進行主掌業務的介紹。

三、台商協會：弱勢協會的調查發現

由於一般報導傾向凸出台協的組織效能，使得無論社會或學界，均容易得出「台協」是為強勢組織的預期。本研究在規劃之初，也對此信以為真，但在深入訪談之後，便發現事實大謬不然，本節後半將對「組織效能」進行論證。

根據作者對長三角、珠三角兩地四市各台商社群的田野調查發現，不論就參與比例、滿意程度、投入層次、動員能力等任何層面進行考查，上述各地的台商協會均不符之前「強組織」的期待，此處分「成員參與／成員滿意」與「成員投入／成員動員」兩個層面，分別加以說明。

（一）台協效能的考查：成員參與與成員滿意

首先，若就協會組織效能的根本指標——當地台商參加台協的比例一切入觀察，我們將不難發現，台協的吸引力均相對有限，因為多數協會的會員比例，只及當地台商總數的1/4到1/3，[26]一般而言，珠三角台協入會情況稍佳，長三角則稍差些，但即便一般認為組織效能最強的東莞與昆山台協，入會比率也只接近五成。[27]對此，部分台商提出如下的看法：

> 我經常聽到台商對當地的台商協會發出不滿的抱怨，「參加台商協會幹什麼，每次都是吃吃飯，浪費錢、浪費時間」……「唉！台商協會無效啦！無法解決事情啦！」（李道成、徐秀美，2001：108-109）

換言之，台協之所以並未踴躍入會，其間關鍵在於對協會滿意程度有限。對多數台協「會員」而言，協會幾乎是「聊勝於無」。這其中的原因在台協沒

---

[26] 我們的調查所得，與Schak的發現相符（2003: 142）。

[27] Schak曾報導其所調查的東莞台協，會員入會比例達到8成左右（2003: 142）。但根據作者調查，此數字似有過份誇大之嫌，以兩個公認最強勢的台協為例，昆山登記台商約為2600家左右，加入協會者約在1000家上下，東莞當地則有近7000家台商，台協會員則在3500家左右。上述「登記台商」的統計，固然有「灌水」、「落後」（計生不計死、計到不計走）的問題，但就作者調查所得，「台商入會」的統計，也存在完全一樣的問題。

辦法滿足台商真正「關鍵」的需求。我們的受訪者曾如是表示：

這個協會其實不是沒有功能，只是功效不彰。……〔因為〕台協應該是企業與政府間的橋樑，但企業與政府的關係，並不能真的去靠台協。……台協頂多是感情的聯繫，不可能幫忙解決什麼問題啦。（訪談對象0608153）

台商在這裡還是要自食其力。……坦白講，台商在外面根本就是孤兒，出了什麼事只能自求多福。……一個協會最重要的是要能影響政策，既然沒辦法影響政策，參加那個協會要幹什麼？（訪談對象0408042）

由於無法提供台商需要的政商橋樑，台商自然不是那麼看重台協、踴躍加入台協。

（二）台協效能的考查：成員投入與成員動員

進一步觀察，由於台商無法完全依賴台協，台協一般會員投入協會活動的時間，以及參與協會事務的程度，也都十分有限，這可從下述訪談筆記中得知：

這已經是我們第4次參加XX總會下屬的「片區會議」了，[28]這次我們早到了，裡頭還在開會……。就像往常一樣，分會這邊的安排是會後聚餐，但裡面明明是在改選會長，對台協會員來說是何等重要的大事，但到處都可以看到同我們一樣早來的台協成員，在走廊上、在門口或在lobby的沙發，三三兩兩的或者聊天，或者枯等，大家都在等待用餐，就沒人進去參加會議。（作者田野筆記，08022007）

此外，綜合吾人多次訪談，不少台商均曾提及，多數「協會活動」往往僅

---

[28] 即各分會的會議，東莞、昆山通常以鎮區為分會的單位，但也有不同，如上海台協的分會是依照市區劃分、無錫則為縣級市。

見少數協會幹部，[29]至於協會會員，或者偶爾參與、或者來來便去，對他們而言，與協會的聯繫，大概只有聚餐、康樂、講習之類。這樣低層次參與、投入的趨勢，使得台協無力真正動員、協調廣大會員的行動。這點從台協會費的募集，看得最清楚：

> XX台協的會費是每2年交一次，2,000塊人民幣，但是不繳會費的太多，只好80%的會費留在分會，20%才上交總會，讓分會去解決分會的財務問題〔亦即各分會去收各自的會費〕……。協會運作哪能靠會員交的會費，他們交的一點點，用在活動、聚餐上就沒了，真正推動會務的經費，都是我們幹部出錢出力來的，像會長必須要交15萬，常務副會長10萬，副會長8萬，常務理事2萬，這都是固定的，臨時辦活動需要的話，協會幹部還要另外出錢。（訪談對象0608071）

由此可見，台協的會費來源，主要還是來自協會幹部，一般會員的投入、捐輸，看來十分有限。

根據上述調查，吾人確認台協的組織效能有限，不易吸引台商的加入與付出，之所以如此，關鍵在台協「功能不彰」：無法提供表6.1列舉的各種功能，台商因此對台協興趣缺缺。基於此一線索，下節將探討之前所舉各項「制度環境」特徵，如何制約台商協會的組織效能，使其最終僅能以「弱勢協會」的形式存在於中國大陸的政社環境中。

肆、制度環境與台協效能

吾人如何面對上述理論預期與實際發現間的巨大扞格？根據作者的看法，其關鍵仍在對於協會制度環境的解讀。對此，現有組織研究範疇中，雖涉及組織及其環境的文獻頗多（如Thompson, 1967; Lawrence & Lorsch, 1967; Pfeffer

---

[29] 所謂台協「幹部」，指的是兼任台協各種總會／分會／委員會幹部者。反過來說，如果是積極參與，出錢出力的會員，往往在不久後就被吸收為台協幹部。

& Salancik, 1978; Meyer & Scott, 1983），但對於政治、社會領域所特別關注的「自發協會」組織，[30]究竟如何受所處制度環境的觸發或制約，觸及的研究卻十分有限（少數例外如Knoke, 1990; Edmondson, 1997; Waarden, 1992）。作者在本節中將採用近年田野調查的資料，配合之前的理論框架，分別就人際規範／社會資本、國社關係／政治資本、運作規則／專享福利三個理論層面，分別對台商協會的制度環境進行考察。

一、會員人際規範與有限社會資本

之前論及台協是否為強勢組織時，曾預期台協成員的身分，將可用以創造社會資本，有效動員彼此資源、降低交易成本，並以此吸引台商入會，終而強化台協的組織效能。但實地調查發現，一方面單憑台協成員的身分，尚不足以確保社會資本，另方面台協促成的社會關係，也不需要始終附著於協會組織。下文便就「關係親疏」與「關係平台」兩層面，分析台商協會與社會資本間的關係。

（一）成員身分與社會資本：成員關係 vs. 親密關係

依照社會資本理論推論，相對於台商協會的成員，未加入者間缺乏彼此的互惠互信，社會資本相對有限，只能憑藉一己之力，單打獨鬥。反之，一俟加入台協，便成會員的「自家人」，加上彼此信任，因此大幅降低監督防範的成本、提升交易的彈性，但實際上呢？

在台商協會裡面，台商照常吃台商……要不是我現在當會長，否則根本不想跟台商〔協會〕打交道，因為有些台商實在太惡劣、太黑，常常坑自己人，借了錢

---

[30] 近年受社會資本、公民社會等理論的影響，學界對協會組織與運作關切尤眾，相關著作如顧忠華（1998、1999）、蕭新煌編（2000）、俞可平等（2002、2006）、陳定銘（2004）、賀立平（2007）、Salamon et al.（2007）均是。

有去無回。（李道成、徐秀美，2001：111）。

經常接觸台商後方知，台商之間頗流行一句順口溜，把原為「老鄉見老鄉，兩眼淚汪汪」，改為「老鄉見老鄉，背後打一槍」，說明很多台商濫用同鄉衍生出的信任關係，借機「殺熟」的例子比比皆是。

為什麼台商加入協會後，仍然無法收信任之效呢？這個問題必須從華人文化中找尋答案。根據既有研究，華人社會行為深受「差序格局」所支配（陳介玄，1994；鄭伯壎、劉怡君，1995；費孝通，1998；王詢，1999；鄭也夫、彭泗清等，2003；Redding, 1993），人際間資源動員與信任流通的範圍，往往僅限極親密且長久維繫的「強關係」（strong ties, Bian, 2002; 也可參考張苙雲，1986；楊中芳編，2001；鄭也夫編，2003；鄭也夫、彭泗清等，2003；羅家德、葉勇助，2007：43-93）。也就是說，唯有強關係才能產生「強動員」與「高信任」，並收資源互通與降低交易成本之效。

從這個角度觀察，台商進入台協之後，只是「登堂」而未「入室」，若欲建構緊密的社會關係，必須繼續努力尋覓與結交，進行資源投注與關係限縮才有可能。那麼，哪些人特別需要「提升關係」呢？這取決於經營需要，凡以台商社群為主要交易對象者，通常會頻繁參與台協活動，並爭取出任台協幹部，這在服務業中表現最明顯：

有些行業很需要依靠台協建立人脈，像銀行業，他們可以從中認識台商，拉客戶……所以參與協會活動比較積極。（訪談對象0408042）

這麼積極參加協會是想多認識一些人……這對我的工作也有幫助。我的工作是幫台商在香港、大陸上市，這樣的活動……〔屬於〕交朋友又能兼顧工作，一舉兩得。（李道成、徐秀美，2001：114）

換言之，對這些熱衷經營台商生意、深度鑲嵌於台人網絡的業者而言，台商協會雖是人脈與生意的平台，但關鍵其實還是在進一步締結「強關係」，這

往往須出任協會幹部，才能有效幫助事業經營。從下面這位台協幹部的訪談中可窺出端倪：

　　我們一來就加入台協，因為是金融業，比較特殊，有這個需要。……我因此被選為台協副會長，專門管台協財務，對協會會務運作參與也蠻深的。（訪談對象04080118）

　　相較於以台商為經營對象的人而言，台協成員的身分，無法為其他台商帶來任何明顯的經營效益，他們因此對協會活動興趣缺缺，若非無意願加入台協，就是加入協會，參與度也不積極，例如經營內銷的台商：

　　我不參加台商協會……我的生意對象和朋友全都是大陸人，我幹嘛參加？（訪談對象0408041）

　　做內銷比較重要的是發展與內地人的關係……。我因為來本地比較久，加上宜興這邊台商少，所以讓我擔任台協幹部，有點像是被趕鴨子上架。但是協會辦的活動，像講座等的，我通常都不會參加。（訪談對象0408161）

　　由上明顯看出，加入台協只是台商間締結關係的第一步，想要發展出有利經營的社會關係，還需要將成員關係進一步提升，才能藉此相互支援並降低交易成本。

（二）成員身分與社會資本：協會網絡 vs. 私人網絡

　　既然台商在台協中有「提升」關係，建立「強連帶」的可能，那麼協會是否因為提供這樣的一個平台，而仍然成為不可或缺的角色呢？在初期的確如此，只是上述「強關係」一旦締結成功，往往就不必再附著於台商協會，反另行發展出更適應於網絡成員的互動形式與載體。舉例而言，

　　早期很多服務業加入台協，像賣酒的、企管顧問公司之類的，雖然很積極，但通常加入兩三年就退出了，因為目的已達成。（訪談對象0707311）

　　此種社會關係逐漸「獨立」於協會組織的傾向，與華人社會關係的「私人性質」有關（金耀基，1992：1-40，64-85；楊中芳編，2001）。也就是說，對當事人而言，一旦社會關係締結成功，就不再屬於「公共」的協會關係，而是屬於他「個人」的私人關係，這種關係既是「自我中心的」（ego-centric，羅家德、葉勇助，2007：83-86），是針對個別對象的社會關係，跟著「人」走的，並非附著於任何組織（如台協之類）。請看一位受訪者如何描繪他的想法：

　　在大陸的前十年，我用我的黃金歲月來壯大事業，……〔也參加台商協會〕隨著公司的成長，我人生的第一階段也跟著成長，不論是經濟能力或人脈部署。到了第二個階段，……我就不太需要〔台協〕，**我需要人都已經散佈在我自己的人脈中**，協會不一定能提供這些幫助，所以我就不再參加台協活動了。（訪談對象0408053，黑體為作者所加）

　　所以華人的社會關係，是以「自己」為中心的人際網絡，必須適應於個人需要，因而必然是高度彈性、「非正式」（informal）性質的，也因此，華人的社會關係，通常會逐漸獨立於相對「制度化的」（或僵化的）正式組織。就此而言，台商協會與此類「私人網絡」的連結，可說相當短暫與脆弱。

　　且此類建立在「私人網絡」的關係，通常更能發揮信任與動員等「社會資本」功能，明顯的例證出現在長期合作的台商協力廠商間：

　　同樣的訂單，下給美國廠商要四個月才能交貨，下給台灣廠商只要十五天。一個產品有幾百個零件，美國廠商接到訂單，要跟這幾百家零件供應商逐一打契約，打完契約三個月就過去了。台灣廠商根本無須契約，只要花兩、三天時間打電話，零件商就會同時趕貨，三、五天內把東西送到組裝廠，再花一、兩天組裝，

只要七天貨就好了。為何台灣廠商不用打契約呢？人脈網絡妙用即在此，台灣的檳榔、卡拉OK、老人茶和飲酒文化是有學問的；商場默契就是這樣培養起來的。（臧聲遠、季欣麟，2000：84）

　　這樣的私人網絡，比台協擁有更高的凝聚力，藉由彼此的相互支援，滿足他們的需要，即便某些網絡是在協會中建立發展，惟一旦關係穩固成熟，就完全不需要台協這個平台了。

　　經由實地的田野調查發現，台商進入台協後極為普遍的「關係提升」傾向，說明了僅憑協會成員身分帶來的社會資本，並無法滿足台商事業經營的需要（Bian, 2002），而台商「私人網絡」傾向於脫離、獨立於台商協會，則說明依附於協會組織的網絡，不易適應於台商「自我中心」的彈性與伸縮（金耀基，1992：64-85）。透過台商協會的研究，我們也深一層的瞭解到華人社會中社會網絡的運作原則。

二、協會政企關係與有限政治資本

　　根據一般政商關係理論，透過政商互動，攫取政治資本，通常必須通過兩類途徑：或者透過集體組織的力量，同政府討價還價，迫使政策轉向（Salisbury, 1965/1966; Moe, 1980; Olson, 1989; Petracca, 1992; Truman, 1998; Olson, 2001; Lopez, 2002）；或者經由個人私交，同官員利益交換，賺取個人私利（Eisenstadt & Lemarchand, 1981; Eisenstadt & Roniger, 1984; Kurer, 1997; Wank, 1999; Kawata ed., 2006）。就前者而言，台協為集體議價的組織力量；就後者來說，台協則提供尋租的管道。但台協能否有效發揮兩項功能，為台商贏取政治資本呢？下文將對此逐一探討。

（一）成員身分與政治資本：集體議價或威權宰制？

　　若就體制結構觀察，由於仍屬威權政體，中國大陸的國家機器，無論「自

主性」或「能力」，均遠遠凌駕社會群體。因此與協會互動過程中，政府經常處於絕對優勢，雙方絕難在平等基礎上，展開討價還價、協議交換。

這樣的結構關係，一方面來自制度環境的制約。根據俞可平對大陸體制的觀察：

政府有關部門直接針對民間組織的法律、規章、條例等，其基本導向就是對民間組織進行控制和約束。（俞可平，2006：26）

換言之，對於民間組織所生存發展的環境，俞可平認為中國是自相矛盾的「宏觀鼓勵、微觀制約」，但說穿了其實是「名義鼓勵、實質制約」，正如一位受訪者所言：

想成立一個民間社團，是件很不容易的事。在上海，任何超過30人的聚會都要上報，上面都想要知道。……〔所以〕哪個社團在做哪些事情，上面會不知道嗎？（訪談對象0408231）

為何如此？何增科如是解釋：

目前官方對民間組織的態度總體上是矛盾的，一方面希望其發揮參謀、助手、橋樑、紐帶作用……。另一方面又擔心民間組織會發展成體制外的異己力量，挑戰黨和政府的權威。……〔尤其是〕對於那些國外非政府組織和基金會以及與之聯繫密切的民間組織，各級黨和政府領導人更多地表示出政治上不信任和嚴加防範的態度。（何增科，2006：125）

由於對自發的社會力量存有根深蒂固的疑慮，中共黨國體制對社團的運作發展，訂下難以逾越的底線，即「原則上第三部門可以生存和發展，但絕不能對現有政治權威構成挑戰」（韓劍華，1992；王美惠，1992），尤其忌諱以「集體行動」的形式，對政權（包括政策與官員）提出質疑與威脅。

　　處於這樣的結構關係下，台商協會「集體議價」的空間也就十分有限。以組織實力最為強大的東莞台協為例，即便號稱「天下第一會」，一旦與當地政府議價，同樣無法發揮政策影響力：

　　台協其實沒辦法影響政策，例如城市規劃，我們基本插不上手……又例如像廢料問題，我們向領導反映了好幾年，每年都反映，到現在一點用都沒有，……所以說台協沒法影響政策。（訪談對象0608071）

　　除此之外，黨國體制對社會更深層的控制，在經由審查、掛靠過程，逐步介入社團內部運作，藉此取得對社團的深度掌控。如此的介入過程有其制度背景。在中國大陸，舉凡社團申請審核、登記註冊、年度審查等，均需經過「業務主管單位」、「登記管理機關」和「雙重管理」體制（郁建興、黃紅華、方立明等，2004：158-160；王信賢，2006：66-75）。具體表現在「業務主管單位」對掛靠社團進行領導與監督（此即「直接介入」的憑據），由其指派或出任會長、秘書長，或形式上擔任名譽會長與顧問等。

　　台商協會的運作亦不脫此套，其「業務主管單位」，即國務院台灣辦公室下屬各地方政府的台灣事務部門對於台協的介入既廣泛且絕對：

　　台辦是台協的直屬長官。……我們做任何事都要透過台辦，以前我們的正式發言都要先交給台辦看過，才能按這個稿子對外發言。（訪談對象060814）

　　台協裡面就有台辦，台辦是台協的領導。（訪談對象0408051）

　　而台辦通常也介入台協的人事，每逢主導會務的會長改選時，候選人都必須經過台辦認可：

　　要當台商協會的會長，大陸政府都會經過身家調查，例如提名一位會長候選人，各鎮分會會把候選人名單報告給東莞台協總會的「選委會」，在總會選委會中

有東莞市政府與台辦的常任委員，台辦就會透過各鎮區台辦詢問該人選狀況，來決定是否准許參選會長一職。（林志慎，2001）

　　選舉過程一旦出現競爭，最後出線者往往是獲有台辦支持的一方，因為：

　　會長人選至少要能聽話，總之是要台辦喜歡的人。（談談對象040806）

　　除自「體制結構面」觀察台協與政府關係，吾人也不妨從「時間縱斷面」，捕捉雙方互動模式的變化。根據作者田調發現，台商作為整體與當地政府的關係，一般趨勢似乎為：地方政府發展時序越長，台協的「談判地位」往往越低落。我們且以大陸沿海城市為例，說明這樣的變化。

　　80年代晚期、90年代初期的東南沿海，因為地方發展需要，無不傾力招商引資，不但提供台商許多投資上的方便、稅賦上的優惠，對於代表台商社群的台協，其意見雖未「言聽計從」，但絕對高度重視，「能改就改、能變則變」（柏蘭芝、潘毅，2003；Schak, 2003）。昆山就是一個典型依靠台商發展起來的例證，該市利用台資數量占全省四分之一、全大陸的十分之一，昆山台協在當地扮演極其重要的角色：

　　台協會串起台商和台商之間的紐帶，並且組織化地成為政府與台商之間的橋樑。每年市政府都要就如何進一步提升昆山投資環境的問題，邀請台協會全體理監事舉行座談會。就政策法規、投資環境、城市管理、交通秩序、社會治安等各個方面交流。台協會與政府的頻繁互動，累積了其參與制度創新的基礎。（柏蘭芝、潘毅，2003：73-74）

　　然而當地方產業升級後，台商已不再不可或缺，與當地政府的議價能力日趨低落，地方政府非但日漸提高台商投資門檻，對台協的要求也不再全盤接受：

現在台協跟地方政府的議價能力已經不大了。因為地方政府對於各種經濟決策，都視為重大政策，〔地方政府〕已有基本的定見，像昆山為了要市政改建，要求市中心菁華地帶的工廠全部搬遷，那些台商能拿到補償就已經很不錯了。（訪談對象0408053）

亦即，隨著經濟發展壯大，地方政府相對台資企業的地位越來越居於強勢：

昆山的地方治理模式……已從昔日擴大參與、研商妥協的「合作夥伴關係」，逐步朝向強調政府主動引領、決策貫徹的「發展型國家」發展。（陳振偉、耿曙，2004：139）

同樣趨勢也見於珠三角，特別是近兩、三年，為求產業升級、永續發展，東莞政府特別「加大力度」淘汰高污染、高耗能、費資源（簡稱「兩高一資」）產業，對台商影響極大：

以前來東莞要見鎮書記很簡單，他們都踩著腳踏車來見你。現在他們都開寶馬，因為地方發展起來了，所以小企業、高污染企業都不要了，只要高科技和注重環保的企業。（訪談對象070801）

由此可見，隨台商萃集的沿海地區發展，當地政府眼界日高，已不再是台商可以予取予求的弱勢政府。處於這樣的大環境下，台協也隨之失去與地方政府的談判優勢，也無力爭取任何特殊優惠。

綜合上述，就「集體議價」面來看，無論因為威權體制、人事控制或眼界日高，台協能為會員爭取的成果，應該無甚期待的空間。

（二）成員身分與政治資本：個別尋租或官僚主控？

「集體議價」的可能，既然十分渺茫，但台協經常與政府互動，會員能否

利用這樣的接觸管道，增加個別會員「個人尋租」的機會呢？根據作者調查，這部分的空間同樣非常有限，主要原因有二：首先係台辦的部門地位，其次乃政府的完全主控。本小節將對此舉例說明。

　　首先，誠如前述，台協的對口是台辦，台協的靠山也是台辦。一般而言，每逢台商、台協有任何需要，台辦通常會鼎力相助，但是，受限於其部門地位，台辦本身往往也心餘力絀：

　　〔地方〕台辦屬於國台辦管，但台辦不是強勢部門，無法有所作為。（訪談對象0608106）

　　台協定位在台辦之下，但是台辦並非決策機構，它也還要上報，因此在幫忙台協上，能夠發揮的功能並不大。（訪談對象040806）

　　由於在攸關台商資源分配的決策／執行過程中，台辦處於邊緣地位，台協若只能接通台辦，則台商覓得的「資源」必將十分有限。因此，各地台協均力邀地方政府的工商、稅務、海關、公安、環保等各「要害部門」的領導／負責人，或者擔任顧問、或者擔任名／榮譽會長、副會長，[31]以便在經營、管理的過程中，能夠隨時得到有關部門的支持與協助。根據作者的調查，此類安排已經非常普遍，幾乎翻開所有台協的會訊、名錄，均可見類似作法。更甚者為東莞台協的長安分會，甚至「制度化」出幾個「功能小組」，包括海關、稅務、公安交警等，分別由不同的核心幹部，負責與責任單位對口、交際。

　　對此，一位之前任職台辦，後轉任台協秘書長的受訪者如是描繪台協解決問題的辦法：

　　台商有問題反映到協會，〔協會〕基本上都是找台辦……但主要還得通過協

---

31 此類名譽職，首要考慮的對象，仍是當地的黨政領導，如黨委、市長／分管經濟的副市長等，當然通常也不會遺漏台辦主任。

會的高級顧問幫忙，像牽涉到稅務方面，就找地稅局局長，海關問題就找海關，如果牽涉比較大再請一把手出面。（訪談對象040823）

換言之，台辦的角色往往是反映與中轉，可以視為台協與政府間的橋樑，但在資源分配的過程中，通常無法發揮影響。因此，資深台協幹部的交遊對象，往往為政府「職能部門」的官員。例如在田野過程中，讓作者印象極為深刻的一位深圳台協幹部任由我們查看其手機，電話簿中洋洋灑灑七百多個對象，據說超過三分之一是部門領導的手機號碼，而且按照：海關、稅務、公安、武裝、工商、城建……的方式分類。

然而，進一步論之，台商透過台協費心結交職能部門官員，是否就能獲得所欲優惠呢？我們發現，這種私下結交尋租的效用並不大，因為職司資源分配的地方政府的黨政領導或部門主管，基本還是根據政府的客觀需要，決定如何分配所握的資源。這其中關鍵原因有二：一方面是地方官員有其思考邏輯，為能逐步升遷，必然關切其政績（Whiting, 2001: 72-120；耿曙，2006）；另方面則地方政府幾乎完全自主，可以隨心所欲決定租金分配，台協無從置喙。

這可以就台商產業和規模差別的例證中看出。首先，就產業類別而言，高科技產業的台商，憑藉其技術優勢，既能帶動產業升級、啟動產業聚集，尤其又是地方幹部得以一炮打響的「政績工程」，乃成各地政府極力拉攏的對象：

鴻海的郭台銘到昆山考察投資環境時，昆山大大小小的官員，全都把他的來訪當成頭等大事來辦，特別安排警車開道，讓郭董有賓至如歸的感覺。……鴻海投資設廠後，三節都要正常出貨，昆山政府只得指示昆山海關加派人手，在三節時特別為鴻海加班，保持他們的正常出貨。（訪談對象04080120）

其次，就企業規模而言，大型的台資企業挾帶龐大資金入駐，不但有助地方發展、幫助解決就業問題，還能一舉刷新招商記錄，同樣是地方政府爭取的對象。對大型企業來說，各種政策優惠、稅賦減免、便宜行事，往往都自己送上門來：

旺旺是在大陸知名度比較高的企業，上層比較重視，實在不需要靠台協幫忙解決問題。（訪談對象0608104）

此類企業的投資條件與優惠待遇，通常由政府主動提供，不需透過台商協會，也不必通過交際應酬。結果，這類台商索性連台協都不參加了，即便礙於協會三催四請，終於勉強入會，也不會是積極會員：

捷安特是昆山台協的會員，我原來是常務理事，但因為工作太忙，所以自願降格為一般理事。台協是組織台商跟政府的管道，對規模小的台商有作用，但對大企業助益有限，大企業可以直接找政府，像我們一通電話就可以找到市長。（訪談對象0608141）

換言之，企業與政府的尋租關係，屬於雙方個別的利益交換，這種互惠式的交易，基本不需藉由台協方能完成，台協在幫助台商「個人尋租」的角色上，所能發揮的效果並不大。

綜合上述，就政治資本面觀察，台協既因為處於威權體制下，難以透過集體力量提高與政府的議價地位；也因無力隔絕政府與台商，以致不易凸顯台協接通的管道，壟斷向官員尋租的機會。結果便無法以政治資本為籌碼要求會員加入與付出，並以此強化台協的組織效能。

三、協會運作規則與有限專享福利

台協的主要功能，除社會資本、政治資本外，還有提供會員「專享福利」，以吸引台商入會。實際上，台協雖確實提供急難救助、情感交流、訊息分享等福利，卻往往無法藉其「運作規則」將此等福利控制為「會員專享」，結果往往招致台商投機作為或者不滿心理，而無法用以吸引台商的加入與付出，台協的組織效能，因此再次深受局限。下文將對各項「專享福利」何以無

法專享的原因，逐一進行探討。

（一）疆界劃定與專享福利：急難救助為例

根據「專享福利」的邏輯（Olson, 1989: 139-170），台協若盼吸引會員，必須提供僅限會員享有之福利，其前提在嚴格區辨會員與非會員。但對大陸台協而言，會內、會外的疆界往往不易劃分，其原因一在協會的自由入會原則，次在與「會員身分」競強的「台人身分」。

先從台協的「運作規則」觀察。一般而言，台協採自由入會制，任何願意申請入會的台商，均在招攬之列，未聞遭過濾、排除的案例。然而自由進出的結果，使得台協無法考核、懲戒任何成員。對此，一位受訪者如此介紹：

　　〔台協〕會員其實非常參差不齊，……除了觸犯刑法確定被判刑，或超過一年不繳會費者，我們基本上不會撤銷會員資格。（訪談對象0408231）

由於台協性屬開放型組織，談不上整齊與紀律，因此無法劃定明確的協會疆界，不少台商長期處於「失聯」狀態，連自己也沒法判斷是否仍為協會成員：

　　我現在應該是「失聯」會員了吧。……幾年前曾經入會，但這些年來都沒有參加活動……協會那邊應該還有以前登記的資料，但我自己也說不上是不是台協的會員。（訪談對象0709019）

換言之，根據現有的台協規章，實不易在台商社群中，劃分會內、會外的疆界，更不容易在會員中形塑集體的「身分認同」。[32]。但另方面，與之爭強的「台灣人」與「當地人」疆界卻是十分清晰的：

---

[32] 台協是否能像吳介民所觀察，可以像「名片」一樣，提供台商一個特別的「身分」，去經營各種政社關係呢（吳介民，2004）？根據作者調查，台協成員通常並不能僅憑藉其「成員身分」，達到明顯超越「台商身分」的地位。

台灣人與當地人差太多了啦……〔當地人〕我們還是會受不了，例如……在這邊只要看見台灣人，還是會覺得特別親切，像我們吃飯還是喜歡到台灣人的店去吃……。（訪談對象0708016）

在台灣人之間，一方面存在千絲萬縷的熟識、互動關係。另方面，由於兩岸社會隔絕、發展殊途，雙方的成長經驗與背景都有所不同，基於雙方的隔閡，在對岸的台商社群中，「台灣人」身分具有廣泛認可的「正當性」。

根據作者的觀察，大陸台商似乎無一例外的認為：出門在外的「台灣人」應該要互相照顧、相互扶助。換言之，台商社群中清楚且受廣泛認可的「認同」與「互動」的疆界，是在「台灣人」與「大陸人」間；相較之下，台協「會員」與「非會員」的界限，便顯得模糊不清、非關緊要了。既然疆界不明，協會所提供的「公共財」就不免外溢，想要染指、搭便車者就不免出現，Olson所舉「專享福利」的邏輯，也因此失去其可能發揮的成效。

此種「台灣人」壓倒「台協人」，終使台協自毀會員原則，會員福利外溢的情況，明顯表現在「急難救助」上。對許多台商而言，「急難救助」攸關重大。因為大陸的法治不彰，明文規定與實際執法間，往往頗有距離，台商因此觸法繫獄者不少，例如根據大陸海關規定，漏稅達到一定金額，便以「走私」論處，到時就不再是補稅與否問題，而是刑事犯罪了。此時，台商求助的對象通常是台商協會。兩項案例如下：

在這邊沒有政府照顧我們，……很多事只能靠協會，不管海關、稅務、勞動等，這也練就台商協會幹部們一身的功夫。（訪談對象0707315）

最近有個台商進口木材，借用別人的批文來進口，在太平關被抓到，漏稅的金額超過五千萬人民幣，成了刑事問題，人馬上被抓，後來台協幫忙，先交五十萬就保出來。（訪談對象0603313）

因此，無論事業觸法或者有經營糾紛、社會案件，台商只要出事，不論會

員與否，通常都是先找當地台協。而協會一來基於同鄉情誼，二來同情受害，通常都會盡力幫助排解。對此，昆山與東莞的台協幹部，不約而同提到對非會員的「急難救助」：

> 我們辦的案件多為非會員，因為會員通常朋友多、資訊豐富、較不容易觸法，非會員反而觸法得多。（訪談對象0608073）

> 我們最大的宗旨是服務會員，但很多事情不幫他〔非會員〕也不行，不然他們怎麼辦，像死亡的案子……畢竟我們比較有經驗。（訪談對象0707313）

即便受訪的台協核心幹部如此信誓旦旦：「下不為例」，但據我們側面瞭解，一旦對方苦苦哀求，協會幹部還會再次伸出援手。「怎麼辦，大家都是在異鄉打拼的台灣人哪！」（訪談對象0608010），就在這樣的認同疆界下，台商協會最重要的「專享福利」不免流逝殆盡。

（二）疆界廓清與專享福利：情感交流為例

如前所述，「專享福利」的成立要件，必須「內外有別」。唯台商社群高度認同「台灣人—非台灣人」的疆界，對「會員—非會員」的區別，卻經常輕忽逾越，結果「台協會員」的專享福利，往往為「台人社群」所共享。

為何在享用台協創造的福利時，不易排除「非會員」的分潤？關鍵在台商社群中，執行「差別待遇」的成本太大，台商間千絲萬縷的關係網絡，一方面造成監督的困難，一方面造成執行困擾。如台協所舉辦的聯誼、社交活動，本亦為台協成員所專享，但會員們往往趁此機會，邀約自己友人參與（均係台灣人），使其搭會員的便車。由於在聯誼過程中，排除「非會員」參與的成本太大，台商協會往往採取「睜一眼、閉一眼」的態度。因為首先，排拒非會員的「守門人」，往往會被指為「不懂人情」、「不給面子」。其次，要求「內外有別」的會員，則可能被認為「吝嗇小氣」、「不會做人」。最後，破壞規則

的當事方，則可能因為當場「很沒面子」，而與台協「永不往來」。因此，即便不少會員心存不滿，差別待遇的原則仍少見執行，結果則搭乘便車者眾、承擔義務者寡，極不利於協會的經營發展。

　　這樣的情況，在台協提供「情感交流」專享福利時，表現最為凸出。對「獨在異鄉為異客」的台商來說，藉由與相同語言、可以信任的同鄉談心或訴苦，有助緩解身處異地的寂寞與不安。由於台協認知到此類需要，因此開辦許多類似活動：

　　冬至的時候，協會辦一個搓湯圓活動，好多台商家庭都來參加，很多是見過但沒有聯絡的朋友聚在一起，大家都是想在異地，能有一個地方讓大家有團聚的氣氛，快快樂樂的過節，總比在家看電視有趣多了（李道成、徐秀美，2001：116）。

　　但此類活動並未排除非會員，這種情況以「台商太太」們的組織最為明顯。這些「台媽」為了成全先生的事業，多數辭掉台灣工作，離鄉背井的來到當地，她們既無朋友、亦無寄託、在當地更無處可去，亟需搭建情感交流、資訊互通的平台，因此多數較具規模的台協，都成立「婦聯會」：

　　我們〔台協〕的婦聯會以片區組成，跟台灣婦女會一樣性質，辦很多活動，例如烹飪、插花、心靈上講座、郊遊等等。（訪談對象0707313）

　　東莞台協旗下成立一個婦女會，她們每天有上不完的課，還得幫台協舉辦活動。[33]

　　乍看之下，「婦聯會」似乎是台協功能的延伸，但這個情感交誼的平台是否「內外有別」呢？訪談結果證實，「婦聯會」雖為台協所組建、理論上也

---

[33] 數位時代論壇，2001。

附屬於台協，但參加其活動並不需要任何會員身分（無論台商太太或其夫君企業），只要願意參與，都在「婦聯會」歡迎之列。

　　當然，促進台商情感交流、社交聯誼的組織，絕不只「婦聯會」，還有許多自發形成的聯誼性組織：

　　近年來大上海地區湧入數十萬台胞，台胞社群陸續出現許多社群網站，提供台胞子女教育、看病醫療、職場文化、交友聯誼、交換商機、旅遊、團購，以至於各種食衣住行娛樂資訊，形成一個個「小圈圈」社團。……較著名的包括「台商太太新天地」、「浦東台媽新樂園」、「台媽台姊部落格」等等。（胡明揚，2007）。

　　由上可知，無論「婦聯分會」或「新興社團」，都乾脆拋棄對會員身分的規定，採取更自由、彈性、開放的方式發展其組織。由此趨勢，吾人不難想像，在情感交流之類活動中，進行成員區分的成本極高，台商協會「情感交流」的專享福利，也失其效果。

（三）疆界差池與專享福利：訊息分享為例

　　按照前述「專享福利」的邏輯，台協必須將所擁資源，儘量安排為會員獨享，方能有效吸引潛在成員的加入，以及既有成員的付出。但若深入觀察台協的「資源」不難發現，其中只有部分為台協自己創造，其餘的資源——例如急難救助的能力、法規命令的動態——等資源，多轉手自台協背後的台辦。

　　由於台辦的使命在服務「台灣同胞」，[34]而不問其是否為台協成員。換言之，台協、台辦由於設計功能不同、運作邏輯也不同，兩者扞格因此難免。在雙方作法不一的情形下，台協在提供「專享福利」上，難以成為「不可替代」的一方，因此壟斷「專享福利」的能力十分有限。此一弱點在「訊息提供」上

---

[34] 請參考1999年12月所發佈的《中華人民共和國台灣同胞投資保護法實施細則》。其中第3條規定，國家依法保護「台灣同胞」投資。（引號乃作者所加）

表現最為典型。

　　首先，由於政策與市場瞬息萬變，有關政策走向與市場趨勢的資訊，對台商而言，攸關經營成敗，不啻荒漠湧泉：

　　台商剛到大陸投資，想要不走冤枉路，現成的台商協會可以提供較完整的法律與產業資訊，就算沒有你要的資料，也會幫忙介紹熟悉的相關人士或官員。（李道成、徐秀美，2001：101）

　　針對剛到無錫的台商，台商協會會為他們介紹當地的投資環境以及投資政策，提供一些他們感興趣的行業信息，甚至牽線找到合作伙伴。對於一些剛開始創業的台商，協會還可以聯繫經驗豐富的台商，為他們進行投資輔導。[35]

　　但這樣的訊息服務，似乎不限於會員，進一步的觀察即可輕易發現，台協在舉辦各項輔導、說明時，通常不嚴格要求會員的身分，如一位東莞台協會員描繪：

　　〔舉辦座談時〕台協並不只開放給會員，只要是台灣人都可加入，協會資訊提供也不分是不是會員，演講都是免費公開的，若有非會員參加，都會非常歡迎。（訪談對象0603314）

　　質問其原因，主要在於此類有關法規、政策的訊息，想要壟斷也不可能，台協會員馬上就會傳播出去。更重要的是，政府在審查或協辦類似活動時，通常會要求台協將資訊公開，讓台商瞭解法令政策，一方面讓官員好做事，另方面也可以藉此達到其「照顧台商」的目的。

　　其次，前已述及，台辦基於本身職權關係，在提供台商各種服務或優惠時，並不以是否為台協成員為考量。對此，吾人可以數年前昆山限電個案為

---

[35] 台商熱線，2004。

例：為有效緩解供電不足，昆山台協與當地市政府合作，向分配電源的江蘇省供電局力爭，終獲「供五停二」的絕佳條件，[36]但這樣的措施卻無法排除非會員適用，也就是說，未盡分毫之力的昆山台商，也同享電力「供五停二」的條款，這成為台商共享的公共財。

綜合上述，有關台協「專享福利」部分，由於疆界不明，福利不易為「會員專享」；即便疆界明白，規定仍然難以執行，福利仍然不易「會員專享」；即便疆界清楚、規定可行，但台協仍然無法壟斷資源，因此資源當然仍然不會由「會員專享」。換言之，台協對於「專享福利」的排他與壟斷，存在相當程度的局限，無法以此為籌碼，要求會員加入與付出，並強化台協的組織效能。

四、田野發現整理

誠如前述，無論根據哪種組織分析理論，中國大陸的台協均「理當」發展成有力的組織。然而在作者實地走訪台商雲集的長、珠三角後，發現其實大謬不然，台商社群的低度參與投入，嚴重制約了台協的組織效能。究竟何以致此？吾人不妨回頭參照之前對台協的預期，及其背後所憑藉的理論。

首先就「社會資本」面觀察。根據作者調查發現，台商加入台協後，多數僅能與協會成員發展「弱關係」。但在強調「差序格局」的華人社會中，此類網絡既無力動員資源，也無助於降低交易成本（Bian, 2002）。換言之，台商若無法在入會後，進一步建構「強關係」，其生意經營將難以「得道多助」，惟台商一旦發展出上述「強關係」後，卻又往往脫離台商協會，成為「個人」網絡。台商協會因此不易藉此吸引成員的加入與付出，強化協會的組織效能。

其次就「政治資本」面觀察。根據作者調查發現，無論「集體議價」或「個人尋租」，台協會員均未具特別優勢。就集體議價言，由於體制結構上，對岸仍屬威權政制，難容社團自由發展組織；此外，時序推移上，沿海區域政

---

[36] 當時江蘇多數城市的工業用電，乃一週只供三天，每次供電12小時，而且還常是夜間供電。

府多隨經濟實力提升，取得優越的談判地位，不再任台商予取予求。就個人尋租言，在資源予奪上，當地政府仍然掌控「設租」主動權，一旦需要拉攏（如科技產業、大型企業），不須假手台協便可主動協議讓租；此外，資源來源上，台協所依賴的台辦，既不具資源控管的權力、亦非屬強勢主導的中樞。因此，台商協會難為台商創造政治資本，並藉此吸引成員的加入與付出，強化協會的組織效能。

最後就「專享福利」面觀察。根據作者調查發現，身為台協會員者，固能滿足急難救助、情感交流與訊息分享的需要，但基於同鄉情誼、監督困難、政府扞格等因素，此類效益往往難以排除「非會員」藉機分享。結果不免「搭便車」者眾，投入、付出者寡，台商協會因此無法藉此吸引會員的加入與付出，強化協會的組織效能。

根據前述諸節的調查發現，修訂表6.1，結果整理如下列表6.2。

表6.2　台商協會組織效能的分析：田野調查後的修正

社會資本範疇	關係性質／效益	協會效益
未入會（會外台商－會內台商間、會外台商－會外台商間）	弱／疏關係 （有限資源動員／偏高交易成本）	不顯著
入會（會內台商－會內台商間）	一般會員：弱／疏關係 （有限資源動員／偏高交易成本） 發展／超越：強／親關係 （較強資源動員／偏低交易成本）	
政治資本範疇	**官商地位／效益**	**協會效益**
未入會（會外台商－地方官員間）	弱勢地位 （難以集體議價／有限個人尋租）	不顯著
入會（會內台商－地方官員間）	弱勢地位 （難以集體議價／有限個人尋租）	
專享福利範疇	**額外福利／效益**	**協會效益**
未入會（會外台商－協會間）	享有福利 （分享稀缺訊息／滿足情感交融／保證急難救助）	不顯著
入會（會內台商－協會間）	享有福利 （分享稀缺訊息／滿足情感交融／保證急難救助）	

資料來源：作者整理。

伍、中國大陸的制度環境、自發協會與公民社會

　　若從兩岸互動的角度觀察，隨兩岸經貿日益熱絡，台商西進蔚為潮流，作為此新興社群的主要組織形式，台商協會的政經角色不容輕忽（Schak, 2003: 140-159; 吳介民，2004：37-40；耿曙、林琮盛，2005：16-18）。就實務面觀察，其組織能力的強弱，一則關係台商是否能夠參與「集體行動」，協議有利的經營條件（李道成、徐秀美，2001：97-117；柏蘭芝、潘毅，2003：77-90；張家銘、江聖哲，2005），再則涉及台商是否得以互為奧援，抗拒中共的政治壓力（童振源，2003：331-420；耿曙、林琮盛，2005：16-18）。因此，對關心兩岸問題的台灣學者而言，對於台商協會的研究應有相當的必要。

　　但若進一步觀察台協能否發揮吾人期待的功能，則不可忘卻其所運行的制度環境，乃今日中國大陸的社會政治體系，因此，台協組織能力的強弱，便涉及一般「自發協會」的組織與效能問題（Olson, 1989; Knoke, 1990; 蘇國賢，2002），尤其有關中國大陸提供類似組織發展的制度環境。[37]有鑑於此，本研究乃以中國大陸的台商協會為案例，通過組織經濟學的分析架構，納入「社會資本」、「政治資本」及「專享福利」等組織分析框架，說明自發協會所運作的體制或環境，將如何影響其組織效能。

　　當然，除有助瞭解對岸自發協會所置身的制度環境外，本章或許也可以豐富現有的組織研究。目前採取理性抉擇角度的組織分析，如Olson（1989）、Moe（1980）等人的著作，多聚焦組織規模、排他規則、強搭便車等層面（Perrow, 2000），並未全面探討制度環境之制約與影響。本研究則對此進行系統探討，日後或能以此架構為張本，建構協會組織「制度環境」及其「組織效能」的一般命題，若能持續就此補強與積累，未來的中國研究或可超越「理論消費」（consumer field）的尷尬，走向「理論創造」（producer field）的未來（Harding, 1994: 703）。

---

[37] 對此不足，可參考John W. Meyer & Brian Rowan（2007）與Paul DiMaggio & Walter Powell（2007）。

參考書目

中文文獻

人民網（北京），2005，〈台商VS昆山：相遇、相知、相戀〉，http://unn.people.com.cn/BIG5/22220/32721/32723/3397832.html。

王名，2004，《中國非政府公共部門：清華發展研究報告，2003》，北京：清華大學出版社。

王名、劉國瀚、何建宇，2001，《中國社團改革：從政府選擇到社會選擇》，北京：社科文獻出版社。

王名、劉培峰等，2004，《民間組織通論》，北京：時事出版社。

王信賢，2006，《爭辯中的中國社會組織研究：「國家—社會」關係的視角》，台北：韋伯文化出版公司。

王建芹，2003，《第三種力量：中國後市場經濟論》，北京：中國政法大學出版社。

王美惠，1992，〈台商大陸投資政治效應，引發中共當局高度警覺〉，《工商時報》，1992年6月19日，第一版。

王紹光、何建宇，2004，〈中國的社團革命：中國人的結社版圖〉，《浙江學刊》，149：71-77。

王詢，1999，《文化傳統與經濟組織》，大連：東北財經大學出版社。

王穎等，1993，《社會中間層：改革與中國的社團組織》，北京：中國發展出版社。

包龍星a，2005，《一個台商的故事》，台北：海鴿文化出版公司。

包龍星b，2005，《到大陸應該有的觀念》，台北：海鴿文化出版公司。

台商熱線，2004，〈台資企業協會能幫台商解決什麼問題〉，http://64.233.187.104/search?q=cache。

朱英、鄭成林等，2005，《商會與近代中國》，武漢：華中師範大學出版社。

朱英等，2004，《中國近代同業公會與當代行業協會》，北京：中國人民大學出版社。

朱鴻偉，2006，《跨國公司行為的政治經濟分析》，北京：經濟科學出版社。

何增科，2006，〈中國公民社會制度環境要素分析〉，載俞可平等，《中國公民社會的制度環境》：121-165，北京：北京大學出版社。

何增科、歆繼紅、周紅雲編，2000，《公民社會與第三部門》，北京：社科文獻出版社。

冷明權、張智勇，2004，《經濟社團的理論與案例》，北京：社科文獻出版社。

吳介民，1996，〈同床異夢：珠江三角洲外商與地方之間假合資關係的個案研究〉，載李思名等編，《中國區域經濟發展面面觀》，台北／香港：台大人口中心及浸會大學林思齊東西交流所，頁175-217。

吳介民，2000，〈虛擬產權與台商的關係政治學〉，載鄭赤琰、張志楷編，《台商與兩岸關係論文集》：220-240，香港：嶺南大學族群與海外華人經濟研究部、香港海峽兩岸關係研究中心。

吳介民，2004，〈台商社群的「關係敏感帶」與「象徵行動群聚」〉，《當代中國研究通訊》，3：37-40。

李道成、徐秀美，2001，《經商中國：大陸各地台商的賺錢經驗》，台北：商訊文化出版社。

李漢林等，2006，《組織變遷的社會過程：以社會團結為視角》，北京：東方出版中心。

邢幼田，1996，〈台商與中國大陸地方官僚聯盟：一個新的跨國投資模式〉，《台灣社會研究季刊》，23（7）：159-181。

周雪光，2003，《組織社會學十講》，北京：社會科學文獻出版社。

尚曉援，2007，《衝擊與變革：對外開放中的中國公民社會組織》，北京：中國社科出版社。

林志昇，2002，《從中國大陸出逃》，台北：雍尚數位出版公司。

林志慎，2001，〈外來動力的「制度創新」：「東莞台商協會」成立「台商學校」之研究〉，台北：政治大學東亞研究所未出版碩士論文。

林明杰，1995，〈大陸台商對台資企業組織績效滿意之研究：以北京、天津、上海、崑山等四地區投資台商及台資企業協會為例〉，《中國行政》，58：1-17。

林瑞華，2004，《國家與網絡環伺下的臺資企業協會：協會參與棟樑之探討》，台北：政治大學東亞研究所未出版碩士論文。

金耀基，1992，《中國社會與文化》，香港：牛津大學出版社。

金耀基，1997，《中國政治與文化》，香港：牛津大學出版社。

俞可平，2006，〈中國公民社會的制度環境〉，載俞可平等，《中國公民社會的制度環境》：1-46，北京：北京大學出版社。

俞可平編，2002，《中國公民社會的興起與治理的變遷》，北京：社科文獻出版社。

柏蘭芝、潘毅，2003，〈跨界治理：台資參與昆山制度創新的個案研究〉，《城市與設計學報》，15/16：59-91。

胡明揚，2007，〈上海台胞聯誼社群網站當紅〉，《聯合報》，2007年8月13日，第F4版。

范麗珠編，2003，《全球化下的社會變遷与非政府組織》，上海：上海人民出版社。

郁建興，2006，《民間商會與地方政府：基於浙江省溫州市的研究》，北京：經濟科學出版社。

郁建興、吳宇，2003，〈中國民間組織的興起與國家社會關係理論的轉型〉，《人文雜誌》，4：142-148。

郁建興、黃紅華、方立明等，2004，《在政府與企業之間：以溫州商會為研究對象》，杭州：浙江人民出版社。

徐長春，2006，《大陸台資企業協會組織角色功能之研究》，台北：台北大學未出版碩士論文。

浦文昌，2007，《建設民間商會：「市場經濟與民間商會」理論研討會論文集》，蘭州：西北大學出版社。

耿曙，2006，〈國家解釋的再思考：市場化、全球化、與昆山政企關係〉，論文發表於「台商大陸投資：東莞與昆山經驗」學術研討會，政治大學國關中心主辦，11月25～26日。

耿曙、林琮盛，2005，〈屠城木馬？全球化背景下的兩岸與台商〉，《中國大陸研究》，48（1）：16-18。

高三福，2003，〈團隊與效能〉，載鄭伯壎、姜定宇、鄭弘岳編，《組織行為研究在台灣：三十年回顧與展望》，台北：桂冠圖書公司，頁281-308。

康曉光、韓恆，2005，〈分類控制：當前中國大陸國家與社會關係研究〉，《社會學研究》，6：73-89。

張永宏編，2007，《組織社會學的新制度主義學派》，上海：世紀出版集團／上海

人民出版社。

張軍，1995，《特權與優惠的經濟學分析》，上海：立信會計出版。

張苙雲，1986，《組織社會學》，台北：三民書局。

張家銘，2001，〈中國大陸蘇州的經濟發展與台商投資研究〉，《東吳社會學報》，11（12）：175-201。

張家銘，2006，《臺商在蘇州：全球化與在地化的考察》，台北：桂冠出版社。

張家銘、江聖哲，2005，〈蘇州台商的政企關係：社會鑲嵌觀點的考察〉，發表於2005 台灣社會學會年會「台灣社會與社會學的反思」學術研討會，台北：2005 年 11 月 19、20 日。

梁治平，2003，〈「民間」、「民間社會」和Civil Society：Civil Society概念再檢討〉，《雲南大學學報社會科學版》，1：56-67。

陳介玄，1994，《協力網絡與生活結構：台灣中小企業的社會經濟分析》，台北：聯經出版公司。

陳定銘，2004，〈第三部門與國家發展：以全國性社會團體為例〉，《社會文化學報》，18（6）：85-119。

陳振偉、耿曙，2005，〈揮別發展型國家？昆山地方治理模式的轉型〉，《政治學報》，37（6）：139-171。

湯蘊懿，2007，〈上海外國商會網絡體系分析及借鑒〉，《上海管理科學》，2007年第1期：48-51。

湯蘊懿、胡偉，2006，〈制度變遷與制度均衡：析上海地方治理過程中外國商會的角色〉，《上海交通大學學報哲學社會科學版》，5：64-69。

湯蘊懿、唐興霖，2007，〈商會網絡體系構建及分析：以上海外國商會為研究對象〉，《上海經濟研究》，3：72-76。

童振源，2003，《全球化下的兩岸經濟關係》，台北：生智出版社。

華夏經緯網，2002，〈台商家長余明進〉，http://www.huaxia.com/2003811/00065088.html。

費孝通，1998《鄉土中國・生育制度》，北京：北京大學出版社。

賀立平，2007，《讓渡空間與拓展空間：政府職能轉變中的半官方社團研究》，北京：中國社會科學出版社。

楊中芳編，2001，《中國人的人際關係、情感與信任：一個人際交往的觀點》，台北：遠流出版公司。

詹靜怡，2001，《大陸地區台灣同胞投資企業協會角色與功能之研究：以天津市、上海市及東莞為例》，台中：東海大學政治學研究所未出版碩士論文。

賈西津，2005，《第三次改革：中國非營利部門戰略研究》，北京：清華大學出版社。

賈西津等，2004，《轉型時期的行業協會：角色、功能與管理體制》，北京：社科文獻出版社。

臧聲遠、季欣麟，2000，《深入中國I》，台北：天下遠見出版公司。

劉世定，1999，〈嵌入性與關係合同〉，《社會學研究》，4：8-19。

劉隆禮，2004，《中越兩地台灣商會組織與功能發展比較研究：以上海台商協會與越南台灣商總為例》，宜蘭：佛光人文社會學院管理學研究所未出版碩士論文。

劉雅靈，2003，〈經濟轉型的外在動力：蘇南吳江從本土進口替代到外資出口導向〉，《台灣社會學刊》，30（6）：89-133。

數位時代論壇，2001，〈生活在東莞——32個新市鎮，交集最多台商的喜悅與憂傷〉，http://www.bnext.com.tw/special_mag/2001_04_15/2001_04_15_406.html。

鄭也夫、彭泗清等，2003，《中國社會中的信任》，北京：中國廣電出版社。

鄭也夫編，2003，《信任：合作關係的建立與破壞》，北京：中國城市出版社。

鄭伯壎、劉怡君，1995，〈義利之辨與企業間的交易歷程：台灣組織間網絡的個案分析〉，《本土心理學研究》，4（8）：2-41。

鄭政秉，2002，〈交易成本和外商在大陸之尋租行為〉，發表於「第三屆實證經濟學研討會」，南投：暨南大學及台北：中央研究院政治經濟學研討會。

鄧正來，2001，《市民社會》，台北：揚智文化。

鄧正來、Jeffrey C. Alexander編，2006，《國家與市民社會：一種社會理論的研究路徑》，上海：上海人民出版社。

鄧建邦，2002，〈接近的距離：中國大陸台資廠的核心大陸員工與台商〉，《台灣社會學》，3（6）：211-251。

蕭新煌編，2000，《非營利部門：組織與運作》，台北：巨流圖書公司。

蕭瑞麟，2006，《不用數字的研究：鍛鍊深度思考力的質性研究》，台北：台灣培生出版社。

韓劍華，1992，〈忌憚和平演變，中共「淡化」台商組織〉，《聯合報》，1992年

1月22日，第四版。

叢日雲、龐金友，2002，〈西方公民社會理論的復興及特點〉，《教學與研究》，1：58-63。

龐金友，2004a，〈當代公民社會與民主化關係的再思考〉，《教學與研究》，1：78-83。

龐金友，2004b，〈當代公民社會與民主化關係的新解讀〉，《文史哲》，5：156-161。

龐金友，2006，〈當代公民社會與民主化：一種可能性的分析〉，《北京科技大學學報社會科學版》，3：36-43。

蘇祐磊、羅家德、葉勇助，2007，《中國人的信任遊戲》，北京：社科文獻出版社。

蘇國賢，2002，〈同業公會與社會資本〉，發表於2002年台灣社會學年會「重訪東亞：全球、區域、國家、公民」研討會，台中：2002年12月14、15日。

顧忠華，1998，〈公民社會與非營利組織：一個理論性研究的構想〉，《亞洲研究》，26（4）：8-23。

顧忠華，1999，〈公民結社的結構變遷：以台灣非營利組織的發展為例〉，《台灣社會研究》，36（12）：123-145。

Bian, Yanjie（邊燕杰），2002，〈找回強關係：中國的間接關係、網絡橋樑和求職〉，《中國社會學第一卷》：219-248，上海：上海人民出版社。

Colander, David C. 編，馬春文、宋春艷譯，2005，《新古典政治經濟學：尋租和DUP行動分析》，長春：長春出版社。

Coleman, James S.，鄧方譯，1999，《社會理論的基礎》，北京：社會科學文獻出版社。

DiMaggio, Paul & Walter Powell，2007，〈鐵的牢籠新探討：組織領域的制度趨同性和集體理性〉，載張永宏編，《組織社會學的新制度主義學派》：23-43，上海：世紀出版集團／上海人民出版社。

Douma, Sytse & Hein Schreuder，原磊、王磊譯，2006，《組織經濟學：經濟學分析方法在組織管理上的應用》，北京：華夏出版社。

Dunleavy, Patrick，張慶東譯，2004，《民主、官僚制與公共選擇：政治科學中的經濟學闡釋》，北京：中國青年出版社。

Fukuyama, Fancis，李宛容譯，1998，《誠信：社會德行與繁榮的創造》，台北：

立緒。

Gambetta, Diego編，楊玉明、皮子林等譯，2003，《信任：合作關係的建立與破壞》，北京：中國城市出版社。

Granovetter, Mark，羅家德譯，2007，〈經濟行動與社會結構：鑲嵌問題〉，載《鑲嵌：社會網與經濟行動》：1-37，北京：社科文獻出版社。

Gutman, Amy編，2006，《結社：理論與實踐》，吳玉章譯，北京：三聯書店。

Hudock, Ann C.，2003，《非政府組織》，江明修譯，台北：智勝文化。

Lin, Nan（林南），Walter M. Ensel & John C. Vaughn, 2002，〈社會資源和關係的力量：職業地位獲得中的結構性因素〉，《中國社會學卷一》：199-218，上海：上海人民出版社。

Lin, Nan，張磊譯，2005，《社會資本：關於社會結構與行動的理論》，上海：上海人民出版社。

Marshall, Catherine & Gretchen B. Rossman，2006，《質性研究與計劃撰寫》，台北：五南圖書公司，第3版。

Meyer, John W. & Brian Rowan，2007，〈制度化的組織：作為神話和儀式的正式結構〉，載張永宏編，《組織社會學的新制度主義學派》：3-23，上海：世紀出版集團／上海人民出版社。

Milgrom, Paul & John Roberts，費方域等譯，2004，《經濟學、組織與管理》，北京：經濟科學出版社。

North, Douglass C.，劉瑞華譯，1994，《制度，制度變遷與經濟成就》，台北：時報文化。

Olson, Mancur，呂應中、陳槐慶、吳棟、孫禮照譯，2001，《國家興衰探源：經濟增長、滯脹與社會僵化》，北京：商務印書館。

Olson, Mancur，董安琪譯，1989，《集體行動的邏輯》，台北：遠流出版公司。

Putnam, Robert D.，王列、賴海榕譯，2001b，《使民主運轉起來》，杭州：江西人民出版社。

Redding, S. Goden.，張遵敬、范煦、吳振寰譯，1993，《海外華人企業家的管理思想：文化背景與風格》，上海：上海三聯出版社。

Salamon, Lester M. et al.，陳一梅等譯，2007，《全球公民社會：非營利部分國際指數》，北京：北京大學出版社。

Salamon, Lester M.，賈西津、魏玉譯，2002，《全球公民社會：非營利部門視

界》，北京：社科文獻出版社。

Salamon, Lester M. & Helmut K. Anheier，2000，〈公民社會部門〉，載何增科、欣繼紅、周紅雲編，《公民社會與第三部門》，北京：社科文獻出版社，頁257-269。

Schimitter, Philippe，林本炫，載田弘茂等譯，1997，〈民間社會與民主的鞏固：有關亞洲社會的十個命題與九項思考〉，《鞏固第三波民主》：382-419，台北：業強出版社。

Truman, David B.，張炳九譯，1998，《政治過程：政治利益與輿論》，台北：桂冠。

Tullock, Gordon，李政軍譯，1999，《對尋租活動的經濟學分析》，成都：西南財經大學出版社。

Weber, Max，1996，簡惠美譯，《中國的宗教：儒教與道教》，台北：遠流出版社，修訂版。

Weber, Max，1977，鄭太朴譯，《社會經濟史》，台北：台灣商務印書館。

Williamson, Oliver E.，1996，〈交易費用經濟學：契約關係的規制〉，載陳郁編，《企業制度與市場組織：交易費用經濟學文選》：24-63，上海：上海人民／上海三聯出版社。

英文文獻

Alagappa, Muthiah ed. 2004. *Civil Society and Political Change in Asia: Expanding and Contracting Democratic Space*. Stanford, CA: Stanford University Press.

Baker, George, Robert Gibbons & Kevin J. Murphy. 2002. "Relational Contracts and the Theory of the Firm." *Quarterly Journal of Economics* 117(1): 39-84.

Baker, Gideon. 2002. *Civil Society and Democratic Theory*. London & New York: Routledge.

Becker, Gary Stanley. 1976. *The Economic Approach to Human Behavior*. Chicago: University of Chicago Press.

Brousseau, Eric & Mohand Fares, 2000. "Incomplete Contracts and Governance Structures: Are Incomplete Contract Theory and New Institutional Economics Substitutes or Complements?" In *Institutions, Contracts and Organizations: Perspectives from New Institutional Economics*, ed. Claude Menard. London: Elgar:

399-421.

Buchanan, James, Gordon Tullock & Robert Tollison eds. 1980. *Toward a Theory of the Rent-Seeking Society*. College Station, TX: Texas A&M University Press.

Burnham, Peter et al. 2004. *Research Methods in Politics*, Houndmills, Basingstoke, UK & New York: Palgrave/Macmillan.

Cassell, Catherine & Gillian Symon eds. 2004. *Essential Guide to Qualitative Methods in Organizational Research*. London & Thousand Oaks, CA: Sage.

Cassell, Catherine & Gillian Symon eds. 1998. *Qualitative Methods and Analysis in Organizational Research: A Practical Guide*. London & Thousand Oaks, CA: Sage.

Coleman, James S. & Thomas J. Fararo eds. 1992. *Rational Choice Theory: Advocacy and Critique*. Newbury Park, CA: Sage.

Collins, Randall. 1980. "Weber's Last Theory of Capitalism: A Systematization." *American Sociological Review* 45(4): 925-942.

Corts, Kenneth & Jasjit Singh. 2004. "The Effect of Repeated Interaction on Contract Choice: Evidence from Offshore Drilling." *Journal of Law, Economics and Organization* 20 (1) : 230-260.

Dexter, Lewis A. 1979. *Elite and Specialized Interviewing*. Evanston: Northwestern University Press. 2nd.

Diamond, Larry & Marc F. Plattner eds., 1996. *The Global Resurgence of Democracy*, 2nd.

Diamond, Larry ed., 1997. *Consolidating the Third Wave Democracies: Themes and Perspectives*, Baltimore, MD: Johns Hopkins University Press.

Edmondson, Ricca, 1997. *The Political Context of Collective Action: Power, Argumentation and Democracy*. London & New York: Routledge.

Edwards, Bob, Michael W. Foley & Mario Diani eds. 2001. *Beyond Tocqueville: Civil Society and the Social Capital Debate in Comparative Perspective*, Hanover, NH: Tufts University.

Eisenstadt, Shmuel Noah & René Lemarchand. 1981. *Political Clientelism, Patronage, and Development*, Beverly Hills, CA: Sage.

Eisenstadt, Shmuel Noah & Roniger, Luis, 1984. *Patrons, Clients, and Friends: Interpersonal Relations and the Structure of Trust in Society*, Cambridge & New

York: Cambridge University Press.

Ethridge, Marcus E., 1994. "Elite Interviewing," In *The Political Research Experience: Readings and Analysis*. ed. Ethridge, Marcus E. Guilford, CT: Dushkin: 225-236.

Finkel, Steven E. & Edward N. Muller, 1998. "Rational Choice and the Dynamics of Collective Political Action: Evaluating Alternative Models with Panel Data." *American Political Science Review* 92 (1): 37-49.

Foss, Pal ed., 1995. *Economic Approaches to Organizations and Institutions: An Introduction*. Aldershot, UK & Brookfield, VT: Dartmouth.

Foster, Kenneth W., 2001. "Associations in the Embrace of an Authoritarian State: State Domination of Society?" *Studies in Comparative International Development* 35(4): 84-109.

Foster, Kenneth W., 2002. "Embedded within State Agencies: Business Association in Yantai." *The China Journal* 47: 41-66.

Frolic, B. Michael, 1997, "State-Led Civil Society," in Timothy Brook & B. Michael Frolic eds., *Civil Society in China*, Armonk, New York: M. E. Sharpe.

Goldberg, Victor P., 1980. "Relational Exchange: Economics and Complex Contracts." *American Behavioral Scientist* 23(3): 337-352.

Hall, John A., ed., 1995, *Civil Society: Theory, History, Comparison*, Cambridge, UK: Polity Press.

Harding, Harry., 1994. "The Contemporary Study of Chinese Politics: An Introduction." *The China Quarterly*, 139: 699-703.

Harris, Phil., 2001. "Machiavelli, Political Marketing and Reinventing Government." *European Journal of Marketing* 35(9/10): 1136-1154.

Heckathorn, Douglas D., 1993. "Collective Action and Group Heterogeneity: Voluntary Provision versus Selective Incentives." *American Sociological Review* 58(3): 329-350.

Heery, Edmund et al., 2004. "Beyond the Enterprise: Trade Union Representation of Freelances in the UK" *Human Resource Management Journal* 14(2): 20-35.

Hertz, Rosanna & Jonathan B. Imber. 1995. *Studying Elites Using Qualitative Methods*. Thousand Oaks, CA & London: Sage.

Hobbs, Dick & Richard Wright eds. 2006. *The SAGE Handbook of Fieldwork*. London &

Thousand Oaks, CA: Sage.

Hodgkinson, Virginia Ann & Michael W. Foley eds. 2003. *The Civil Society Reader*. Hanover, NH: Tufts University Press/University Press of New England.

Horne, Christine. 2004. "Collective Benefits, Exchange Interests, and Norm Enforcement." *Social Forces* 82(3): 1037-1062.

Howell, Jude & Jenny Pearce. 2001. *Civil Society & Development: A Critical Exploration*. Boulder, CO: Rienner.

Hsing, You-Tien. 1996. "Blood, Thicker Than Water: Interpersonal Relations and Taiwanese Investment in Southern China." *Environment and Planning* A 28: 2241-2261.

Hsing, You-Tien. 1998. *Making Capitalism in China: The Taiwan Connection*. Oxford & New York: Oxford University Press.

Jordan, Grant & Darren Halpin. 2003. "Cultivating Small Business Influence in the UK: The Federation of Small Businesses' Journey from Outsider to Insider." *Journal of Public Affairs* 3(4): 313-325.

Kawata, Junichi ed. 2006. *Comparing Political Corruption and Clientelism*, Aldershot, Hampshire, England & Burlington, VT: Ashgate.

Keng, Shu. 2003. "Taiwanese Identity, Found and Lost: Shifted Identity of the Taiwanese in Shanghai," Paper Presented in the Conference on "Political Economy: Dialogues between Philosophy, Institutions, and Policy." Department of Political Science, National Chengchi University, Taipei, Sept., 27-28.

Knoke, David. 1990. *Organizing for Collective Action: The Political Economies of Associations*. New York: Aldine de Gruyter.

Kollock, Peter. 1998. "Social Dilemmas: The Anatomy of Cooperation." *Annual Review of Sociology* 24: 183-214.

Kuah-Pearce, Khun Eng & Evelyn Hu-Dehart eds., 2006. *Voluntary Organizations in the Chinese Diaspora*, Hong Kong: Hong Kong University Press.

Kurer, Oskar. 1997. *The Political Foundations of Development Policies*, Lanham, MD: University Press of America.

Lapp, Miriam. 1999. "Incorporating Groups into Rational Choice Explanations of Turnout: An Empirical Test." *Public Choice* 98 (1/2): 171-185.

Lawrence, Paul R. & Jay W. Lorsch, 1967. *Organization and Environment: Managing Differentiation and Integration.* Boston: Graduate School of Business Administration, Harvard University.

Lee, Thomas W. 1999. *Using Qualitative Methods in Organizational Research.* Thousand Oaks, CA: Sage.

Leech, Beth L. et al. 2002. "Symposium: Interview Methods in Political Science." PS: *Political Science and Politics* 35(4): 663-688.

Levin, Jonathan. 1993. "Relational Incentive Contracts," *American Economic Review* 93(3): 835-847.

Linz, Juan J. & Alfred C. Stepan, 1996, *Problems of Democratic Transition and Consolidation: Southern Europe, South America, and Post-Communist Europe,* Baltimore, MD: Johns Hopkins University Press.

Lopez, Edward J. 2002. "The Legislator as Political Entrepreneur: Investment in Political Capital." *Review of Austrian Economics* 15 (2/3): 211-228.

Lowery, David & Virginia Gray. 2004. "A Neopluralist Perspective on Research on Organized Interests." *Political Research Quarterly* 57 (1): 163-176.

Lowry, Robert C. 1997. "The Private Production of Public Goods: Organizational Maintenance, Managers' Objectives, and Collective Goals." *American Sociological Review* 91(2): 308-323.

Maanen, John van ed. 1998. *Qualitative Studies of Organizations.* Thousand Oaks, CA: Sage.

Maanen, John van, James M. Dabbs & Robert R. Faulkner eds. 1982. *Varieties of Qualitative Research.* Beverly Hills: Sage.

Meyer, John W. & W. Richard Scott. 1983. *Organizational Environments: Ritual and Rationality.* Beverly Hills, CA: Sage.

Moe, Terry M. 1980. *The Organization of Interests: Incentives and the Internal Dynamics of Political Interest Groups.* Chicago: University of Chicago Press.

Nevitt, Christopher Earle. 1996. "Private Business Associations in China: Evidence of Civil Society or Local State Power?" *The China Journal* 36: 25-43.

O'Connell, Brian & John William Gardner, 1999, *Civil Society: The Underpinnings of American Democracy,* Hanover NH: University Press of New England.

Ostrom, Elinor. 1998. "A Behavioral Approach to the Rational Choice Theory of Collective Action: Presidential Address, American Political Science Association, 1997." *American Political Science Review* 92(1): 1-22

Pearson, Margaret M. 1994. "The Janus Face of Business Associations in China: Socialist Corporatism in Foreign Enterprises." *The Australian Journal of Chinese Affaires* 31: 25-46.

Perrow, Charles. 2000. "An Organizational Analysis of Organizational Theory." *Contemporary Sociology* 29(3): 469-476.

Petracca, Mark P. 1992. *The Politics of Interests: Interest Groups Transformed*. Boulder, CO: Westview Press.

Pfeffer, Jeffrey & Gerald R. Salancik. 1978. *The External Control of Organizations: A Resource Dependence Perspective*. New York: Harper & Row.

Putnam, Robert D. 2001a, *Bowling Alone: The Collapse and Revival of American Community*, New York: Simon & Schuster.

Putnam, Robert D. ed., 2002, *Democracies in Flux: The Evolution of Social Capital in Contemporary Society*, Oxford & New York: Oxford University Press.

Rowley, Charles Kershaw, Robert D. Tollison & Gordon Tullock eds. 1988. *The Political Economy of Rent-Seeking*. Boston: Kluwer.

Saich, Tony. 2000. "Negotiating the State: The Development of Social Organizations. in China." *The China Quarterly* 161: 124-141.

Salame, Ghassan ed. 1994. *Democracy without Democrats? The Renewal of Politics in the Muslim World*, London & New York: I. B. Tauris.

Salisbury, Robert. 1965/1966. "The Urban Party Organization Member." *Public Opinion Quarterly* 24: 550-564.

Schak, David C. 2003 "Business Associations and Civil Society in China: the Case of the Taiwanese Business Association." In *Civil Society in Asia*. eds. David C. Schak & Wayne Hudson. Aldershot, UK & Burlington, VT: Ashgate: 140-159.

Seligman, Adam, 1992, *The Idea of Civil Society*, Princeton, NJ: Princeton University Press.

Seligman, Adam, 1997, *The Problem of Trust*, Princeton, NJ: Princeton University Press.

Thompson, James D. 1967. *Organizations in Action: Social Science Bases of*

Administrative Theory. New York: McGraw-Hill.

Tian, John Q. 2006. *Government, Business, and the Politics of Interdependence and Conflict across the Taiwan Strait*, New York: Palgrave/Macmillan.

Tollison, Robert D. & Roger D. Congleton eds. 1995. *The Economic Analysis of Rent Seeking*. Aldershot, UK & Brookfield, VT: Elgar.

Unger, Jonathan. 1996. "'Bridges': Private Business, the Chinese Government and the Rise of New Associations." *The China Quarterly* 147: 795-819.

Waarden, Frans van. 1992. "Emergence and Development of Business Interest Associations. An Example from the Netherlands." *Organization Studies* 13: 521-561.

Wagner, John A. ed. 1998. *Advances in Qualitative Organizational Research*. Greenwich, CT: JAI Press.

Walzer, Michael. 1985. *Spheres of Justice: A Defense of Pluralism and Equality*, Oxford, UK: Blackwell.

Walzer, Michael. 1997. *On Toleration*, New Haven, CT: Yale University Press.

Wank, David L. 1999. *Commodifying Communism: Business, Trust, and Politics in a Chinese City*. Cambridge & New York: Cambridge University Press.

White, Gordon. 1996. "The Dynamics of Civil Society in Post-Mao China." In Brian Hook ed. *The Individual and the State in China*, Oxford & New York: Clarendon Press of Oxford University Press.

White, Gordon, Jude Howell & Hsiao-Yuan Shang. 1996, In *Search of Civil Society: Market Reform and Social Change in Contemporary China*. Oxford & New York: Clarendon Press of Oxford University Press.

White, Gordon. 1993. "Prospects for Civil Society in China: A Case-Study of Xiaoshan City." *Australian Journal of Chinese Affairs*, 29: 63-87.

Whiting, Susan H. 2001. *Power and Wealth in Rural China: The Political Economy of Institutional Change*, Cambridge & New York: Cambridge University Press.

Wilson, James Q. 1995. *Political Organizations*. Princeton, NJ: Princeton University Press.

李駿怡

壹、引言

本章總共有五小節。第貳節提供三個個案城市一些相關的背景資料，同時也解釋為什麼本章選擇天津、昆山及東莞為研究城市的主因。第參節主要在解釋本章分析的架構，依分析層次而言，主要有三個分析框架：台商與地方政府會面密集度、會面的機制性程度以及台商對地方政府政策影響的程度。第肆小節深入分析台商對中國中央及地方政府的「策略性利益」。第伍小節則以四個時間段來檢驗台商與中國地方政府互動的過程。有鑑於這四個時間段的深入分析，最後的結論主要指出不論對於中國中央或地方政府，台商的「策略性利益」都是由中國政府因時因地的理性考量而得來。

貳、研究城市

本研究並非著重於台商投資的量化資料，它是著重台商與三個中國地方政府天津、昆山及東莞的質化互動關係研究。分析這三個城市的原因並非要提供比較性研究，而是要顯示在中國中央政府歡迎台商投資的大政策下，各地方政府與台商互動的模式雖稍有不同，但大體而言都是遵循一個一致的模式，也就是由低至高會面密集度、由低至高會面的機制性程度以及台商逐漸參與討論中國地方政府的某些政策執行方向。

中國是個泱泱大國，各地方政府當然也顯現許多區域性特徵，由於這三個城市分別坐落於中國的北方、東岸沿海地區的中部以及中國的南方，因而本章

選擇這三個城市進行深入分析，以提供一個更清楚且系統性的對中國地方政府的分析。除了北、中、南地理位置上的考量，本研究選擇這三個城市還有一些特別的原因，以下分述：

　　天津是中國在中央政府管轄下的四個直轄市之一。由於天津與北京為鄰的特殊地理位置讓天津成為中國最大的海口城市、北方主要的轉運以及貿易中心，這也讓天津一直以來就被視為至中國首都的閘口（天津市政府簡介，2004）。根據Rashid Malik在1991年對於天津個體戶的研究，天津地方政府對於商人的態度其實是相當保守的，在天津的商人因此也享受到相對少的特別優惠（Malik, 1997: 12-13）。正如同天津投資貿易局主任在接受本研究訪談時所提及（訪談資料T10）[1]，天津市政府不論對於本國或外國投資者都是謹守中央政府的政策。至於天津市政府恪守中央政府政策的原因有二，其一為天津在地理位置上與北京緊密相鄰，其二為從政府層次而言，位居直轄市的天津理當受中央政府的管轄甚多，此讓天津市府官員對中央政策的回應性也相當高（Duckett, 1998: 52-53）。所以天津市政府可視為北京政府的代表，它與台商的互動也因此被賦予特殊意義。台商在天津的投資主要集中在製造業，例如電子、機械、食品、傢俱、橡膠製造、造紙以及自行車業。大部分台商投資在天津是以出口為導向。台商投資在天津的總投資額在2009年達到51億美元，與其他外國投資量相比，台商投資在天津為前五名（天津地方政府台灣人民事務局，2009）。

　　昆山位於上海與南京之間的經濟走廊，並且佔良好的交通位置。昆山距離上海港60公里之遠（昆山市政府，2004）。因為與大上海商埠相距不遠，昆山市政府在一開始的時候就清楚地認知到昆山有可能被大上海商埠邊緣化（Po & Pun, 2003: 59-91）。為了不單單成為大上海商埠的腹地，昆山市政府認知到他們要提供投資者更好的投資條件，藉以走出自己經濟成長的道路。在此所指

---

[1] 本章中呈現所有在田野中受訪及接觸研究對象的姓名、所屬單位，都經匿名處理，受訪名錄將只呈現受訪日期以及地點。

的「更好的投資條件」指的是便宜的地租及良好的政府服務，因此昆山市政府對於投資者的基本理念是「服務」而非「管理」。由於昆山市政府的決心跟招商引資的熱情，這個小縣級市靠著它自己的力量發展出一個國家級的出口加工區。在沒有中央政府的支持下，昆山市政府靠著向南方「經濟特區」學習經驗，在1985年昆山成立了經濟及科技出口加工園區。在1992年8月，中共國務院將昆山經濟技術開發區升級成國家級的開發區，因此昆山開發區成為中國的第15個國家級的特別開發區（昆山日報，1994）。對大部分的台商而言，雖然昆山是一個小縣級市，但因地方官員與投資者密切合作的熱忱，讓昆山具有與上海媲美的潛能。因此台商與昆山地方政府的互動，可以顯示出地方政府利用台商投資來成就他們的利益，特別是在利用台資帶動整個區域發展這個部分，昆山市政府做得很到位。相對於其他城市而言，台商投資在昆山比較多的部分是著重在高科技產業。以昆山整個外資企業投資的量而言，台資佔了約60%的比例，已註冊的台資到2009年7月的資本額是170.9億美元（昆山市人民政府台灣事務辦公室，2009）。

東莞位於珠江三角洲的深圳與廣州的經濟走廊間，剛好位於兩個國家級的經濟開發區（廣東及福建）中間，所以東莞市政府有地利上的優勢。中央政府在1979年就頒布廣東以及福建兩省成立經濟開發特區，之後在1985年又在珠江三角洲、長江三角洲以及閩南三角洲成立經濟特區。靠著中央政府的特殊政策，外商投資在這些區域一開始是享有「三免兩減半」的優惠租稅政策，意即在外商投資的前兩年不用繳稅金，隨後在企業投資開始營利後的三年稅金減半。而特殊的產業，例如高科技產業或生化及特殊農業，會享有更多優惠稅率（Yeung, 2001: 44）。得利於這些中央政府對外商投資的優惠政策，東莞市政府在1980年代中期就開始吸引大量外資湧入。

由於東莞是屬於早期開放外資城市，在2004年10月左右，台商投資在東莞已經達到5,258件，台資公司在東莞的比例佔全外資企業的34%。合同台資跟實際利用台資比例分別佔了10億以及6.76億人民幣。台資投資量也達到整個外資在東莞投資量的27.3%（東莞市人民市政府台灣事務辦公室，2004年）。

根據官方統計，台商投資在東莞佔了整個台資在中國投資量的十分之一，佔了在廣東省台資投資量的三分之一（東莞市人民市政府台灣事務辦公室，2004年）。台商投資主要著重在傢俱、玩具製造、衣物、塑膠以及一般製造業。在東莞，IT產業佔了東莞台商投資量的70%以上，台商投資量在東莞合計約114億美元（東莞市人民市政府台灣事務辦公室，2009）。簡言之，台商投資在東莞的特色為中小型產業、出口型導向，而且一般而言需要大量的廉價勞力。

由於台資投資量在東莞亮麗的成果，從1990年代後期中央政府官員就頻繁地來東莞視察，因而作者認為可以推論的是台商投資可被視為東莞經濟發展的根本要素。台商投資在東莞是一個地方政府用台資以搏取中央政府關注的好例子。

參、三個分析框架

分析中國政府的政策決定過程向來有一定的困難度，適用於觀察分析民主國家的諸多檢測方法及標準在由於缺乏政策的透明度，在中國很難適用（Lieberthal & Oksenberg, 1998: 4-11），但這並不表示中國政府的政策決定過程完全不能被觀察檢測。本章即採用三個可供觀察檢驗的指標來分析台商與中國地方政府互動過程的變化，它們也提供了一些具體可以討論這個互動過程的指標。

第一個分析框架是台商與地方政府會面的密集度。自1987年開始，台商與地方政府會面的密集度逐漸增加，台商快速而大量地在中國投資的情形也加速台商與地方政府會面的密集度。愈大量的台商資本傾注於中國市場也代表愈多台商進駐中國，而台商投資的產業別也逐漸從中小型的製造業轉成愈來愈多的高新產業，台商投資中國的量與型態的轉變也都增加了台商與地方政府互動的機會。而隨著愈來愈多台商進駐中國也讓台商們逐漸有籌備商會的念頭，各地台商投資協會的成立也增加了台商與地方政府在機制性互動層次的機會。

第二個分析框架是台商與地方政府會面的機制性程度。如前文所言，隨著

愈來愈多台商進駐中國，台商們希望能夠成立商會型的組織以與地方政府展開機制性的對話。第一個台商協會是在北京於1990年成立，至今在全中國已經有111個台商投資協會（訪談資料TA3）。中國地方政府有權指派一位或兩位當地台灣事務局的官員到台商協會擔任副會長或秘書長，因此在每一個台商協會中至少有一位或兩位中國地方官員。

　　然而我們無法忽略「關係」（Nee, 1992: 1-27; Yang, 1994; Wu, 1997: 319-346; Wank, 1999）在台商與中國地方政府互動中的重要性。如同大部分的台商觀察所得，與地方政府正式的會面討論只是一個他們能藉以熟識官員的管道。在這裡正式的會面所指的是集體的會面，所以商人與地方官員私下的會面並不在此討論範圍之內。計算或衡量這些私下會面的密集度也有一定程度的困難，因為這些私下會面可以在任何飯局或卡拉ok聚會中發生（Hsing, 1998: 4）。然而如果台商認識在相關地方政府中的關鍵人物，他們的問題通常可以被比較有效率地解決。「關係」與機制化的溝通管道在台商與地方政府的互動中互相制衡，這是本分析框架的第二個著重點。

　　第三個分析框架著重在台商對地方政府政策執行力道上的影響性。台商要影響到中國中央政府的政策執行力是有相對較高的困難度，但是台商在中國的特殊地位給他們能與地方政府溝通政策執行度的一些空間。藉由愈來愈高的會面機會以及愈來愈機制化的會面管道，台商對中國地方政府政策的執行方向上也逐漸有其影響力。

　　為了深入瞭解台商與中國地方政府互動關係的轉變，在以下四個時間段中這三個分析框架都會逐一被檢驗。選擇這三個分析框架的基本邏輯是，經過愈來愈密集的會面次數，會面的形式也會愈來愈機制化，而台商對地方政府的施政方向也會逐漸有影響力。

肆、台商在中國的策略性價值

對中國的中央政府而言，將台灣納入中國的領土是它對兩岸關係的最主

要考量。為了達成這個目標，中央政府對台灣議題採用「胡蘿蔔與棍子」的兩手策略。如同前外交部長以及前國務院副總理錢其琛引用鄧小平所言：「中國使用兩手政策來應對台灣問題：右手是和平統一；左手是武力解決。中國會盡力用右手來解決台灣問題，但是如果右手的力道不夠強，中國不會排除用左手來解決台灣問題的可能性。」（錢其琛，2003）。中國解放軍在南方沿海對台灣佈下了超過700座短程飛彈，而且這個數目每年都在增加中。[2]更有甚者，在2005年3月通過的「反分裂法」更進一步申明了中國對「一個中國：台灣是中國的一部分」這個立場的堅持度（《人民日報》，2005年3月14日）。如果武力佈署以及法條宣布可視為中國對台「左手政策」的具體代表，那什麼是中國對台「右手政策」的代表？

自從1979年中國經濟改革開放以來，中國對台政策進入追求和平統一的階段。「告台灣同胞書」代表著中國對台灣的一般性政策導向。在這個宣言中，中國政府催促台灣政府要開啟「三通」，主要指的是通郵、通商跟通航。[3]中國的對台政策一直以來都是堅持著「一個中國」的原則，同時強調加強民間以及政府或非政府組織間的交流。鼓勵民間交流或是熱烈歡迎台商投資中國的精神可以從胡錦濤在2003年的演說「就新形勢下發展兩岸關係提出四點意見」中更加體現。在這份講稿中，胡錦濤主要堅持在「一個中國」的原則，他承諾保障台商在中國投資的利益，同時更深切地期盼台胞能夠敦促台灣政府對和平統一做努力。（《人民日報》，2005年3月13日）根據Zheng和Fook，對於台灣政策，胡錦濤採用了與前任者不同的態度。他們認為胡錦濤對人民的需求付出較多的關注，因此胡錦濤採用了較軟性或較友善的台灣政策以呼應廣大人民對於歡迎台商在中國投資的期待（Zheng & Fook, 2007: 63）。

然而本章卻認為胡錦濤的對台政策並非完全創新，胡錦濤的較友善的對

---

[2] 編輯稿，2006，〈中國飛彈針對台灣反統一力量〉，不具代表的國家及民族組織（the Un-represented Nations and Peoples Organization），網址：http://www.unpo.org/content/view/4117/236/，查閱日期：2010/1/21。

[3] 許世詮，〈一個中國原則：一個中國原則的由來〉，中國國務院台灣事務辦公室，網址：www.gwytb.gov.cn，查閱日期：2010/1/22。

台政策其實只是具體化了他的前任者對台「和平統一」的目標。既然對於和平統一的追求可以被視為中國政府一貫不變對台的「胡蘿蔔政策」，那麼緊接而來的問題就是，為何台商成為執行中國政府「胡蘿蔔政策」的重要工具？為了回答這個問題，我們必須深入分析台商如何幫助中國政府達成兩岸關係和平統一的目標。在近年來的兩岸關係研究中，廖凡備界定商人與政府之間的互動可以有三個層次：代替者、中介者以及阻礙者（Liao, 2003: 4）。他的研究主要針對台商對台灣政府在對中國或是對南亞其他國家政策的交互影響力。張旭成的研究也指出，中國中央政府尋求和平統一的途徑而且也著重在人民的經濟福祉，更進一步指出台商在中國已被中央政府利用為政治的工具（Chang, 1995: 77）。在這些研究基礎下，本章提出對於中國政府而言，台商可被視為外資來源之一，一個介於中國中央政府及台北政府之間的樞紐，同時也是一股對於台北政府大陸政策的主要施壓團體。由於台商對於中國中央政府有這些可能的利益，因此中央政府會利用台商來達成他們的政策目的。

　　至於中國地方政府，他們對於台商的優惠待遇可以從以下這段與台商的訪談得知：「如果美國公司跟我們公司同時違法，地方官員可能會直接懲罰美國公司但是願意坐下來跟我們公司好好談談。」（訪談對象，T9）。中國地方官員這種彈性或甚至是對台商容忍的態度也在邢又田的研究中討論過，他指出中國地方官員在對外商投資者有較寬大的執行政策標準，尤其是對台灣及香港投資者（Hsing, 1998: 128-141）。但是為何中國地方政府要對台商提出較優惠的政策？本章強調台商對中國地方政府有兩種直接利益，第一種是財政收入，第二種是政治利益。

　　外資包含台資對中國地方政府而言是一項很重要的財政收入，因為中國實際存在著經濟邦聯制。中國的經濟分權主義實際上對於鼓勵各地方政府加強吸引外資有相當重要的影響，因此也對於推動中國走向市場化經濟有著不可磨滅的功勞（Chung, 1995: 487-508; Solinger, 1996: 1-37; Breslin, 1996; Hsu, 2004, 568; Zheng, 2007: 1-71）。為何財政分權制在這裡扮演很重要的角色是因為在1980年代建立了一種改革的稅務系統：

將中央的稅收與地方的開銷分家，同時讓地方自負發展的盈虧，簡而言之就是著名的「分灶吃飯」（Shirk, 1993: 149-196）。與過去每年改變的稅務系統不同的地方是，這個新的稅收系統容許各省政府自定未來五年要繳交至中央的稅收額度（Oi, 1992: 103）。在1988年以後，各省政府、自治區政府以及自治市可以與中央政府簽訂要繳回多少百分比的外匯收入（Shirk, 1993: 16; Minami, 1994: 78）。這些政策確保了一個稅務分家的系統，而且賦予中國地方政府可以跟中央政府協商繳回多少稅收的權利。按照地方政府不同的發展程度，每個地方政府繳回至中央政府的稅收皆不一樣。地方政府也不需要與中央政府分每項稅收，只有特定幾項稅收地方政府必須與中央政府分，例如國稅以及商業稅是必須繳回部分到中央政府的，地方政府可以全保留的是地方上的費，例如地方政府名目眾多的行政費（Oi, 1992: 104-110）。這可能就是大部分台商經歷地方政府漫無止盡地對於徵收行政規費要求的原因（《經濟日報》，1998年9月7日）。

更有甚者，為了鼓勵吸引外資，中國政府在不同時期對不同的地方政府開放成立經濟特區的條件。例如廣東及福建省是南方省份的先驅，在1979年成立特區，下一波則是沿海省份在1984年成立特區，緊接著是一年後在珠江三角洲、長江三角洲以及閩南三角洲成立14個經濟特區，最後一波則是在1990年後內陸城市及省份的開發（Cheung & Tang, 2001: 97）。因此我們可以說中國中央政府將發展地方經濟的責任藉著分稅制度與各地方政府分擔，同時中央政府在核准地方政府一些優惠的便利政策時也賦予了地方政府更多自治的空間。就大體而言，是地方政府的責任以促進地方發展，早期得到中央政府核准優惠條件的地方政府大量歡迎外商投資，因為藉此地方政府可以累積更多的地方財稅，後期才得到中央政府的優惠政策的地方政府更加積極吸引資，他們希望藉著後發優勢來追上早期開發的地方。由此可見地方政府之間爭取外資的競爭已經達到白熱化的程度，很多地方政府為了達到引資的目的不惜給予外商投資者更多優於中央政府政策的條件。由於地方政府之間的過度競爭，在1990年代早期，大部分的地方政府都會盡可能滿足台商的要求，尤其是在中國南部的城

市。例如某位在東莞投資的重量級台商表示：「當我們在1996年剛到這裡來的時候，在我們工廠前的路是非常窄的只有兩線道，但在我們跟地方政府抱怨後，他們馬上把馬路擴成四線道，地方政府還保證要在我們工廠旁建醫院以及郵局。」（訪談資料，D11）對於地方政府而言，即使為了滿足台商的需求必須動用到地方財稅，都是合理的投資，因為就長期來看，台商投資會反饋到地方政府，不僅在稅收方面也在政治籌碼上面。從這一點就引領到下個論述點：台商投資對中國地方政府而言，不僅在稅收上有助益，也在地方政府的政績上有幫助。

　　經濟發展程度已成為中國中央政府考核地方政府政績的重要指標，如同我們在前一段所討論的，中央政府在不同時期開放不同地方政府一些投資優惠政策，這也代表著中國地方經濟發展呈現不均衡的走勢。對地方政府而言，外資投資量的重要性也在於要給中央政府一個好印象（訪談資料，K4）。之所以要給中央政府好印象有兩個原因，第一個原因是，就較廣大的公眾利益而言可以確保該地能夠爭取到較多的國家資源以促進地方發展；第二個原因就較小的私人利益而言，這也給地方官員一個能夠升官的機會。

　　細分第一個原因，以外資投資量來爭取中央政府的好印象以加強國家資源對地方的補助，昆山地方政府的策略在此就是一個好例子。在中國政府的行政體系下，昆山屬於最小的縣級市，是下屬於蘇州地級市的管轄，但由於自1990年代以來大量台資湧入昆山，昆山這個縣級市的稅收竟然還高出蘇州。在2006年，昆山是江蘇省所有地方政府中稅收最高的，遠超過江蘇省內其他的地級市（《新華日報》，2006年9月7日）。根據昆山台辦主任的資料，昆山90%的稅收是來自於台資（訪談資料，K4）。因此台資可以說為昆山市政府打下了一張亮麗的成績單，這張成績單甚至可以與其他省級城市的引資量媲美。在2003年，當中央政府在北京召開一年一度的與地方各台辦的會議時，昆山台辦離主席台的位置竟然比蘇州台辦還近（訪談資料，K4）。會議位置的安排其實可以看出中央政府對昆山這個小縣級市的重視。更有甚者，中央政府的高層官員也頻頻造訪昆山，例如副總理溫家寶就在2004年3月造訪昆山（《昆山

日報》，2004年3月24日）。藉著吸引更多中央政府的注意，昆山地方政府的長期目標是希望能建設到有地級市的水準，因此藉著外資（主要是台資）在中央政府前建立一個正面的印象對昆山地方政府而言不啻為一個有效的管道。如同昆山台辦主任所言，「沒有台商的貢獻就沒有今日的昆山。」（訪談資料，K4）

就第二個原因來看，給中央政府一個好印象也提供有意往上攀升的地方政府官員一些機會。雖然從未有一個準確的數量指出地方官員要吸引多少外資才能換得升遷，一個清楚的證據是大部分沿海城市的政治菁英們（指的是沿海城市的地方領導們）在鄧小平經濟改革之後都進入了中央政治局。在江澤民的領導下（Gilley, 1998: 115-125; Burm, 2000: 15-33），政治局24名委員中有13位是從沿海省份來的，分別是山東、江蘇、浙江、福建以及廣東，2名委員來自直轄市天津以及上海（Millier & Liu, 2001: 125-128）。這代表著大體而言在中國，如果地方官員尋求升遷，大量吸引外資是一個可能的途徑。

我們因此可以推測不論從財政或政績的角度，外商資本的挹注不僅代表著財政，也代表著地方政府政績的累積。身為外資（或是非本國資本）之一的台資，有兩個原因是讓台資在中國地方政府看來比其他外資更有價值。原因之一是，如果吸引外資是為了要讓在中央政府前面有好的表現，那麼地方政府必須要吸引對中央政府而言最有價值的外資。如前所述，台商投資的量在中國可能不是排名第一，但台商投資的重要性在於中央政府策略性地考量運用台資以增進兩岸關係。從這點來看，台資的重要性以及獨特性不能被其他外資所取代，這就構成了台資在地方政府眼中更加有價值的原因。根據港商表示，北京政府評估各地方政府的升遷考量是以吸引了多少台資為準，這就是有部分港商寧願登記成為台資以爭取到更多地方優惠的原因（《經濟日報》，1998年7月27日）。

原因之二為，台商在中國投資的身分不明。雖然在中國所有明文的投資法規定裡面都將台資定位等同於外資，中國中央政府卻在1994年《台商投資保護法》第15條中指出台資在中國是一種「特殊性的內資」。因此台商在中國一方

面可享受到外商的投資優惠，另一方面台商在生活上也可享受到相等的國民待遇（《經濟日報》，1998年7月27日）。被賦予「特殊性的內資」這樣一個頭銜再加上語言及文化相近，台商對地方官員而言是最方便吸引的外資。

　　簡而言之，對中國地方官員而言，吸引台資的利基點在於增加稅負以及強化中央政府的好印象，以爭取更多的國家資源到地方，或是為個人升遷鋪路。本章強調由於這些利益以及中央政府的鼓勵，地方政府與台資在以下四個時間段裡有不同程度的變化。

伍、台商與地方政府互動過程

第一時期：自1987年至1993年

　　台商在財政上的貢獻是這段時期中國中央與地方政府的主要著眼點，而這也反映在台商與地方政府的互動上。地方政府在這段期間較傾向與台商非正式地互動，台商們也多半認為認識地方政府中的「關鍵人物」是幫助他們在中國展開事業的契機。大部分的台商抱怨在這段時間地方政府徵討層出不窮的費用，對他們的投資阻力很大，地方政府對於台商們希望籌組台商協會的謹慎態度也解釋了為何在這段時間內各地成立台協速度緩慢的原因。

　　對於中央政府而言，台商投資在這個階段僅代表一種非本國資本的外資，台商在中央政府的考量中尚未具備有成為策略性資產的條件。然而在某些投資規定之下，台商享有某些投資上的優惠。例如在1990年代早期，台商在廣東經濟開發特區得享有較外商更多的投資優惠。另一個例子是對於台商的地稅可以免除十年，但對一般外商則只有免除六年。另外在繳交稅收方面，台商可以免稅六到十年，但一般外商只能免稅兩年，之後等開始營利後得享三年租稅減半（《經濟日報》，1990年5月31日）。雖然中國中央政府在這個階段賦予台商比其他外商更多的優惠政策（《經濟日報》，1990年8月16日；《聯合報》，

1992年10月22日），這些政策的主要目的還是在吸引台資，而非針對要拉攏台商以替中央政府達成兩岸統一的政治目的。這主要原因是台商在這段時期在中國的投資量還算少，另外中國中央政府在此時是堅持要跟台北政府進行政府與政府之間的對話，另外中國中央政府對於一切非本國資本雖然相當歡迎，但也擔心這些非本國資本是否會給中國國內政治帶來任何不良影響。換言之，台商在這段時期在經濟上顯現的重要性並未溢散到政治領域。

　　既然台商尚未被中國中央政府特別歡迎，因此地方政府在這段時間對於台商就是著眼於台商在地方經濟上的貢獻。從這點來看，我們可以推斷中國中央與地方政府在對於歡迎台資這塊的利益是緊密相依的，只有在中央政府認為台商可以成為推動兩岸政治統一的主要工具，地方政府才瞭解到台資有可能替其本身爭取到更多利益。

　　但在90年代後，有鑑於逐漸增加的台資量有可能造成從經濟效益上發酵出的政治效應——促進兩岸統一，中央政府在本時期末逐漸改變了對台商的態度。這個轉變可以從1992年時中央政府「台聯」的一名成員的評論得知：「中國政府對台政策主要就是『一國兩制、和平統一』……吸引台資是希望能藉著經濟的力量來促使政治的統一，藉著民間交流的增加來提升政府間交流的機會。」（《聯合報》，1992年3月25日）。從這個引述可以看出台資的策略性價值在此時已被中央政府確立，因此在下個階段就可看出中央政府與台商互動的策略性變化。

　　本章要強調的是，中央政府對台資態度的轉變很直接也明顯地反映到地方政府與台商的互動層次。以天津而言，雖然在80年代末期天津市政府與昆山及東莞市政府相比，與台商互動的頻率略少，但自1992年起，天津市政府開始定期籌辦內部會議以討論台資「策略性」意義以促進兩岸和平統一的重要性。根據天津外貿及投資發展局局長表示，台資向來不是天津的重要外資，因此這些內部會議就是要教育地方官員台資不僅是外資之一，但台資更重要的是有促進兩岸和平統一的可能性（訪談對象，T11）。在昆山，地方政府的轉變是在於對開放台商成立台商投資協會的態度，這個轉變的細節會在下一個時間段裡有

更深入的剖析。在東莞，台商開始利用台商協會創造更多與地方政府溝通的管道。我們可以推斷這些改變之所以會發生，是因為台商在對地方政府利益已逐漸從地方經濟發展的貢獻到成為其政績或是對中央政府交成績單的資產。

　　簡而言之，1987年到1993年是台商與地方政府開始互動的第一個時期。在1993年底時，台商戰略性的價值就逐漸趨於明顯，這也反映在台商與地方政府的互動越來越頻繁，同時這些頻繁的互動也有越趨於機制化的趨向。

第二時期：自1994年至1999年

　　在這段時期中國中央及地方政府都體認到台商的價值不僅只在地方經濟上的貢獻，台商較其他外商而言更有其策略性優勢價值。就中央政府而言，日益增加的台商投資在中國提升了中國在兩岸關係的籌碼；對地方政府而言，台商投資不僅代表著繁榮地方經濟，同時也代表著能得到中央政府更多的認同，這個認同可以增進地方上爭取中央資源的機會，也可以為地方官員本身的升遷鋪路。雖然國際上的壓力讓中國政府越來越無法明顯地對台商施予優惠，但中央政府仍間接地暗示地方政府要多加惠台商，這就代表在受理台商要求時要以「個案」處理（《經濟日報》，1994年6月13日；訪談資料T11、T12、K4、K12、D1、D11）。國際間對中國政府的壓力其實主要來自於在中國投資的其他外商，例如日本商人就曾經對中國對台商的優惠提出抗議，他們主要抗議中國對台商許多租稅上的優惠，包括免除台資企業的進口稅（《經濟日報》，1990年8月16日）。另一點是中國在這段時期也承受著爭取進入世界貿易組織（WTO）的壓力。為了爭取進入世貿，中國正式宣布自2000年起要停止對於各外商優惠，當然包括對台商的優惠政策（《經濟日報》，1996年5月16日）。因此中央政府自這段時期起逐漸無法明目張膽地優惠台商，或者這些隨機的優惠政策也逐步地被修改成既定的法條（《經濟日報》，1993年6月26日；《聯合報》，1993年8月24日；《經濟日報》，1995年12月21日）。

　　這段時期地方政府與台商互動的明顯轉變在於機制化互動的成形。大部分的台商協會是在這段時期成立，同時許多機制性的互動管道也藉由台協的推廣在這段時間成立。地方政府之前對開放成立台商協會的保留態度轉化成積極參與台協的活動，地方政府願意與台協合作的意願是這些台協的活動可以辦得成功的主因。在這裡有兩點值得注意。其一是地方政府瞭解到運用機制化的管道可以吸引到更多的台資。台商投資在中國有其群聚效應，換言之，台商偏好投資在被其他台商所推薦的城市（訪談資料T9、K1、K2、K7）。因此中國地方政府瞭解到台協可以成為一個推廣地方投資環境的最好平台。其二是，地方政府瞭解到與其個別地規範台商不如對台商協會有個整體性的控制，在此有兩個例子可以佐證。第一個是在每個台協中，總有一位副會長或是秘書長是來自地方台辦，換言之，地方政府任命一個官員進入台辦擔任「督導」。第二個例子是，在台協尚未成立之前，許多地方政府都認為台商的私下聚會有可能危及地方政府的公權，但在台協成立後再加上每個台協中都有一位地方官員當「督導」，台協只要有活動地方政府官員幾乎都不會缺席。地方台辦深入參與台協活動也讓地方官員安心，開放台協成立因此對地方政府而言是利多於弊。

　　地方政府對台協的開放態度也可被視為地方官員的理性考量。如果地方官員只對台商在財政上的投資有興趣，那麼非正式的會面以及「關係」就可綽綽有餘地應付台商。但由於中央政府有技巧性地暗示地方政府要對台商優惠，地方政府也就加倍努力地為台商籌辦商展會，並且對台協從之前的不信任到現在的積極參與，地方政府都期待這些對台商的「服務」能為他們換取更多利益。

　　但即便台商的策略性價值已被中國中央及地方政府認知，台商在這個時期仍舊尚未將其影響力發揮到地方政府的施政方向，其主因是海基會與海協會在這段期間仍保持交流，台商雖然重要，但仍不構成中國政府對台灣政府溝通的唯一管道。因此台商在這段期間與地方政府的互動仍是侷限於在第二個分析框架，機制性的互動上。

　　與前期近似的發展是，地方政府與台商的互動在這個時期的末端也出現了變化。在1999年後，可以看到的是許多地方政府的創新施政方向是來自於台

商的建言。例如昆山市政府從台商學習建立出口加工區（訪談資料，K4）。昆山出口加工區得到中央的認可，成為15個國家級的加工區之一。在東莞，經過長時間與地方政府的協商，「東莞台商子弟學校」終於在1999年獲准成立。這個學校的特殊處在於教材（除了歷史課本之外）全部來自台灣，教師也幾乎都來自台灣。成立這樣的一座台商學校在東莞的過程是很複雜的，除了與地方政府交涉之外，因為敏感性的教學題材，也得跟中央政府交涉（訪談資料，D9）。但也因為這個學校的成立，中央政府官員多次到東莞視察，也為東莞地方政府打出了一個好口碑。在此我們也可以看到東莞市政府的理性選擇，雖然開放成立這樣的學校免不了要開放許多敏感性議題的認定，但由於這麼做可以吸引中央官員對於地方的重視，例如前海協會主席唐樹備就曾多次造訪台商子弟學校，並表示這個學校可以成為海峽兩岸互通的橋樑（《聯合報》，2002年4月2日），東莞地方政府最後還是對於開放這個學校的成立讓步。

第三時期：自2000年至2004年

在這段時期中，地方政府很清楚地認知到台商是個有利於促進兩岸統一的工具，因此地方政府也更加瞭解到不論是對其個人事業或是地方發展，吸引台資都是對他們未來發展的良好保障。從這個論述出發，以下有三點可以看出在這段時期地方政府與台商互動的變化。

第一個觀察點是，在1998年中央政府深入討論要如何營造有利於改善兩岸關係的大環境。如同我們之前在台商的策略性價值一小節所討論到的，胡錦濤對台灣人民的期待其實反映了此一時期中央政府的中心政策。地方政府因而也盡可能地積極與台商有更多互動，地方政府跨領域地與台商互動其實就是貫徹中央政府「擴大民間交流」的例證。地方政府開始為台商籌辦許多關於文化、生活以及教育等等的活動。地方政府希望營造一個溫暖的投資環境不僅僅抓住台商的資本，更希望贏得台商的心。藉著這

麼做地方政府無形中也鼓勵台商能夠與家庭一起在中國安定下來。如同一位在天津協辦「天津媽祖文化和旅遊節」的地方台辦表示：「這個活動幫助我們（天津市政府）跟台商更加親近，我們希望為台商在天津營造一個家。」（訪談資料，T12）同樣的語調也可在東莞地方台辦的訪談中發現：「台商子弟學校是我們東莞市政府的驕傲，我們相信為台商的下一代營造一個安全的環境可以讓台商投資在東莞永續經營。」（訪談資料，D1）

　　第二個觀察點是，由於廣泛的交流，越來越多台灣的政治人物也造訪中國。在這段時期裡蕭萬長在2001年到昆山的訪問只是許多例子中的一個（《昆山日報》，2001年5月15日），台灣的政治與社會團體在這個時期頻繁地造訪昆山。直到2004年，台灣的政治人物造訪中國主要是在於視察或參觀台商在中國的投資情形（《聯合報》，2004年11月24日）。中國政府實際上相當歡迎台灣的政治人物造訪大陸，北京政府明白地表示歡迎認同「九二共識」以及「一個中國原則」的台灣政治人物拜訪中國或者是與中國政府談話以促進兩岸關係（Zheng & Fook, 2007: 68）。從這個聲明看來，中國政府已經改變了他們的策略，他們不再只是要求與台北政府對話。當我們在第一個時期討論中國政府的對台政策時有提及，北京政府在90年代初期堅持與台北政府對話而否定與其他社會團體或個人對話的可能性（《人民日報》，1990年11月10日）。中國政府的主要目標「一個中國原則」仍舊未變，但是他們改變了追求這個目標的方式。北京政府自2000年後開放與台灣的對話到各個層次的政治人物，台北政府已不再是北京政府唯一考慮的對口管道。這個轉變無疑地反應出北京政府的理性考量，由於政府層次的對話在1999年海基會與海協會停止對話後就無限期延後，再加上2000年開始執政的民進黨政府完全不接受「一個中國」原則，中國政府當然歡迎各個層次願意與中國溝通的台灣政治人物到中國拜訪。為了不讓接受「一個中國原則」顏色太明顯，在這個時期到中國探訪的台灣政治人物通常藉著考察台商投資當藉口，因此在中國的台資廠在此時也成為國民黨甚至是民進黨政治人物的擋箭牌。

　　第三個觀察點是，台商在這段時期被獲准出席地方政府的地方議會或政

協的討論會。雖然地方議會或政協是政策建議而非政策治定者，台商仍舊表示這樣的舉動讓他們覺得中國政府有意聽取他們在政策上的建議。一位台商就這點表示：「中國政府在發展他們經濟方面是非常實際的，地方議會不僅是口頭答應我們的要求，同時也實際上去履行我們的要求，因此我們可以從這裡看到中國政府的真忱。」（訪談資料，K6）從中央及地方政府的角度而言，邀請台商參加地方政協會議的討論，是希望台商能夠更認同中國，事實上在台商的心理營造「親中」的已經不是中國政府的新策略，早在90年代初期中國就頒發「榮譽市民」給台商。一位在1992年從昆山市政府受頒「榮譽市民」的台商就表示：「我對接受這個『榮譽市民』感到很光榮，這是一項特殊而且重要的責任。我會珍惜這個獎項並且致力於貢獻昆山的經濟開發。」（訪談資料，K6）從這點來看，地方政府頒發這個獎項的意義似乎在於「本土化」台商的身分。而受獎後的台商再也不是外人而轉成內部的居民。從投資者的角度而言，接受這個獎項倒不見得是象徵著接受另一個國籍，但這代表著可以跟地方政府有更進一步的交流以及讓他們在中國的居住條件更為方便（訪談資料，T5）。不論是邀請台商參與地方議會或是授予台商「榮譽市民」的徽章，中國政府的目的都是一貫地要獲得台商對中國政府的支持。

第四時期：自2005年至2009年

在這個時間段中台商與中國政府的互動有著巨大的轉變。值得注意的是在這個時期中發生變化的不僅是在兩岸關係，同時也是全球經濟結構的大轉型。這些變化都直接地影響到台商與中國地方政府的互動。大部分的台商表示他們過去的優惠地位已經不再。雖然台商投資對地方經濟發展仍扮演著重要地位，但和過去相較起來，台商似乎無法那麼容易或頻繁地與地方政府會面。在這個時期有許多議題值得討論，其中最重要的是台資與內資產業的競爭、台商面對勞資議題的態度、台商對於全球金融危機的應對以及最後也是最重要的一點，

國民黨重回台灣政壇執政。

我們之前在第一個時間段裡有討論到，台商在剛到地方投資時通常都享有許多投資優惠，台商所享有的投資優惠甚至可能多過於其他外資，但在經過十五年之後，許多當時的投資優惠都已經滿期。所以從2004年開始，許多台商的租稅優惠期都已經截止。至於在地租方面，在台商投資初期許多地方政府不計手段地吸引台資，往往答應台商以相當不合理的低價租用土地。但這些約定卻是不可靠的，原因之一是當時在議價時往往都是口頭決定，並沒有簽訂契約；其二為既然這是無契約的協定，現在隨著地方政府官員的調動，當初台商進駐時的人、事、物皆物換星移下，新官員已不接受台商以不合理的低價租地。一位東莞的台商表示：「當初跟我們協定地價的地方官員已經退休了，我們並沒有簽訂任何的紙本文件。因為當初這個協商是透過關係而講定的，**因此當新的官員上任後，我們就必須面對跟他簽定新的合約的問題，或是我們必須要付給他更多的『補償費』**（黑體字為作者所加）」（訪談資料，D30）。換言之，台商不僅已喪失了稅賦優惠，同時現在還必須要繳交更多地租。這個景況與台商在第一個時間段中所享受到的待遇迥然不同。現任東莞市人民政府台灣事務局副局長表示：「我們仍然與台商保持相當正面積極的互動，台資對東莞而言是最重要的外資，但是我們也必須在政策法規上更加有規範，同時遵照中央政府的指示。『三免兩減半』是有一定效期的，這個政策並不是只針對台商同時也針對其他外商。至於在地稅方面，我們希望建立起一個系統化的地稅架構，同樣地這也是適用於所有的投資者，所以我們必須要核查目前的地價，以合理的地價現值來訂定地稅。」（訪談資料，D29）在這個情形之下，台商不僅要與其他外資競爭，更重要的是要與正在興起的內資產業競爭。大部分的台商表示，在與其他外資競爭時台商可能還因為相同的語言文化而有一些相對優勢，但在與內資產業競爭時台商是完全不佔任何優勢。一位在天津的台商表示：「我們其實是幫助大陸內資產業的興起，許多在我的公司中的優秀陸幹，在取得知識跟技術後，自己到外面去發展他們的企業。我們是無法跟他們競爭的，因為他們是本地人，他們可以有最小的開銷，同時他們與地方上有相當好

的關係。」（訪談資料，T30）與內資企業競爭的困難度也因為在2008年所面臨到的新的勞動合同法的實施和全球金融風暴的打擊而更加提高。

　　自中國政府在2008年1月1日正式啟用新的勞動合同法以來，許多在中國的投資者都開始恐慌，因為這個法條的實施，代表著企業在人力資源的支出上大為增加。[4]對台資企業而言，這個時機是再糟糕也不過了。如前所述，大部分對台商的優惠政策都在2004年或2005年就已截止，台商們在這段時期也開始與內資企業競爭。所以2008年的勞動合同法代表著大部分的台灣中小企業過去得利於大陸低廉的勞工成本現在要付出相當的代價。一位在東莞的台商解釋道：「在金融危機後，我們就已經接到比較少的訂單了，但我們甚至無力遣散員工，因為我們必須要付員工的年資，從他們進我們工廠的那一年開始起算。我們很多同業都在這場風暴中艱困地奮鬥。」（訪談資料，D23）因此勞動合同法的實施以及緊接而來的金融風暴不啻為對台商最大的打擊。在這裡不禁令人想提個問題：既然台商在過去都與地方官員有相當密切及順暢的互動，為什麼現在台商不向地方官員呼救？從以下這段東莞地方政府台灣事務局經濟處官員的評論或許可以回答以上的問題：「我們已經很大力在幫助台商渡過難關了。但是就目前的情況來看，我們覺得台商最該做的其實是轉型升級。我們非常歡迎高科技以及低污染的產業到東莞投資，如果台資產業符合這個要求，我們當然會提供更多優惠。」（訪談資料，D28）

　　從這段論述中可以看出今日台資在中國其實面臨到很艱鉅的環境。當然在全球金融風暴之下，全球的商人都面臨到相當程度的考驗，因此台商在中國面臨的困境其實跟全球的商人並無二致。在勞動合同法這個例子之下，這個法條是適用於所有在中國投資的商人，台商再一次地是與在中國投資的商人不論外資或內資，面臨相同的問題。但本章在這裡要強調的是，地方政府在這些新的局勢之下面對台商態度的轉變。在前面兩個時期中，地方政府不惜為台商制定

---

[4]　Baker and MCKenzie, *Law of the People's Republic of China on Employment Contract*. 網址：http://|WWW|.511abour|.com/zhuanti/2007ldht/html/Pagell-8.asp，查閱日期：2010年1月5日。

許多超出中央政府規定的方便法門，只為了要吸引更多的台資。但自2004年以後，台商逐漸受到與其他投資者相同的待遇，台商的策略性價值逐漸消失。要找到直接的證明確認台商策略性價值的消失並不容易，但是以下所論在台灣政壇發生的變化或許可以為台商在中國政府價值觀中的轉變提供一些解釋。

在2008年3月22日，國民黨贏得第十二屆總統大選。國民黨的勝利大幅地改變了原有的兩岸關係。國民黨一上任就重啟了海基會與海協會的對話，這對兩岸關係的破冰有相當重要的影響。經過十年後，兩會的領導人在2008年6月12日在北京聚會（《海峽兩岸新聞》，海基會，2008年6月10日）。兩會重啟對話對台商策略性價值的減退有其重要意義。在第二個時期（1994-1999），台商的重要性在於他們有成為兩岸對話溝通的可能性管道。暨海基、海協兩會在1999年停止對話後，兩岸政府與政府之間的溝通無形地仰賴更多於台商。台商之所以可以成為可能的兩岸傳話人是因為從1994年開始，台灣陸委會以及經濟部有鑑於愈來愈多台商投資大陸，他們開始邀請大陸台商協會的會長在每年三節時回台聚會，主要是想瞭解台商在大陸投資的現況（《經濟日報》，1994年2月18日；Hsing, 1998）。隨著兩會協商交談的機會減少，兩岸政府就愈來愈重視這個已經存在的溝通管道：台商與台灣政府固定的聚會。為了在大陸經營生意，許多台商長年待在大陸而只有三節時短暫回到台灣與台灣政府聚會，因此台商與大陸政府的互動多於與台灣政府的互動。前海協會副會長唐樹備在2000年時就明白表示，中國政府相當倚重台商，因為在兩岸無法展開正式協商機制的情形下，台商是最主要的兩岸溝通管道（《經濟日報》，2000年7月7日）。

然而自2008年起，再也沒有需要台商當兩岸傳話人的需求。一位在昆山的台商表示：「在過去，台商協會其實有點像台灣在各地的代表處，因為台灣在中國根本沒有政府的代表。但自從海基會與海協會重啟對話後，台協就回復到原本社團的性質，任何與政治相關的議題都交由海基會處理。」（訪談資料，K15）既然台商的策略性價值隨著台灣的政治局勢有所轉變，中國政府也逐漸回復將台商當成一般的投資者看待。

陸、結　論

　　本章主要論述台商與中國地方政府互動的變化是由於不同但互補的中國中央與地方政府的利益所導致。對中國中央政府而言，台商代表著一種對兩岸關係有價值的資產。大多數的台商為了能保障他們在大陸投資的資產，在1999年海基與海協會停止對話後願意為中國政府傳達訊息。對中國地方政府而言，他們對台商的熱烈歡迎不僅是聽從中央政府的指示，同時他們也瞭解到吸引更多台資是對他們個人的官位升遷或是從中央獲得到更多資源的方式之一。因此吸引台資不論對中央或是地方政府而言都是一種實際的方式能達到他們不同的目的，下表是不同時期中央與地方政府對台資的不同期待：

	1987-1993	1994-1999	2000-2004	2005-2009
中央政府	著眼於台資的經濟效益	台資的策略性效益逐漸浮現但仍較著重台資的經濟效益	台資的策略性效應大於台資的經濟效益	台資的策略性效應逐漸減退
地方政府	著眼於台資對地方經濟發展的貢獻	台資對地方經濟發展的貢獻對地方官員的升遷以及爭取國家資源有影響	台資對地方經濟發展的貢獻對地方官員的升遷以及爭取國家資源有顯著影響	台資與其他外資已沒有顯著分別性

　　本章主要有兩點發現。第一點，中國中央及地方政府並沒有一開始就著重在台資的策略性效益，台商的多元化效益隨著兩岸關係的變遷以及台灣民主化的成型日益明顯，隨著這些變化，中央政府也逐漸給台商更多優惠。我們因此可以推論，中國政府隨著最有利於它的情勢而選擇與台商互動的模式，而台商對地方政府的策略性效益隨著台商對中央政府的策略性效益增加而增加。在第一個時期從1987年到1993年，台商與地方政府的互動主要表現在快速增加的非正式會面密集度上。從1994年到1999年，雙邊的互動主要展現在機制化互動模式的呈現。在2000年後，台商也逐漸參與地方政府的政策性討論。自2004年後，由於兩岸關係的改變，尤其在國民黨執政之後，台商的策略性效益日減，台商逐漸受到與其他外商相同的待遇。這一連串的變化是一個漸進的過程，因此本章所劃分的四個時期只是幫助我們瞭解在每段時期台商與地方政府互動的

主要變化，但這個變化是一個持續的過程。

　　第二點是，從台商與地方政府互動的模式來看，我們可以得知地方政府主要還是著眼在台商的經濟效益。對中央政府而言，台商的政治效益可能在兩個時期（從1994年到2004年）比較明顯，但對地方政府而言，台資或其他非本國資本的重要性永遠都著重在經濟上的貢獻。在此兩個時期，當中國政府比較著重於台商的政治效益時，地方政府更加熱忱地歡迎台商，因為如此可以為他們個人的升遷鋪上康莊大道或是爭取到更多國家資源。但隨著在台灣執政黨的轉變，北京跟台北政府重啟對話。對台商而言，國民黨政府在2008年取得政權未必是好事，好處是國民黨對於兩岸關係的大方向基本上符合台商的要求，例如大三通以及簽訂兩岸金融監理備忘錄（Memorandum of Understanding, MOU）。但在另一方面，台商在中國的特權也逐漸減少，一方面是中國市場機制使然，另一方面是中國政府越來越不需要台商在台灣的大陸政策上推波助瀾。台商在中國的投資環境在可預見的未來是愈來愈有挑戰性，少了中國政府特別關愛的眼神，台商要面對的是2008年勞動合同法實施後快速增加的勞動成本以及2008年底金融風暴對以出口為導向的台資產業的打擊。有鑑於此，本章對未來台商在中國投資或經營的建議是，台商必須要靠自己的力量以升級轉型或是開發中國內需市場為未來的出路，中國政府的特別優惠已經是可望而不可及的過眼雲煙，台商必須提升自我的競爭力才能與其他外資或是更重要的內資產業的興起競爭。

參考書目

訪談資料

T1，訪談日期：2004年11月1日，天津

T5，訪談日期：2004年11月3日，天津

T9，訪談日期：2004年11月11日，天津

T10，訪談日期：2004年11月11日，天津

T11，訪談日期：2004年11月14日，天津

T12，訪談日期：2004年11月18日，天津

T30，訪談日期：2009年7月2日，天津

K1，訪談日期：2004年11月26日，昆山

K2，訪談日期：2004年11月29日，昆山

K4，訪談日期：2004年11月30日，昆山

K6，訪談日期：2004年12月1日，昆山

K7，訪談日期：2004年12月1日，昆山

K12，訪談日期：2004年12月9日，昆山

K15，訪談日期：2009年7月8日，昆山

D1，訪談日期：2004年12月20日，東莞

D9，第一次訪談日期：2004年12月23日，東莞

　　　第二次訪談日期：2009年7月14日，東莞

D11，訪談日期：2004年12月23日，東莞

D23，訪談日期：2009年7月20日，東莞

D28，訪談日期：2009年7月22日，東莞

D29，訪談日期：2009年7月22日，東莞

D30，訪談日期：2009年7月23日，東莞

TA3，訪談日期：2010年1月7日，台北

東莞市人民政府台灣事務局，訪談日期：2004年12月20日，東莞。

網路資源

《海峽兩岸新聞》，海基會，2008年6月10日，http://www.sef.org.tw/ct.asp?xItem=4
7611&ctNode=3696&mp=11。查閱日期：2009年9月6日。

人民日報英文版網路版，2005年3月13日，Hu Jintao Elected Chairman of State
Central Military Commission. http://english.peopledaily.com.cn/200503/13/
eng20050313_176614.html. 查閱日期：2009年9月29日。

Baker and MCKenzie, *Law of the People's Republic of China on Employment Contract*.
http://www.51labour.com/zhuanti/2007ldht/html/Page11-8.asp. 查閱日期：2010年1
月5日。

中文文獻

《人民日報》，1990年11月10日，〈楊尚昆與台灣中國時報記者訪問團的會面
記要〉。

《人民日報》，2003年3月12日，〈胡錦濤在第十次全國人民代表大會的談話〉。

天津市人民政府台灣事務局，2004，《天津高科技工業技術園區指南》，天津。

昆山市人民政府台灣事務局，2004，《投資指南──中國昆山經濟及科技開發園
區》，昆山。

《昆山日報》，1994年5月26日，〈昆山簡介〉。

《昆山日報》，2001年5月15日，〈蕭萬長說：昆山是一個可以滿足台商投資的溫
暖投資環境〉。

《昆山日報》，2004年3月24日，〈溫家寶總理來昆山巡視〉。

《經濟日報》，1990，〈吸引台商投資中國，大陸給台商多於其他外資的優惠〉，
5月31日。

《經濟日報》，1990年8月16日，〈為了吸引台資，中共決定提供台商特殊
優惠〉。

《經濟日報》，1993年6月26日，〈共產黨試圖降溫台商投資熱潮〉。

《經濟日報》，1994年2月18日，〈爭取投資利益，政府與民間合作〉。

《經濟日報》，1994年6月13日，〈中共視個案批准台灣投資：台商投資中國之不
確定性增高〉。

《經濟日報》，1994年10月20日，〈台商協會在中國已經變質：中國政府深入介入

　　台商協會的活動〉。

《經濟日報》，1995年12月21日，〈共產黨在明年將取消優惠稅務待遇〉。

《經濟日報》，1996年5月16日，〈特殊稅務優惠逐漸減少：中國政府強調服務台
　　商而非提供他們特殊優惠〉。

《經濟日報》，1998年9月7日，〈台商夢魘，中國政府查稅日益嚴格〉。

《經濟日報》，1998年7月27日，〈地方政府視台商投資為他們個人的未來〉。

《經濟日報》，2000年7月7日，〈中國政府期待台商投資成為跨越兩岸協商的
　　橋樑〉。

《新華日報》，2006年9月7日，〈昆山的營業稅收是全省之冠〉。

錢其琛，2003，《外交十記》，三聯書店有限公司，香港。

《聯合報》，1992年3月25日，〈中國中央政府戰略性發展對台工作〉。

《聯合報》，1992年3月25日，〈新方針應對台灣問題，共產黨加強吸引台資的宣
　　傳工作〉。

《聯合報》，1992年10月22日，〈共產黨將增加對台商投資優惠〉。

《聯合報》，2002年4月2日，〈唐樹備拜訪在東莞的台商子弟學校〉。

《聯合報》，2004年11月24日，〈國民黨與共產黨的高層次互動，吳伯雄和錢其琛
　　達成協議〉。

英文文獻

Breslin, Shaun Gerard. 1996. *China in the 1980s: Centre-Province Relations in a Reforming Socialist State*. London: McMillan Press.

Baum, Richard. 2000. "Jiang Takes Command: The Fifteenth National Party Congress and Beyond." In Tien, Hung-Mao & Yun-han Chu eds. *China Under Jiang Zemin*. Boulder, Colorado.: Lynne Rienner Publishers, Inc.

Chung, Jae Ho. 1995. "Studies of Central-Provincial Relations in the People's Republic of China: A Mid-Term Appraisal." *The China Quarterly* 142: 487-508.

Cheung, Peter T.Y. & James T.H. Tang. 2001. "The External Relations of China's Provinces." In David M. Lampton ed. *The Making of Chinese Foreign and Security Policy in the Era of Reform 1978-2000*. Stanford, California: Stanford University Press.

Chang, Parris. 1995. "Beijing's Policy Toward Taiwan: An Elite Conflict Model." In Tunjen Cheng, Chi Huang & Samuel S.G. Wu eds. *Inherited Rivalry: Conflict Across the Taiwan Straits*. Colorado: Lynne Rienner Publishers, Inc.

Duckett, Jane. 1998. *The Entrepreneurial State in China-Real Estate and Commerce Departments in Reform Era Tianjin*. London: Routledge.

Gilley, Bruce. 1998. *Tiger on the Brink: Jiang Zemin and China's New Elite*. Berkeley, California: University of California Press.

Hsing, Yu-Tien. 1998. *Making Capitalism in China: The Taiwan Connection*. New York: Oxford University Press.

Hsu, S. Philip. 2004. "Deconstructing Decentralization in China: Fiscal Incentive Versus Local Autonomy in Policy Implementation." *Journal of Contemporary China* 13(40): 567-599.

Liaw, Booker Fann-Bey. 2003. *Taiwan's Economic Diplomacy and Southward Policy in the 1990s*. PhD thesis, University of Warwick.

Lieberthal, Kenneth & Michel Oksenberg. 1998. *Policy Making in China: Leaders, Structures, and Processes*. Princeton: Princeton University Press.

Malik, Rashid. 1997. *Chinese Entrepreneurs in the Economic Development of China*. London: Praeger.

Minami, Ryoshin. 1994. *The Economic Development of China: A Comparison with the Japanese Experience*. London: The Macmillan Press Ltd.

Millier, H. Lyman & Xiaohong Liu. 2001. 'The Foreign Policy Outlook of China's "Third Generation" Elite', In David M. Lampton ed. *The Making of Chinese Foreign and Security Policy in the Era of Reform, 1978-2000*. Stanford, California: Stanford University Press.

Nee, Victor. 1992. 'Organizational Dynamics of Market Transition: Hybrid Forms, Property Rights, and Mixed Economy in China', *Administrative Science Quarterly*, 37: 1-27.

Oi, Jean C. 1992. 'Fiscal Reform and the Economic Foundations of Local State Corporatism in China', *World Politics* 45(1): 99-126.

Po, Lan-Chih & Ngai Pun. 2003. 'Making Transborder Governance: A Case Study in the Role of Taiwanese Capital in Kunshan's Institutional Change', *City and Design/An Academic Journal for Intercity Networking* 15/16.

Qian, Qichen. 2004. *Ten Memoirs of Foreign Affairs* (in Chinese). Hong Kong: Joint Publishing.

Shirk, Susan L. 1993. *The Political Logic of Economic Reform in China*. Berkeley: University of California Press.

Solinger, Dorothy J. 1996. "Despite Decentralization: Disadvantages, Dependence and Ongoing Central Power to the Inland-the Case of Wuhan." *The China Quarterly*, 145: 1-34.

Wank, David L. 1999. *Commodifying Chinese Communism: Business, Trust, and Politics in Xiamen*. New York: Cambridge University Press.

Wu, Jieh-Min. 1997. "Strange Bedfellows: Dynamics of Government-Business Relations between Chinese Local Authorities and Taiwanese Investors." *Journal of Contemporary China* 6(15): 319-346.

Yang, Mayfair Mei-Hui. 1994. "Gifts, Favors, and Banquets." *The Art of Social Relationships in China*. Ithaca, New York: Cornell University Press.

Yeung, Godfrey. 2001. *Foreign Investment and Socio-Economic Development in China: The Case of Dongguan*. New York: Palgrave.

Zheng, Yongnian & Lye Liang Fook. 2007. "China's New Nationalism and Cross-Strait Relations." *International Relations of the Asia-Pacific* 7: 68.

Zeng, Yongnian. 2007. *De Facto Federalism in China: Reforms and Dynamics of Central-Local Relations*. London: World Scientific Publishing Co.

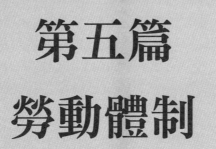

第五篇

勞動體制

第 ⑧ 章　大陸台企中的組織「斷裂」與「台灣人」群體的社會融合[1、2]

劉玉照、王平、應可為

壹、問題的提出

　　改革開放以來，在中國沿海的很多地區，隨著大規模的外來投資和人口流動，逐漸出現了大量的移民企業和大規模的移民群體。從移民企業的角度來看，台企、港企、日韓企業、歐美企業是特色比較鮮明的幾大類型；而從移民群體來看，則基本形成了三大移民群體：(1)處於高端的投資移民，包括伴隨著外資進入的資本家、企業家、高層管理人員及其家屬；(2)處於中端的白領階層，主要由來自於內陸省份和廣大農村地區的大中專畢業生組成，他們往往受雇於這些企業，並從事技術和中層的管理工作；(3)處於底端的農民工群體。

　　在這些企業當中，絕大部分本地居民往往與中端的白領階層處於大概相似的社會位置上。這三個移民群體，按照我們目前的戶籍管理體制，對於中層的

---

[1]　本章首發於《中國社會科學內部文稿》2009年第3期，頁131-147。

[2]　本章係蔣經國基金會（Chiang Ching-Kuo Foundation for International Scholarly Exchange）資助項目 "Emigrating to the motherland" – A comparative study of the Taiwanese community on the Chinese mainland (taibao) with a special focus on the taishang的成果之一，感謝課題組合作者Gunter Shubert、耿曙、林瑞華等人的共同努力；同時感謝為本章提供田野資料的黃凱政、林家煌等人；本章的研究同時得到了上海高校社會學E-研究院基金資助。本章的初稿曾先後在上海市台灣研究所主辦的「台商：全方位的視角──第四屆台商投資與長三角社會經濟發展」研討會（2005，上海），上海高校社會學E-研究院主辦的「上海大學─東吳大學『跨岸─跨校』學術研討會」（2005，上海），上海社會學會主辦的「上海市社會學學會學術年會」（2007，上海），圖賓根大學歐洲當代台灣研究中心、中興大學國際政治研究所聯合舉辦的Workshop on "contemporary taishang studies in the social science: the state of the field"（2008，台中）上公開發表，盛九元、楊劍、張家銘、吳曉剛、林宗弘、陳德生、張永宏、鄭璐等專家學者對本章的修改提供了很寶貴的意見和建議，在此表示感謝，文中仍存在的問題則完全由作者本人負責。

很多成員來講基本上是開放的，如果願意，他們當中的大部分可以按照規定獲得當地的戶籍（少數大城市除外），並成為當地的永久居民，並且他們中的很多人也確實通過這個途徑獲得了當地的戶籍並成為當地的永久居民。但是對於處於移民群體高端的外籍人士，他們中的絕大部分根本就不願意獲得當地的戶籍，成為當地的永久居民。因此迄今為止，雖然很多人已經在居住地生活了很久，但是真正獲得當地戶籍，並成為當地永久居民的人口很少。而對於底層的農民工來講，獲得當地戶籍並成為當地永久居民幾乎是不可能的，因為他們是戶籍管理最重要的控制對象。對於中層的外來移民來講，他們在組織內部的運作當中與當地居民的平等互動是比較多的，並且由於他們的收入水平與當地居民也差不多，因而與當地居民的社會融合相對要容易很多。但是對於另外兩個層次的移民來講，他們融入當地社會往往要困難得多。

在過去的研究中，我們注意到這兩個層次新移民社會融合的困難。在很多地方，這兩類移民群體都呈現出日趨封閉的傾向，比如在高端，很多大城市都出現了台商、港商和韓商集中居住和生活的小區，其中台商尤其明顯；而在底端，則在各大城市及其周邊形成了大小不等的「城中村」，出現了類似浙江村、河南村、新疆村等現象。本章將著眼於高端移民群體，主要以大陸台灣人群體為例，研究在全球化背景下，哪些因素影響了這一群體的社會融合。

目前關於大陸「台灣人」群體與當地社會關係的研究，主要有兩個路徑：一個是從企業經營的角度，看台資企業在資金、技術、原材料採購、銷售、協力網絡、用人等方面的「當地化」程度（黃凱政，2004：11-18）；[3]另一個是從個人社會生活的角度，看台商群體在房產購置、家屬隨遷、子女教育、社會交往、新聞關注、未來打算、社會認同等方面的表現，來測度台灣人群體的「本土化」程度（王平，2006：9-15）；並從中透視兩岸經貿合作與政治對立的走向。在這些研究中，大部分學者發現，雖然台灣人群體擁有與大陸「同文

---

[3] 主要指上述內容在大陸當地完成的比例，其中包括了與當地大陸客戶的交易，也包括了與當地台灣人的交易。參見黃凱政，〈大陸台商「當地化」經營之研究——以大上海地區為例〉，台北：政治大學東亞研究所碩士論文，2004年，頁11-18。

同種」的天然優勢，但是無論在企業經營的層面，還是個人和家庭社會生活的層面，與歐美日韓以及香港等海外企業和移民群體相比，台資企業和台灣人群體一方面日益與台灣社會相脫離，「當地化」特徵非常明顯，遠遠超出了絕大部分人的預期；另一方面，從他們與大陸本土企業和本土社會的關係來看，他們的「本土化」程度卻又很低，很難融入到當地社會當中，呈現出「登門不入室」的狀態（林家煌，2005：13-17）。

　　為什麼會出現這種情況？阻礙台資企業和台灣人群體實現社會融合的主要因素在哪裡？在關於移民群體社會融合問題的研究中，始終存在一個最基本的爭論，即到底是經濟因素（階級或勞動力市場），還是族群因素（文化），或者是政治因素和國家政策阻礙了新移民群體的社會融合？對於大陸台灣人群體來講，兩岸的政治對立是一個很重要的因素，但是除此之外，到底是經濟差異，還是族群（文化）差異影響了台灣人群體的社會融合？台灣同胞與大陸雖然「同文同種」，嚴格來講屬於同一族群，但是從1949年到1987年，兩岸隔離近40年，隨著兩岸的開放，台灣人群體重新移民大陸，按照美國學者韓起瀾（Emily Honig）的標準（盧明華譯，2004：1-17），這種身分差異與兩岸的經濟、文化差異扭結在一起，在很大程度上就擁有了「族群」的涵義。但是，這個「族群」是一個被建構的過程，一方面，它會隨著兩岸關係的變化和台灣人群體「本土化」的程度而發生變化，另一方面，它反過來也會影響到兩岸關係和台灣人群體的社會融合。

　　在過去的研究中，我們對於這些現象的解釋更多地是基於對這些群體自身特徵的歸類，但是我們一直忽略的一點是：這種社會層面的群體結構在很大程度上是企業中的「斷裂」結構塑造的。對於很多移民群體來講，他們進入一個新的地區之後，最初的絕大部分社會生活都是在工作場所進行的，他們跨越群體邊界和階層結構的社會關係網絡絕大部分也是通過工作組織和工作過程建構起來的。在這些移民企業建立的過程中，由於境內外之間，境內城鄉之間、地區之間的巨大差距，使得絕大部分移民企業建立的是一種近乎「斷裂」的組織結構。這種組織結構從某種意義上講，既體現了這些群體之間的「族群（文

化）」差異，同時也體現了這些群體之間的「經濟水平」差異，在全球化背景下打造了一種「超階級」的勞動生產體制。但是這種企業一旦建立並運行之後，這樣一種近乎「斷裂」的組織結構和勞動生產體制卻會反過來不斷強化和固化著新的社會結構，成為移民群體融入當地社會的巨大障礙。

目前關於台資企業內部組織結構的研究主要有兩個：一個是鄭建邦關於東莞台資企業內部台商與核心大陸員工社會距離的研究。他通過「陌生」這個概念描述了兩個群體以企業為中介的接觸經驗，探討了這兩個群體之間可能的關係模式（鄧建邦，2002）；另一個是龔宜君等人對東南亞台資企業的研究。她通過對一系列個案的比較，揭示了台資企業內部的族群分工和勞動體制，揭示了族群關係對跨國企業勞動體制的影響（龔宜君，2002）。本章將引入巴榮（J. N. Baron）的組織分析框架（Baron, 1980），並結合移民企業的特徵進行改造，研究兩岸的經濟、文化差異如何影響了組織內部的職位分工與人力資本配置，影響了組織運行中的晉升、監控與社會互動，以及這些組織內部的結構和運行又如何反過來影響了移民群體與當地社會的融合。

貳、調查方法與研究資料

從2002年開始，本章作者之一劉玉照就與耿曙教授、方孝謙教授一起開始了大上海地區的台商研究工作，先後於2002年8月、2003年8月、2004年8月進行三次田野調查；2004年1-3月、2004年8月、2005年1-3月、2005年4-9月，黃凱政、林瑞華、林家煌和王平（本章第二作者）等四位碩士研究生也先後針對台商、台商協會和台資企業中的「陸幹」（大陸幹部）進行田野調查，並完成其碩士學位論文；2006年3月、8月，2007年7月、9月，劉玉照又與耿曙教授、Schubert教授和林瑞華、應可為（本章第三作者）一起在蔣經國基金會的資助下對長三角和珠三角的台商進行比較研究。經過這一系列的田野考察，先後對54名台商、45名台幹（台灣幹部）、10名陸幹、17名其他相關人員（包括台商家屬、相關學者和管理部門幹部）進行深入的訪談，蒐集相關企業案例

111個。每個企業的訪談大約持續1-2個小時，絕大部分進行錄音，並整理逐字稿，部分企業的調查還輔助進行半結構式問卷的調查。本章就是利用這些資料進行的分析和研究。

參、大陸台資企業中的「斷裂」結構

在20世紀80年代，巴榮提出要把組織結構引入社會分層的研究，並提出測度組織結構的三個維度（Baron, 1980），[4]其中第一個維度潛在的經濟分割包含了職位分工、內部勞動力市場和監控關係三個方面，第二個維度則主要是對企業內部人力資本分配的測量。本章將首先借用巴榮的這一分析框架，並根據移民企業的特徵適當加以改進，從職位分工與人力資源配置、晉升與流動、監控、薪酬體制、空間隔離與社會交往等幾個方面來考察大陸台資企業的內部結構及其運行。

一、職位分工與人力資本配置

從台資企業的內部職位分工來講，絕大部分高層管理崗位和比較重要的技術崗位都是由台幹來擔任的，陸幹往往只能承擔一些比較低等的管理工作，或者是在一些並不是很重要的管理崗位和技術崗位上。在我們的調查中，雖然有台幹在做一些最基礎性的工作，同時也有一些陸幹被安排到比較高的或者比較重要的管理崗位上，但是在同一個企業內部，陸幹的職位高於台幹，由陸幹來管理台幹的現象卻從來沒有遇到過。在調查中，我們蒐集到了一家企業詳細的職位編制表，這個企業包括董事長和總經理共有台幹54人，企業中班組長以上的所有管理崗位，除了一個公共關係主任由陸幹充任之外，其餘全部是由台幹

4　這三個維度是：包含工作結構的單元和潛在經濟分割的維度、公司內部技術和管理區別安排的效果、公司組織生產模式隨時間的變化。

擔任的。

　　那麼是不是所有台幹在人力資本上都要優於陸幹呢？關於台資企業的人力資本配置，由於很難拿到每個企業內部詳細的人事檔案資料，不能進行準確的量化分析，但是通過對不同企業的訪談，我們基本上還是可以比較明確地勾勒出台資企業內部的人力資本結構特徵。總體來講，在不同的群體內部，無論是教育水平、技能、經驗，還是學習能力和進取心、責任心和忠誠度，都大體上存在一個由低到高的排列順序；但是，在不同的群體之間，這些人力資本要素的分布卻是不連續的。首先，在教育水平上，陸幹的總體教育水平要略高於台幹，尤其是在傳統製造業，很多台幹的教育水平都不高，但是他們來大陸之後招收的管理人員卻往往都是本科以上的畢業生；其次，在經驗和技能方面，台幹則略高於陸幹，尤其在經驗方面，由於大部分台幹都是在台灣擁有了一定工作經歷才委派過來，並且在招收陸幹的時候，有很多企業還明確表示專門錄用沒有工作經驗的人，因此這個差距比較明顯；第三，在進取心和學習能力方面，不同的台商和台幹之間往往存在比較大的分歧。傾向於本土化的台商往往對陸幹的學習能力和進取心持比較肯定的態度，但是對於拒絕本土化策略的台商來講，陸幹缺少進取心、學習能力差卻往往就是他們最重要的拒絕理由。在訪談當中，當我們與台幹聊到台幹與陸幹的差異時，缺少進取心、學習能力差往往是他們提及最多的缺點之一，但是當我們聊到陸幹取代台幹議題的時候，陸幹較強的進取心和學習能力往往又是他們提及最多的優點之一。總體來講，當陸幹有了一定的工作經歷，台幹的經驗優勢變得不是很明顯的時候，台幹與陸幹實質的人力資本差異其實已經不是很明顯了。

　　但是為什麼絕大部分台資企業都保持了上文所述的一種不平等的職位分配結構呢？其實支撐台商保持這種結構最核心的理由是台幹和陸幹在責任心和忠誠度方面的差異。很多台商和台幹認為，由於大陸解放之後40餘年的「去傳統化」教育，使得大部分大陸人缺乏中華傳統美德，是沒有辦法信任的，這是陸幹人力資本中所缺乏的。但是我們在對陸幹的訪談中發現，很多陸幹對於台商和台幹的這種看法很不以為然，他們認為這不是因為兩個群體人力資本的差

異，而是因為台商沒有給予他們足夠的信任。這樣一種基於對立認知基礎上的職位安排，實際上成了影響兩個群體進一步融合的重要障礙。

二、組織中的晉升與流動

在一個「理想型」的科層制組織當中，應該存在一個按時晉升的機制，這種晉升包括兩個方面，一個是職位上的晉升，一個是薪資待遇上的提高，這是企業內部勞動力市場理論主要研究的內容。但是在移民企業內部，我們卻看到了一個比較普遍的現象：企業內部的「二元勞動力市場」。在這些組織裡面，晉升的現象雖然仍然存在，但是卻往往只發生在不同群體的內部及其相對應的部門和職位之間，在群體與群體之間以及跨群體的職位和部門之間，晉升變得非常少見和困難，這就是人們經常提到的「天花板效應」。

在對台資企業的調研中，無論是台商和做為職業經理人的台幹，還是在企業內部充當高級管理人員的台幹，也包括在台資企業從事中高層管理的陸幹，他們的絕大多數對於台資企業中存在「天花板效應」持肯定態度。按照台商的看法，企業內部一些比較重要的位置，比如財務、關鍵技術、銷售通路、決策等，是不能夠交給陸幹來承擔的。很多台商認為，一旦把這些東西交給陸幹，就會對企業的生存和發展形成巨大的威脅。

本土化到目前只是一個口號而已，你如果要把管理權或財務放給這邊的人，跟你講，十個有八個會死。（200403CZ，電管線廠總經理，台幹）

我是要你來創造效益，所以讓他來，像我剛才所說的財務，當然還要抓一手；另外一個在我所有代理商的管理，因為代理商的管理如果交給本地人等於最後你死。（200403LZ，餐廳老闆，台商）

其實用人當地化那是正常，但是決策跟整個財務運作，還是我們在掌控。不是說他們不能把職位拉到可以管下面的人，是可以管，但是絕對不能做一些影響公司對外決策的那些。不為什麼，因為財務還是整個錢的運作很重要，所以公司的

章絕對不是讓大陸人去蓋。職位不管再怎麼高,這個章他絕對沒有機會去蓋,一定要防這一點,不然公司被賣掉都不知道,職位可以高,但是章不能亂蓋,他就沒有機會蓋章,他可以簽名,符合他職位的簽名,但是公司的大小章都沒有機會。(20040210ZMH,環保工程公司老闆,台商)

在調查當中,其他台商、台幹也基本上持相似的看法。雖然他們覺得由於台灣企業的文化,台幹本身的晉升也是很困難的,但是不會像陸幹那樣本身就是不可能的,因為對於陸幹來講,他們的晉升也「應該」是有極限的。

我想班長、組長、基層領導可以很快本土化,1-2年之內吧。課長以上就要久一點了,台灣至少要10年培養一個課長,因為能夠耐得住時間的考驗,也是晉升的一個重要的要求。……我想晉升的極限一定存在,但是這不應該是台企的特點,財務、採購一定會抓在心腹手中,台資比較苛刻了(對員工),這個不得不承認。(20050828CAM,紙業公司部門小組長,台幹)

公司有天花板效應,高幹絕不可能是當地人……之後當地化進展很快,台幹多為陸幹所取代,但台幹與陸幹的身分,還是不可跨越的鴻溝。例如這邊的識別標記,課長是黃帶,班/組長是灰帶,台幹卻不論身分,永遠是藍色的帶子,而陸幹不論身分,永遠也沒辦法掛上藍色的帶子。(20070729HKZ,製鞋廠幹部,台幹)

對於陸幹來講,這種感受往往會更加強烈,因為這很大程度上限定了他們在企業的發展空間和前途,使得很多人在做到一定程度之後,就選擇離開。

覺得在台企是不是很難晉升?的確,晉升非常難,幾乎不可能,根本沒什麼前途。上升很難很難的。最多到部門主管。一般也就是設計師。而且都是不受重視的小部門主管。一般就看幹得比較好,覺得可以用,就可能升為小部門的主管,可是一般也是次要的部門,像人事部、財務部、工程部等很重要的部門都還是台幹在主管。(20050320WLZ,諮詢公司幹部,陸幹)

三、組織中的監控

　　按照科層制的一般原則，組織中的監控關係往往發生在直接的上下級之間，同級不同部門和跨層級的監控關係發生的並不多。在台資企業當中，科層化的運作往往並不是很嚴格，越級指揮和跨部門監控的現象經常出現，整個組織的運行一定程度上呈現為台幹群體對陸幹和工人群體的監控。這種情況雖然在某種程度上體現了台幹群體對企業比較強的責任意識，但是卻對陸幹和其他大陸員工在心理上形成很大的傷害。

　　在台資企業內部，不但很多處於高層領導崗位的台幹會越級指揮和監控下層員工的工作，讓處於中層的大陸幹部感到無所適從，而且在同級領導崗位之間，由於人為界定了重要部門和非重要部門，同時所有重要部門領導必須由台幹來充任，只有非重要部門才能由陸幹擔當，在這種情況下，跨部門指揮和監控的事情經常發生。同時也正是因為台幹越級和跨部門監控的隨意性，使得很多陸幹根本沒有辦法按照他們自己的想法對下屬進行有效的指揮和監控。

　　但很反感的就是，有時候其他部門的主管會管我們設計部內部的事情，也就是越權管理的現象時有發生。比如人事部主管，是個台灣人，就經常管到我們部門，還罵人，好像沒有不被他罵過的員工，但是，沒辦法，誰讓你是打工的，人家是幹部，也是老闆，只能忍下來，其實真的很傷人的自尊。（20050320WLZ，諮詢公司幹部，陸幹）

四、薪酬體制

　　台資企業的薪酬體制，絕大部分都存在著「一企兩制」或者「一企三制」的情況。也就是說，對於從台灣派駐大陸的台幹，實行的是台灣方面的薪酬標準；對於大陸方面的幹部，實行的是大陸企業的薪酬標準；而對於企業中的農民工來講，參考的卻往往是當地政府的最低工資標準。

對於大部分台資企業來講，派駐大陸企業台幹的報酬往往是參照台灣企業的報酬體系來制定的。按照黃同圳的研究，一般的做法有四種：一是按照台灣薪資加成給付，少的1.5倍，多的6倍，加新台幣8,000元；二是台灣薪資另加各種津貼，包括辛苦津貼、生活津貼、海外津貼等；三是台灣薪資加大陸薪資；四是根據時間長短來確定。另外，還不同程度地負責派遣人員的食、住、行、醫療、賦稅，攜眷成本或往返休假的機票等（黃同圳，1995：227-242）。90年代初，台資企業最初大規模登陸大陸的時候，工資報酬的係數一般是2-3倍，由於當時台灣平均工資與大陸平均工資差別很大（大約20倍左右），因此台幹的收入可以達到陸幹工資的50倍。

我們台灣人喔，早期來投資的可能花比較多錢在我們台灣人身上，台幹嘛，他們會叫一些幹部、技術人員來這裡做一兩年，教內部員工，或是管理人員會找幾個來幫著做。但工資差距太大了，現在還比較沒那麼大了。你看像80年左右，台灣人來大陸工作的普通都至少兩倍工資，那時如果你一個月5萬的，來這裡一個月就要10萬；你如果台幣10萬在這等於是25,000嘛，兩萬五可以請多少人你知道嗎？？我83年來這裏時，他們的工資一個月平均才500塊左右，那兩萬五可以請50人了（笑）。你請一個台灣人的薪水，可以請大陸人50人了啦，50人啦。（200403CZ，電管線廠經理，台幹）

後來，隨著兩岸收入差距的縮小和成本的壓力，台幹與陸幹收入的差距雖然也在不斷縮小，但是「一企兩制」的薪酬制度卻在絕大部分企業中一直堅持使用。按照我們最近幾年的調查，台幹的薪酬基本上是台灣薪資的1.2-1.5倍，外加住宿、生活補貼和探親機票，總收入大約為同級別陸幹收入的4-5倍，普通工人工資的10倍。

你想我們請一個台幹過來，薪水可以說是要這裏的四倍，給他台灣的薪水，那邊如果給4萬（新台幣），這邊等於是要1萬嘛（人民幣），你三個月要給他回去一次，來回機票錢，在這裏要台幹的宿舍給他住啦，因為他住一定跟這邊的人不

一樣，最差最差也要兩個人一間，普通都一個人一間啊，這成本是那兒的四倍啊。（20040210HXS，電子防護膜廠老闆，台商）

同級部門經理的工資差別很大，大陸3000，台幹可以到達1.2萬；台幹的日常休假是一年四次回台，報銷來回機票每次7-10天，現在也差不多。（20050818JY，車料公司幹部，大陸新娘）

五、空間隔離與社會交往

在很多台資企業當中，對於工人採取的是一種準軍事化的管理體制，尤其是在傳統的製造業企業中，這種特徵尤其明顯。在這種管理體制下，不但不同群體的工作空間是分離的，他們的生活空間往往也是分離的。台幹不但有專門的宿舍、食堂，甚至有的企業提供的娛樂設施，如KTV包房等也是專門為台幹提供服務的。

台商看不起大陸人，在很多情況下，會壓榨大陸人，扣工資，為了不讓大陸人走。早期軍事化管理，在早期還是可以的，當時民智未開，當時吃不飽，但是後來，台商沒有與時俱進。（20070922YJG，早期來大陸的台商，從事過很多行業，目前從事企業諮詢工作）

「宿舍勞動體制」曾經被有的學者用來研究跨國勞動過程中資本對勞動的壓榨（任焰、潘毅，2006），這樣一個研究視角把重點放到了對農民工群體的研究中，而忽略了同時作為移民群體的管理階層。實際上，作為資本對付勞動的一種體制，宿舍勞動體制不但對於這些白領勞動力具有同樣的含義，而且會強化不同勞動力群體之間的區隔。在我們去台資企業參觀訪問時，很多企業都會讓我們看一下他們專門為台幹提供的宿舍。一般情況下，台幹的宿舍都是在企業內部相對安靜的地方，有一塊相對獨立的空間，僅僅從外觀上看，比給陸幹和工人居住的宿舍要好很多。一些規模稍大一點的企業還會專門為台幹建造

專門的食堂和娛樂場所，並且往往也是設在企業中位置比較好的地方，裝修也比較講究。單純從空間和建築格局來看，就很容易在台幹與陸幹以及一般的工人之間形成很明顯的距離感，並且這種距離感不但帶有明顯的「隔離」含義，而且帶有很強烈的「等級」差異在裡面。

案例：有一個位於昆山的電子廠，占地1000多畝，廠房和工人生活區主要集中在北部1/3的區域內，而台幹的宿舍和食堂遠遠地藏在企業最裏面的一個角落裡，兩者之間，由一片兩個足球場大的草坪隔開。按照台商的說法，平時陸幹和工人是不能跨過這片草坪的，只有過年過節的時候，才會邀請少數幾個優秀的大陸員工到台幹食堂與他們共進晚餐。（20060815HS，電子廠，參訪）

總之，在台資企業內部，我們看到的是一個與典型的科層制組織完全不同的組織狀態，在這些組織內部，無論是企業的人力資源配置、企業內部的晉升和監控體系、薪酬制度，還是企業內部的空間分布和社會交往，不同群體和成員之間的分布都是不連續的，不但相互之間的差距和距離非常大，而且呈現出一種相互隔離的狀態。也就是說，呈現出一種「斷裂」的結構特徵。對於這種「斷裂」組織與一般科層制組織的結構性差異，我們可以簡單地總結如表8.1：

表8.1　科層制組織與「斷裂」組織的主要差異

組織特徵	科層制組織	「斷裂」組織
人力資源配置	連續分布	非連續分布
晉升	逐級晉升，連續分布	天花板效應
監控	逐級監控	越級監控、跨部門監控
薪酬體制	統一標準、連續分布	多重標準、差距明顯
宿舍體制	等級、連續	相互隔離
社會互動	隨工作隨機分布	群內過密，群間缺失

肆、「斷裂」結構與大陸「台灣人」群體的社會融合

台資企業中的這種「斷裂」結構首先是跨境資本在全球化背景下，利用不同移民群體來源地社會經濟發展水平的巨大差異，基於「族群」結構而建立起來的一種「超階級」的勞動生產體制，這種勞動生產體制在不同移民群體之間，以及移民群體與當地社會之間鍛造了一個高度分化的社會分層體系，成為這些新移民群體實現融合的經濟障礙。這種經濟上的分化在離開企業這個「場域」之後，會與企業內部的隔離體制一起，在社會領域形成更為嚴重的「隔離」，成為影響這些新移民群體實現融合的社會障礙。同時，企業組織內部這種「斷裂」結構的運行還會進一步固化和強化不同移民群體新的「族群」意識和認同，成為影響這些新移民群體實現融合的文化障礙。

一、全球化勞動生產體制與勞動力再生產機制的再造

全球化背景下的跨境資本充分利用了不同移民群體來源地社會經濟發展水平的巨大差異，通過移民企業的「斷裂」結構，打造了一種建立在「族群」差異基礎上的「超階級」的勞動生產體制，這種勞動生產體制所造成的資本與勞動、管理階層與普通工人之間的收入差距和社會距離是一個民族國家或者封閉經濟體系內部所難以承受的。就以台資企業為例，根據國家統計局2007年的統計數據，2005年台灣工業及服務業年人均薪資折合為16,264美元，而當年大陸職工平均工資折合只有2,242美元。台資企業中台幹的工資如果僅僅按照平均1.5的係數發放，則他們的年平均工資為24,396美元，是大陸職工年平均工資的近11倍。[5]同時，按照國務院研究室中國農民工問題研究課題組的估計，2004

---

5 以上數據是根據國家統計局公布的公開數據計算的，參見中華人民共和國國家統計局編，《中國統計年鑒2007》，北京：中國統計出版社，2007年。由於台資企業中的台幹和陸幹均屬於管理階層，平均工資水平應該高於社會總體的平均工資水平，所以以社會平均工資來估計這兩個群體的工資水平，可能低估了。

年農民工的年收入為7,000元人民幣（國務院研究室課題組，2006：8），折合854美元，只有2005年台幹年平均工資的1/29。90年代初，台灣平均工資大約是大陸平均工資的20倍，而當時台幹被派駐大陸時，工資往往是台灣工資的2-3倍，在這種情況下，一個台幹的薪水可以雇傭50個大陸人的現象應該並不稀奇。

這樣一個「超階級」的勞動生產體制為什麼能夠持續？如果按照傳統馬克思主義的觀點，很大程度上是由於移民企業中的這些新移民群體，除了中層的管理者之外，其他兩個階層的勞動力再生產絕大部分都是在這個企業所在的大陸沿海社會之外完成的，其中台商和台幹的勞動力再生產要依託經濟水平遠高於大陸沿海地區的台灣社會，而農民工的勞動力再生產則不得不回到經濟水平遠低於大陸沿海地區的內陸農村。而中國大陸沿海城鎮居民可支配收入與內陸農村居民人均純收入相比，以農民工流入最多的廣東和流出最多的四川為例，從1990年到2005年，始終維持了約5倍左右的差距，[6]這可以說是全球化背景下，跨境資本在中國大陸沿海地區獲取巨額利潤的基本邏輯之一。

然而，隨著這些新移民群體的「當地化」程度不斷加強，其勞動力的再生產體制也在當地社會不斷形成，比如，台灣人群體會在當地社會逐步形成自己的社區和社會網絡，如在上海浦東和長寧等地形成的高檔「國際社區」；同樣，不同地區的農民工群體也會不斷形成類似「城中村」一樣的城市貧民區。在高檔的國際社區附近，會形成類似「古北路」這樣的專門為特定移民群體服務的商業區，同樣，在不同的「城中村」周圍，也會形成專門為這些低收入群體服務的商業設施。

巨大的收入差距決定了他們完全不同的生活方式，不同的居住和生活空間同樣會進一步鍛造出不同的生活方式和消費模式。絕大部分台幹都拒絕與陸

6　1990年，廣東省城鎮居民人均可支配收入是2303元，四川農村居民人均純收入是558元，前者是後者的4倍；1995年，前者增長為7439元，後者增長為1158元，前者是後者的6倍；2000年，前者增長為9762元，後者增長為1904元，前者是後者的5倍；2005年，前者增長為14770元，後者增長為2803元，前者是後者的5倍。參見中華人民共和國國家統計局公布的《中國統計年鑒》1991、1996、2001、2006年數據。

幹在同等水平消費和享受同樣的生活方式，他們不會去同等水平的餐館和娛樂場所，拒絕同價位的服務和消費，這無疑使得兩個群體的社會融合變得困難重重。反過來講，也只有那些與大陸人收入水平差不多，或者有意識地縮小與大陸人生活差距的台商，才能夠更好地融入當地社會。

把自己當大陸人，這樣才能過得很愉快。（插話：你覺得你是大陸人？）對的，我把自己的薪水每個月提出一部分，這是和大陸當地人們的薪水一樣，過大陸當地人過的生活，去大陸當地人所去的餐館，你就覺得沒有什麼不一樣。（插話：我覺得你這樣過的話比較能融入當地社會）我不曉得怎麼過，但我覺得對我來說我比較喜歡這樣的生活。不會覺得我自己是台灣人，和這邊一樣是大陸人。（20040210LXS，食品加工企業財務，台幹）

可以這麼講，以這種「超階級」的勞動生產體制為基礎的勞動力再生產體制的再造，在當地社會形成的也是一個高度分化的社會分層體系，這種分層體系已經成為影響新移民群體實現社會融合的重要障礙。

二、組織中的「斷裂」與社會隔離

這種新的社會分層體制，往往具有非常明顯的「社會隔離」的特徵。企業內部生產、生活空間的隔離通過不同移民群體巨大的收入水平差距在社會領域得以放大和凸顯。企業內部的不同檔次宿舍在企業外部變成了高檔「國際社區」與「城中村」的隔離，企業中的不同食堂變成了企業外高檔商業區與街頭小店的差異。

在我們對台商和台幹進行訪談的時候，很多台商認為，他們之所以在企業中修建不同的宿舍、食堂和娛樂設施，主要是考慮到台幹在當地的適應問題。他們覺得台幹過來之後，與當地人生活在一起會很不習慣，飲食上也不能適應，因此為他們提供相對獨立和更加高級的生活服務，對於他們安心工作，對

企業保持比較好的向心力會起到很好的效果。但是問題在於，一旦這樣的生活結構建立起來，會對不同群體在組織內的互動產生直接的塑造和固化作用。

在我們的調查中，很多外派的台幹，尤其是家屬沒有隨同過來的單身台幹，在日常的工作之外，絕大部分都沒有太大的動力主動與企業內其他群體的成員進行進一步交往。他們中的很多人在工作之外，尤其是週末，如果工作不是很緊張，往往就是呆在自己的宿舍裡看電視、看DVD，或者看書、聽音樂等，雖然他們也會覺得很無聊，但是真正有勇氣走出自己的宿舍，走出台灣人的圈子，主動與陸幹進行社會交往的人往往很少。

事實上，在我們調查過的企業中，企業內部的台幹與陸幹之間，在工作之外進行社會交往的的確不多，大部分台幹覺得與陸幹在一起會很不舒服，尤其是他們覺得在花費上比較難以處理。

> 與大陸人的關係，大部分是生意的關係，而非私人的關係。不能交大陸朋友，否則會很麻煩。一般而言，上班時互動比較多，與大陸人私下互動較少。去K房不跟當地人，因為去K房會有固定人買單，也許有金錢上的顧慮，起碼跟自己同事一起去，在付錢上會比較好。教戰指南中規定絕對不跟當地人有金錢上的往來。……除了正式的區別外，例如老闆的兩個子侄來此，只有台幹才有與他們social的權利，陸幹完全沒有這類機會。（20070729HKZ，製鞋廠幹部，台幹）

> 跟台灣人在一起是為了玩，然後跟local人在一起是為了事業、為了工作，這很明顯。（20040210LZS，管理顧問公司老闆，台商）

企業中組織成員之間社會交往的差異也直接影響了這些組織成員與社會上其他成員的交往。調查發現，凡是企業中對大陸員工比較開放的台商和台幹，一般在社會上與其他大陸人也會有相應的交往；同樣，如果在企業中就不與陸幹來往的台商和台幹，他們在社會上一般也很少與大陸人來往。

企業中的「隔離」還會進一步影響到大陸台灣人的子女教育。他們中絕大部分人子女還是留在台灣接受教育，少部分會把孩子帶在自己身邊，但也是選擇進入專門的台商學校或者國際學校就讀，只有很少的訪談對象會把自己的孩

子放到大陸本地人的學校中就讀。從一定意義上講，是企業內部的隔離使得移民群體的社會融合喪失了一個很好的機會和空間，並使得企業外的社會隔離也在不斷地形成和強化。

三、組織中的「斷裂」與「族群」認知差異的再造

調查中，經常會聽到台灣人群體對大陸群體多有抱怨，比如覺得大陸人太注重經濟報酬，急功近利；大陸人太自私，對企業缺乏責任心和忠誠感等等。正是通過這些抱怨，凸顯了台灣人群體與大陸本地人和其他移民群體的差異，彰顯了他們的群體認同和「族群」差異。進一步的調查發現，這些感知中的差異一部分來自於群體之間40年的隔絕所形成的文化差異，但更多是來自於「斷裂」組織的運作所形塑的社會感知。

調查中，台商經常抱怨大陸人太注重報酬，斤斤計較，並把這個現象歸結為大陸人的素質有問題，而當我們進一步追問這個問題的具體表現時，發現雙方主要的分歧來源於對加班工資的計算。在台資企業中，加班是非常普遍的現象，並且更普遍的是加班時間往往非常隨意，而且還不計算加班工資。對台商和台幹進行的訪談發現，他們常常要求員工加班到很晚，並且認為不計報酬是他們公認的台幹的優點，但是當我們採訪陸幹時，這卻往往成了他們對台資企業詬病最多的一個方面。

按照我們的調查，不計報酬、拼命打拼確實是台灣中小企業發展早期很重要的企業文化，尤其是家族企業、合夥制企業發展早期，被台灣學界稱之為「黑手」起家的時期，這種企業文化對於台灣中小企業的發展發揮了非常重要的作用。但是隨著企業規模的擴大，尤其是台資企業移駐大陸之後，大量的「他人」加入企業，這樣的一個企業文化卻演化成了企業節省勞動力成本很重要的手段之一。對於這樣一個企業文化，實際上很多後期加入的台幹也不是很認同。

在這種企業文化下面，大家比拼的不是到底為企業做了多少工作，而是儘量晚下班，員工看幹部，陸幹看台幹，台幹看老闆，往往老闆走了台幹才能走，台幹走了陸幹才能走，陸幹走了員工才能下班。大家即使沒有工作了，也一定要等到上級走了之後才能走，否則就要影響他們在上級和老板眼中的形象。由於台資企業對員工加班工資不但在時間上經常少計，而且在計酬標準上也非常苛刻，他們把基本工資定的非常低，而加班工資是按照基本工資的標準來計算，因此即使嚴格遵守了法律規定的1.5倍、2倍的標準，仍然是非常低的。而這一點，對於台幹來講卻不是問題，因為他們的計酬標準本來就不是按照這個劃分方式來計算的，加班的多少影響的只是老闆對他們的印象，而與報酬無關。

剛該企業的時候，本來應該是三個月後轉正，工資應該提高七成的樣子，可是過了三個月都沒有提轉正的事情，所以這樣很多的事情就說不清楚，先是通過主管跟台幹反映，拖了很久也沒有消息。所以我們就越級反映，引起他們很大的不滿，但是也沒辦法，一定得解決的。但是老闆就給了一句話：我知道。後來拖了半年也就是第七個月的時候，轉正了，也沒有具體談待遇的問題，工資是增了，增了一百塊……。所以，我們就都打算走了。（20050320WLZ，諮詢公司幹部、陸幹）

加班費的計算方式也很鬱悶：公司的工資本來不高，他把基本工資定的很低，我們的工資是基本工資+崗位獎金，其餘的都是全勤獎之類的，這樣加班費就很低，低得驚人。比如我的基本工資是800，其餘的1200，加起來2000，聽起來馬馬虎虎。但是算加班費就是800元/176.36小時，這是每個小時工資，週末加班×2，平時×1.5。在這裡「女人當男人使，男人當驢使」。（20050821ZX，紙業公司幹部，陸幹）

同樣地，很多台商和台幹還抱怨大陸員工經常跳槽。調查中經常聽到的一句話就是，剛剛培養他一兩年，可以做事情了，只要有另外一個企業給他稍微高一點的工資，他就跳走了。認為這是大陸幹部缺乏誠信、唯利是圖的表現，

並且也是大陸幹部不能信任和重用的最重要的理由。

　　但是我們在調查中發現，這個問題一定程度上與兩岸企業文化的差異有關。對於大陸企業來講，改革開放的幾十年，主流文化實際是破除單位制遺留，「破三鐵」，倡導人才流動，以學習美國企業文化為主；但是很多台資企業的文化，實際上與日本企業文化相似，強調的是員工終身制。這兩者在某種意義上是衝突的。

　　當然，最關鍵的還是企業內部的「斷裂」結構在作祟。我們在訪談大陸幹部時會明顯感覺到，在員工經常跳槽和不能信任與重用之間，實際上存在明顯的互為因果關係。很多大陸員工之所以工作一段時間之後就跳槽，企業升遷中的「天花板效應」和台幹的越級監控與跨部門監控往往是最重要的原因之一；同時，企業內部明顯的「隔離」和「等級」差異，也是影響陸幹對企業認同感和責任心的重要因素。對於陸幹來講，由於台幹居住和生活的地方既是神秘的，也是高級的，他們當中只有很少一部分人，在做得非常好之後，才能在年終或者什麼時候，做為一種非常高的榮譽被邀請或者「恩准」到台幹的食堂與他們共同進餐，平時他們也沒有與台商和台幹進行Social（工作之外的交往）的權利。對於陸幹來講，他們永遠沒有辦法進入到台商和台幹的圈子中，這個企業永遠是「他們的」，「我們」自然也就沒有必要或者說不可能對這個企業產生相應的認同。

　　由於台灣人與大陸人「同文同種」，所以很多大陸人對於把這兩個群體看作完全不同「族群」的預期是非常有限的。在這種情況下，大家對於這兩個群體差異的容忍度很大程度上來源於台灣社會與大陸社會經濟發展水平的差異，以及大陸沿海城市與內地農村社會經濟發展水平的差異。隨著這些新移民群體「當地化」程度的加強，人們對不同群體之間巨大收入差距和社會隔離狀況的容忍度也會逐漸降低。就拿語言來講，本來台商投資大陸，共同的語言是雙方加強融合最重要的優勢所在，但是這種優勢在某種情況下會轉化為劣勢，並且有可能成為一種人為的區隔，影響相互之間的信任。

　　調查中經常會遇到台商與台幹相互之間為了對陸幹保密，在公開的場合用

台語[7]等陸幹聽不懂的語言討論問題，並且在訪談的過程中，他們往往也會以此為自豪。其實，他們的這種表現對大部分陸幹來講都是一個傷害。調查中，很多陸幹都提到了這一點，覺得這樣很不尊重人。實際上，當台幹當著陸幹的面用陸幹聽不懂的方言高談闊論時，尤其是在討論的過程中還不時地對陸幹指指點點，明顯有嘲笑、辱罵的語氣時，大部分陸幹都能夠感受到，並且心裡很不是滋味。訪談中，很多台商還專門講到，他們要在私下裡學習本地人的話，能夠聽懂，但是一定不能讓他們的員工知道，以此作為他們控制員工、加強管理的重要手段之一。實際上，很多大陸員工也會有相同的策略，他們在台資企業待的時間長了，也能夠聽懂台幹之間在討論什麼，但是他們也會裝作聽不懂，把怨恨埋在肚子裡。

伍、「斷裂」結構的差異與變遷

這種組織中的「斷裂」現象在不同的台資企業內部表現是不同的，這一方面與企業的規模和國際化程度有關，另一方面也與企業的產業性質、企業的內外銷特徵有關。並且，隨著企業進入大陸的時間愈來愈長，這種現象也在某種程度上正逐步地發生改變。當然，這種差異和改變也直接體現在這些組織成員的社會融合上。

一、企業規模與國際化程度

組織中的「斷裂」現象在大企業與小企業中表現是不一樣的，通常在一些中小型的企業，尤其是那些家族式管理特徵比較明顯的企業中表現最為突出。對於一些早期進入，但是一直沒有做大的微型台資企業，成本壓力已經迫使他

7　也就是閩南話。由於我們的調查主要在長三角和珠三角進行，因此絕大部分員工聽不懂閩南話。

們逐步把台幹的使用數量壓縮到了最小，有的甚至就只有老闆一個台灣人了。

　　在公司的台幹只有他一個人，其他都是本地人，管理方式是控管，只要把財務、總務、業務、雜務的權限進行控管，允許他一定範圍內的徇私行為。（20060303ZRS，機電設備公司老闆，台商）

　　對於一些規模比較大、國際化程度比較高的企業，雖然他們的高級管理層主要還是以台幹為主，但是由於香港、美國、歐洲等背景的高管人員的加入，特別是陸幹也往往都有海歸的背景，公司內部的職位分工比較細，晉升和監控制度比較規範，晉升和監控的鏈條也比較長，在這種情況下，組織成員不但在企業中所能感受到「斷裂」結構不是很強烈，而且他們在社會交往上也沒有太明顯的界限。

　　我們公司比較特殊，台灣人比較多，大約占六成的樣子。但是大部分已經加入美國國籍……核心團隊和其他管理層之間沒感到界限……台幹和大陸員工各盡其職，沒有感到界限。（20050312GWJ，芯片製造企業員工，陸幹）

二、產業性質與企業結構

　　台資企業中的組織「斷裂」問題在某種程度上也與企業的產業性質有關。一般來講，傳統製造業比較明顯，高科技企業相對弱一些，面向大陸的服務業也要弱一些。

　　對於傳統的製造企業來講，除了規模很小的之外，最初往往是把在台灣的管理團隊整建制地派到大陸，這個管理團隊延續他們在台灣的管理模式，採取的往往是比較封閉的、半軍事化的運作方式，呈現出典型的「斷裂」結構。在這些企業內部，雖然針對一般工人的規定都比較嚴格，但是在管理層內部，分工其實並不是很明確，往往都是憑經驗和人際信任進行運作和管理。在這種情

況下，雖然他們也會招募一部分大陸的大學畢業生充實到他們的管理團隊中，但是這些陸幹往往很難進入他們的管理核心，與原有的台幹形成比較好的互動關係。

而對於一些高科技企業和位於大城市內部的服務業企業員工來講，他們無論在工作空間的安排上，還是在生活空間的安排上，往往並不會像傳統的製造業企業一樣形成比較明顯的隔離，組織結構對他們社會融合的強化作用也不像傳統製造業企業那樣明顯。

調查中，如果調查對象是傳統的製造業企業，在調查結束後的午宴或者晚宴上一般是清一色的台商和台幹，他們經常會不自覺地用閩南話交流起來，讓我這個唯一的大陸人如聽天書。但是在對高科技企業和服務業的台商和台幹進行訪問時，調查結束後的宴請上出現其他大陸人的概率是比較高的，尤其是我們在調查一些已經從台資企業出走，成為小業主或者「台流」[8]的人員時，很多感覺已經和與大陸人交往差不多了。

三、市場與企業結構

台資企業的內部結構還與企業的市場狀況有關。一般來講，在那些兩頭在外的「三來一補」企業中，「斷裂」現象最為明顯，台商和台幹本身就把大陸的企業看作是一個「異地」的生產車間，自身也沒有實現社會融合的願望和動力。而對於那些以內銷為主的企業來講，如果大部分原材料採購也在大陸本地進行，交往對象主要是大陸本土的企業和市場，這樣的企業在用人結構上往往也會更明顯地採取「本土化」的策略，「斷裂」的程度會稍微弱一些。這些企

---

[8] 又稱「台灣浪人」，指那些從台灣企業出走，但是又沒有辦法或者不願意返回台灣，繼續留在大陸自謀職業的一批人。按照某些台商的說法，目前在大陸的「台流」規模已經相當龐大，主要原因在於，很多企業在最初投資大陸時，如果台灣本身還有自己的產業，派駐大陸的幹部往往並不是他們企業中最核心的成員，當這些人在大陸打拼，規模迅速擴張之後，如果台灣的產業萎縮了，他們會把最核心的團隊派到大陸這邊來接管，從而迫使大陸這邊的團隊成員出走，成為「台流」。

業往往對大陸員工比較倚重，能夠升入高層的陸幹會比較多，並且能夠開放的職位也相對比較高一些。

其實對於很多內銷做得比較成功的企業，市場這一部分已經主要由大陸員工在做，並且很多也升遷到了比較重要的位置。而對於那些以外銷為主的企業，或者主要以在大陸的台資企業或者台商為客戶的企業，他們員工的本土化程度就要差一些。

四、進入時間與組織變遷

對於大部分台資企業來講，凡是準備在大陸進行長期發展的，人才的「本土化」往往是他們最重要的發展策略之一，也是這些台資企業降低人工成本最重要的途徑之一。很多企業在投資大陸的初始，往往就有比較明確的「本土化」戰略，雖然一開始委派很多台幹過來，並且很多情況下是成建制地過來，但是他們與外派的台灣員工僅僅簽訂3-5年的短期契約，合同到期之後或升至更加重要的領導崗位，或退回台灣，或者流失進入大陸的其他企業工作。

對於大部分台資企業來講，2-3年往往是人才「本土化」一個重要的時間點，在這個時間點上，會有大量的台幹退出企業被陸幹所取代，然後就基本上進入一個比較平穩的發展時期。當然，對於很多台灣企業來講，進入大陸之後往往都擴張得非常迅速，2-3年之後一般都會有新的項目開建，所以真正被替代回台灣的台幹並不是很多，並且，雖然有愈來愈多的管理職位被陸幹所替代，但是也會有更加重要的位置等待著他們。

在這個過程中，有些台商比較保守，這種「本土化」替代的現象並不是很明顯；但是有些台商採取了比較開放的態度，比較注重消解兩個群體之間的邊界，促使雙方的融合，他們認為「本土化」是企業發展的趨勢，並且有意識地為這樣一個結果做準備。在這些企業中，台幹受到的壓力往往比較大，同時陸幹升遷中的「天花板效應」相應也就弱一些。

因此在薪資上，在符合法規的制度上需建立一個對制度及效率有效的薪資合同外，管理制度也很重要，在大陸員工的升遷上也要建立制度。由於之前的規模不夠大，所以升遷的職務、職位部分沒有去加以安排，但現在正在建立一套制度，就是班長、組長、課長、副理、經理的制度，不要讓管理職務一直都在台灣人上，這對公司的營運沒有好處……我還是感覺到只要這個公司有管理階層是大陸人，那就是成功的企業。（20040210ZMH，環保工程公司老總，台商）

當然，從總體來看，台資企業中的這種「斷裂」現象正在逐步地改善，尤其是在薪資部分，台幹與陸幹的差距在縮小。特別是最近幾年，隨著台灣經濟的不景氣，越來越多的台灣幹部希望到大陸發展，尤其是一批剛剛畢業的台幹被派駐大陸，或者直接到大陸台資企業應聘，原有台幹的經驗優勢正在逐步消失，新台幹的報酬水平也在逐漸被壓低，有的企業甚至出現了係數小於1，或者直接參照大陸員工工資，開始實行「同工同酬」的現象。當然這個說法只是在調查當中聽有些台商說過，沒有得到比較實際的案例資料。

經過了若干年的發展變化，我們也發現有愈來愈多的大陸幹部在台資企業中得到了比較好的升遷，擁有了比較高的工作職位。但是無論是從台商和台幹的角度來看，或是從陸幹的角度來看，企業內部的群體邊界仍然是很明顯的，即使是那些一直在推動「本土化」的用人策略，並且企業中也有了高層大陸主管的企業，老闆在談到最後的時候，往往還會在不經意間，或者以與訪談者推心置腹的語氣，表達出兩個群體的差異，並強調還有某些東西沒有辦法放給大陸的幹部。而從陸幹的角度來講，雖然他們也聽說有的企業中陸幹可以升遷到廠長、科長甚至襄理的位置，但是在他們嘴裡，往往只是傳言，至少在他們的企業當中看不到這樣的希望。

確實，從實證的角度來看，我們雖然可以感受到每一個企業內部的上層都是台幹，下層的管理人員才是陸幹，並且企業內部的成員也確實都能夠感受到這個邊界的存在。但是從不同企業的比較來看，這個邊界好像又是不確定的，因為隨著這些年的發展，像高管、財務、採購、技術等一些被認為是絕對不可能交給陸幹來擔任的職務，我們也在有些企業中發現了實實在在的案例。那麼

這個群體之間的邊界到底存在於什麼地方呢？

　　按照法國組織決策分析學派的思想，權力來源於對「不確定性領域」的掌控，在相互的博弈中，誰擁有了相對於對方比較重要的「自由餘地」，誰就擁有了對對方的權力（李友梅，2001：142-174）。在對台資企業的訪談中，雖然我們很難統計出一個明確的標準說，哪些職位應該由台灣人來擔任，陸幹升遷到哪個層級就遇到了玻璃「天花板」，但是我們可以比較明確地感受到，陸幹升遷的極限往往就是台商所認為的足以影響企業命運的「不確定性領域」，也就是說，凡是企業家覺得交給陸幹來實施後沒有辦法掌控，同時這又會關係到企業的命運，這樣的位置一定不能交給他們沒有辦法「信任」的陸幹來擔任。反過來講，如果他覺得可以掌控，並且覺得這些位置並不能對企業形成致命的威脅，即使級別上再高的位置，交給陸幹來打理也是沒有問題的。

陸、結　論

　　大陸台灣人群體是大陸新移民群體中非常重要的組成部分，其社會融合對於我們處理好不同移民群體之間的關係，加強和諧社會建設具有十分重要的意義。在當前金融危機逐漸向全球蔓延的背景下，新移民群體的社會融合對於穩定跨境資本，加強勞資之間、企業管理階層與普通工人之間的合作，尋求共度危機的機制也非常重要。尤其是在兩岸關係尚不穩定的情況下，台資企業的穩定發展和台灣人群體的社會融合對於改善兩岸關係也有非常重要的意義。

　　本章從對台資企業內部結構的研究出發，探討了台資企業內部的「斷裂」結構對大陸台灣人群體社會融合的影響。研究認為，大陸台資企業中組織「斷裂」的現象是比較普遍的，原因在於兩岸之間長期的隔離、大陸沿海城市與內地農村之間「二元結構」的長期存在，所導致的幾個新移民群體之間的經濟差異和文化差異，進而塑造了大陸台資企業內部的「斷裂」結構。伴隨著這些新移民群體勞動力再生產的「當地化」，這種「斷裂」結構在不同的移民群體和當地社會之間形成了一種高度分化的社會分層體系，這種分層體系不但強化了

組織內部不同群體之間的隔離，而且與運行中的「斷裂」結構一起，深化了不同移民群體的文化差異和其「族群」認同與感知，成為影響這些新移民群體融入當地社會的重要障礙。

參考書目

中文文獻

中華人民共和國國家統計局編，1991，《中國統計年鑑1991》，北京：中國統計出版社。

中華人民共和國國家統計局編，1996，《中國統計年鑑1996》，北京：中國統計出版社。

中華人民共和國國家統計局編，2001，《中國統計年鑑2001》，北京：中國統計出版社。

中華人民共和國國家統計局編，2006，《中國統計年鑑2006》，北京：中國統計出版社。

中華人民共和國國家統計局編，2007，《中國統計年鑑2007》，北京：中國統計出版社。

王平，2006，〈「經商」還是「移民」——大上海地區台商經營當地化和社會生活當地化研究初探〉，上海：上海大學文學院社會學系碩士論文。

任焰、潘毅，2006，〈跨國勞動過程的空間政治：全球化時代的宿舍勞動體制〉，《社會學研究》，4：21-33。

李友梅，2001，《組織社會學及其決策分析》，上海：上海大學出版社。

林家煌，2005，〈登門不入室：中國大陸台商信任結構、協力網絡與產業群聚〉，台北：政治大學東亞研究所碩士論文。

國務院研究室課題組，2006，《中國農民工調研報告》，北京：中國言實出版社。

黃同圳，1995，《大陸台商人力資源管理》，台北：風和出版有限公司。

黃凱政，2004，〈大陸台商「當地化」經營之研究——以大上海地區為例〉，台北：政治大學東亞研究所碩士論文。

鄧建邦，2002，〈接近的距離：中國大陸台資廠的核心大陸員工與台商〉，《台灣社會學》，3：212-251。

龔宜君，2002，〈跨國資本、族群與勞動控制：台商在馬來西亞的勞動體制〉，《台灣社會學》，3：253-289。

中文譯作

韓起瀾（Emily Honig），2004，《蘇北人在上海，1850-1980》，盧明華譯，上海：上海古籍出版社、上海遠東出版社。

英文文獻

Baron, J. N. & Bielby. W. T.. 1980. "Bringing the Firms Back in: Stratifications, Segmentation, and the Organizations of Work." *American Sociological Review* 45(5): 737-765.

第九章 世界是平的？：全球化、在地化與大陸台資企業台、陸幹關係[*]

林家煌、林芷榕、耿曙

壹、前言：誰影響廠內互動關係？

華人文化的特質最常被運用於解釋台灣企業的運作，如學術前輩費孝通（1991）提出的「差序格局」，便指出台資企業在運作上具有內外有別、親疏有序的特質，並且衍生出「關係網絡」（guanxi network）的解釋理論。台資企業進入現代化時代（the modern age）後，傳統華人文化對華人企業依舊具有強大的影響力，「關係主義」與「家族主義」誠然主導了組織文化，呈現出「差序式領導」和「家長式領導」的華人企業特質（鄭伯壎，1991：365-407；1995a；1995b；2006：21）。

不過，當台商進入「全球時代」（the global age）後，原華人企業組織特質是否會受到影響？因為全球化理論認為全球化是經濟、社會、文化「趨同」（convergence）、統一的過程（蔡繼光等譯，2000：23；Scott, 2000），所以全球化對每個人與組織而言，「意味著一種在行為基礎和社會組織方面的全面變革」（高湘澤、馮玲譯，2001：9），在政治上追求自由民主、經濟上將服膺於資本主義的普世化（Fukuyama, 1989; 李宛容譯，1996）。同時，在全球化的時代下，「外向性」（outward looking）的台商不再安於台灣市場，而是勇於投資中國大陸，藉由逐鹿中原的磨練，擁有佈局全球的思維與能力。因

* 本論文分析資料來自作者之一所主持的國科會專題研究計畫《弱勢協會的制度起源：大上海地區台協組織研究》（計畫編號 942414H004012）、作者之一所獲得的中華發展基金「獎助研究生赴大陸地區研究」、以及政治大學中國大陸研究中心所提供研究經費資助。作者在研究過程中獲得政治大學東亞所博士生林瑞華的討論啟發與共同調查，謹此致謝。

此，台資企業在具有大量移地投資、生產的跨國營運經驗後，原組織內部型態是否及如何受到全球化趨同的改變？這樣的機會是否會醞釀出華人企業組織內部轉型？

　　然而，目前涉及華人組織研究雖多，但多集中於台灣本地組織、兩岸組織比較，抑或在他國投資的台商組織（如東南亞台商），甚少觀察中國大陸台商組織及組織內部結構。有鑑於此，本章乃針對大上海地區台資企業內部的員工關係進行研究，並與現有理論進行對話，觀察「全球資本主義」與「華人文化特質」兩者對台資企業內部員工關係影響。研究過程中，作者將透過台幹與陸幹在「正式制度」上(1)雇用方式是否有別；(2)薪資福利一致與否；(3)升遷管道有無侷限。以及在「非正式制度」上(1)生活空間是否開放融合與(2)互動關係是否融洽親密等面向，觀察並釐清台資企業員工關係的結構，究竟偏向「一視同仁」或「差別對待」？又是哪些因素影響不同企業所形成的不同模式？最終希望能藉此與當前主流理論對話，觀察全球資本主義所形塑的趨同力量，是否重塑華人組織內部的「差序格局」。

　　在研究方法方面，作者主要採取「質性方法」（qualitative methods），輔以部分文獻、報導。在質性資料蒐集方式上，作者結合「深度訪談」（in-depth interviews）及「半結構式的訪談問卷」（semi-structured questionnaire）兩種方法，藉由受訪者對於廠內關係經驗「深度的描述」（think description），作為主要的資料來源。同時輔以「參與觀察」（participant observation），能夠察看被研究者與環境的互動，可對非正式制度的人際互動與動機有深入的瞭解（Lee, 1999; Waddington, 2004）。就受訪個案的選擇上，選擇以上海地區為研究場域，乃在於上海可算是「全球城市」（global city），其為全球系統下的軸心城市，此類城市是跨越疆界與全球接軌的城市，不僅為全球資本流通的交會點，也包括不同成員背景交會的跨國化。同時，為顧及本研究的樣本代表性，筆者預計將依自變項設定的不同屬性台商企業進行適當訪談人數的篩選，以避免訪問對象集中於某些特定的部門或背景。至於受訪個案的來源，則需透過當地的台商協會、社區管理委員會、地方官員

及企業家等人牽線，以介紹適合受訪之個案。

　　本章之後的論述將分為四個部分。第二節將檢閱有關華人文化企業與全球資本主義的相關文獻，介紹兩者的論述焦點，藉由彼此的爭論，帶出本章的問題意識與研究焦點。第三節為經驗研究的呈現，將田野觀察系統性地說明台資企業西進後的組織文化為何？並以「正式制度」與「非正式制度」做為觀察層面，研究在制度下的廠內互動環境為何貌？第四節則分析台資企業在全球資本主義趨同效應中，企業在經濟理性觀念的推廣下，如何達到組織獲利最大化的目標及過程。第五節是結論部分，透過第三、四節的研究發現，進一步說明台資企業長期移地後所產生的組織文化與制度。

貳、文獻回顧：依違於理性與文化之間

　　台資企業的組織文化，歷經全球化的洗禮後，可以看出除了原有華人文化特質外，亦被全球資本趨同效應所影響，而不論是哪種特質，都會做為公司員工一致的方向與日常行為的方針（黃宏義譯，1985：31-53）。故本節藉由文獻分析，論述華人文化與全球資本主義兩者在台資企業運作上對哪些行為產生影響。

一、華人組織：特殊文化、關係理性

　　華人社會文化的特質在於「關係主義」與「家族主義」。如同費孝通所述，華人社會結構是以個人為中心的「差序格局」關係網絡交織而成，「差序格局」的人際關係網絡是人際交往的基礎。華人社會重視關係（guanxi），強調關係在資源配置中佔有主導性的地位，因此瞭解人與人之間所獨有的特殊關係，在華人的社會來說相當重要（鍾祖康，1991：152-154; Gold et al., 2002）。在關係這個層面下，信任（Trust）是最主要的心理因素。並且以

「關係」為繩索，將分散各地的個人，相互連結並且動員，讓個人繫成一個整體，形成社會一致性。

　　「差序格局」是作為華人社會互動基準，說明華人社會有親疏遠近之分，以自我為人際互動的中心，將自己與他人的互動依據親近與否做區分。甚至，自我與不同圈層之他人的交往法則亦有所不同（楊中芳，2001）。因此有無「關係」是作為圈層裡外的依據。許多學者嘗試將「關係」概念化，如黃光國藉由人際交往的過程，將人際關係分為「情感性」、「工具性」、「混合性」，解釋華人在進行資源交換時，如何評判自己與對方的關係，進而以不同的法則與之交往（黃光國，1988：7-55）；陳介玄與高承恕則根據台灣中小企業人際關係運用進行研究，提出「情感取向利益關係」與「關係取向情感關係」兩種關係模式，試圖將情感與利益的融合做為關係判斷的標準（陳介玄、高承恕，1991：219-232）；楊中芳則認為必須先將人際關係與人際交往分開觀之，再觀察兩者之間如何相互影響，因為兩者之間並非單向影響的過程，一次的人際交往將會影響下一次的人際關係（楊中芳，2001）。

　　整體而言，華人在圈層外的人際交往過程中，會依照他者與自己的關係深淺，行使不同的交往互動法則，但是不論將關係概念化為情感的、工具的或利益的，本質上如同費孝通「差序格局」的論述，即華人社會中的人際交往法則決定於以個人為中心的、具有彈性的差序格局關係網絡（楊中芳，2001：321）。同時，華人特質中的「差序格局」、「關係網絡」在邁向現代化的過程中並未消失，相反地，差序格局在華人組織邁向現代化過程中仍然扮演關鍵角色，利用「關係理性」的特質，達到強化組織管理與效率的目的。傳統價值依舊展現在組織經營與管理層面上，並更有利於組織經營。

　　對於圈層內部亦有差序格局的文化結構。華人組織研究指出，華人組織不僅反映華人文化特質，同時組織在邁向現代化過程中，傳統文化特質亦扮演維持組織效能與鞏固組織生存的因素（樂國林、張玉利、毛淑珍，2006；周鴻勇，2007）。首先，研究顯示浸濡在華人文化中的華人組織展現「差序格局」的文化特質，如學者楊國樞提出泛家族化歷程概念，強調華人社會中家族結構

的型態、觀念、行為會類化至家族以外的團體或組織（鄭伯壎，2006：21）；鄭伯壎亦認為，當傳統價值遇到現代化的企業組織時，現代企業組織自然展現類似家庭人際關係的傳統價值。因此可以瞭解的是，組織中領導體系與部屬的互動過程將反映華人文化特質（Sathe, 1985; Schein, 2004），華人組織就是華人文化的影子。

　　而在面臨現代化的挑戰時，華人企業就利用「差序格局」特質在組織現代化中發揮穩定組織的功能（Lin, 2004）。陳介玄（1994；2001）便指出台灣企業經由「擬似家族團體連帶」和「情感與利益加權關係」等概念，建立起「協力網絡」的經營模式。同時在協力網絡和企業組織內部，提出「班底」在企業互動間的重要性，認為唯有建立奠基在信任上的班底，才能讓企業面對動態的商業場域時，成為支撐企業組織與協力網絡的力量。

　　此外，就企業領導人而言，即便在對下屬管理模式上加入許多現代化特質的條件，如才能格局與忠誠格局，但是領導人在招聘、甄選、升遷、調職與退休等管理過程中，依舊傾向利用「關係理性」以提升彼此信任、降低管理成本、防範投機行為、提高組織效能（鄭伯壎，1995a：172；陳千玉譯，1996：248），使得領導人與部屬在界定自己人與局外人的過程中，組織內部核心成員情感依附程度較高、取得組織較高資源；組織邊緣之成員則情感依附程度較低、取得較不利的組織資源，形成「差序式領導」（鄭伯壎，1995a：173；楊國樞，1990：265；徐瑋伶等著，2006：84-120）。

　　另外在部屬反應上，基於組織成員附屬於組織管理的前提上，組織成員的回饋成為增強華人社會關係體系延續的最佳利器。也就是說社會文化價值透過企業領導人的傳遞，在部屬之中形成增強導向的結果，使得自己人易贏得領導人的信任，雙方進入良性循環，反之，外人則因本質上的排斥與區隔，雙方進入惡性循環的疏離（鄭伯壎，2005：161）。如此在組織內成員間上行下效的過程中，華人社會差序格局的特質便存留在企業現代化過程中，發揮降低管理成本、維持組織效能的功能。黃紹倫便指出華人家族企業在經濟上佔有優勢地位，其透過裙帶關係、家長式作風和家族所有制等組織行為，讓華人企業得以

立足於商業競爭中（Wong, 1985）。

　　然而綜覽華人組織文獻，本章認為有兩點不足。首先，華人組織研究多集中於台灣本地組織、兩岸組織比較抑或是他國投資台商組織（如越南台商），而甚少觀察中國大陸台商組織及組織內部結構。其次，過往研究資料顯示華人組織在現代化過程中依舊保留「差序格局」、「關係模式」的社會結構，並且這樣的特質亦發揮強化組織的功能，但卻甚少有研究探討在全球化浪潮的洗禮下，如此根深蒂固的傳統關係結構，是否會受到全球資本主義價值的影響而得到鬆動與改變？

二、全球資本主義：效率優先、全球趨同

　　全球化的核心概念簡單來說為「全球化乃一種過程，其中地理對社會和文化安排的束縛降低，人們也逐漸意識到這種束縛正在降低」（徐偉傑譯，2000：4）。然而，早期的全球化議題著重在經濟層面的探究，強調透過經濟上的頻繁交流互賴，將打破民族國家的疆界，促使民族國家終結，讓全球經濟呈現一體化模式。就此學者大前研一曾說，全球化下透過投資（investment）、產業（industry）、資訊（information）與消費者（individual consumers）所謂「4I」的移轉，全球更趨於一體化（李宛容譯，1996：22-23）。

　　爾後，隨著經濟層面全球化力量的蔓延，非經濟層面的全球化力量得到關注。相關研究顯示全球資本主義將授與龐大的權力於資本主義控制者如跨國企業，進而顛覆其餘宗教、政治、軍事等面向的權力來源（徐偉傑譯，2000：57）。換言之，全球化不僅促使經濟交流的突破，更藉由經濟傳遞者推動「文化與價值」的影響力，「自由市場資本主義」（free-market capitalism）的理念將散佈到每一個國家，全球資本主義力量彷彿一種「新的巨靈」（New Leviathan），散佈經濟開放、絕對獲益等「權力—意識型態」的隱性價值（蔡

繼光等譯，2000：23；Ross & Trachte, 1990）。繼續延伸此一觀點，在全球化帶動資本、技術、組織、價值與文化力量移轉的前提下（Tseng, 2002），全球化下的跨國企業，只要受全球化影響愈深，則組織經營與管理愈明顯展現「理性趨同」、「經濟優先」的全球資本主義價值。

　　多數全球資本主義者強調，經濟全球化將帶動趨同力量。例如Thomas Friedman（2006）及Peter Dicken（2003）等便認為，經濟全球化不僅促使技術、資金、人員的流動與遷徙，更帶動經濟效率、組織利潤、專業分工、共同標準、平等信念等全球資本主義價值的輸出。亦即，全球化力量將透過制度、貿易、組織、文化、價值觀等多種途徑影響，使得上至國家、下至企業與個人，在政治、經濟、文化各層面邁向理性「趨同」的境界。

　　因此著重國際視野與全球佈局的跨國企業強調組織內部結構必須打破各式不平等的藩籬、取消歧視的制度，一切以組織目標為依歸，如此組織績效方可達到利潤最大化境界。換言之，全球資本主義者認為，全球化不僅帶動資金、技術與人才的遷徙，也將一併傳佈理性趨同力量的價值，因此企業在邁向全球化之際，連帶的將取消組織內部不平等的障礙與藩籬，使組織運作一切以經濟效率、組織目標為依歸，而無歧視與差別待遇的存在。

　　所以依照全球資本主義的觀點，企業在經濟效率優先的考量下，會實行有利於組織利益的安排與行為，除人才在地化、原料在地化、資金及技術在地化外，在組織內員工關係結構上也將出現以組織利益為依歸，而呈現一視同仁的組織文化。台商過去認為重要職位「非自己人不可」的考量，隨著長時程的移地效應後，企業的發展、公司的獲利與否、成員的專業度高低等現實因素，逐步由全球資本主義觀念取代，因此出現全球化程度愈高的公司，愈不再奉行「任人為親」的用人邏輯，開始公平的、客觀的考量員工是否具備專業能力、是否融入當地（黃光國，1999；石友蓉，2006；甘勝軍，2006；金曉瑜、李平、沈衛平，2007）。因此，台資企業全球化後，以「專業、能力、開放融合」取代「關係親疏遠近」，打破企業「玻璃天花板」（glass ceiling effect）現象（諶新民，2006：188-190）。

全球資本主義趨同力量與華人文化差序格局的不同之處在於：全球資本主義價值觀展現的是全球趨同與效率優先的概念，應用於組織管理中便是以組織效忠、組織效率最大化為優先的考量，使得組織結構在正式制度上為平等對待，在成員互動關係上為開放流通的狀態（姜定宇等著，2005）。但華人文化中的差序格局、特殊關係應用於組織管理上便使得特殊的產權安排以及關係社會的文化，制約且形塑組織內部成員間的互動模式，促使組織管理人在管理上對外人產生排斥與壓抑、在組織成員升遷上產生局限性的「玻璃天花板效應」。

台資企業內部的天花板效應存在已久，尤其當廠內具有多族群時，更容易出現令人詬病的差別對待。這種族群與職位流動不公平的原因常與管理階層的治理心態有關，其抱持著差序、位階與歧視的態度來處理幹群關係，以「陌生的他者論述」、「同質社會再生產」（homosocial reproduction）、「由下而上的族群適配」（龔宜君，2002；鄧建邦，2002；蕭新煌、王宏仁，2002；王宏仁、蔡承宏，2007）做為職位流通的依據。抑或從整體而言，與當地意識型態、文化的政治社會差異，也是導致廠內勞資關係變化的因素（王宏仁，2004）。

因此在瞭解在華人文化下，台資企業內部差序關係後，隨著企業跨國數量與範圍不斷提升後，下節便是探討在全球資本主義的影響下，原有廠內結構關係是否開始轉變？

參、廠內結構關係：華人組織文化 vs. 全球資本主義

在本節中，作者經由田野觀察與實地訪談，探究台資企業內部環境在制度運作上是呈現「華人企業文化」，抑或受「全球資本主義」趨同力量影響後的轉變。同時經由組織結構來分析廠內員工關係（Baron & Bielby, 1980）。作者將企業內部環境區分為「正式制度」與「非正式制度」兩部分以作為觀察方向，「正式制度」包含「雇用標準」、「升遷管道」與「薪資福利」等指標，

而「非正式制度」將從「空間規劃」和「成員互動」探討。

一、傳產台商的廠內結構

誠如上節所述，華人文化中的「關係主義」、「家族主義」會反映在台資企業的運作上，從正式制度到非正式制度都會有明顯的特質。在移地之前，華人文化特質可以成為組織具有效率的原因，與鞏固組織生存的關鍵。而接下來本節主要目的在於觀察華人文化影響下的台資企業，在移地之後企業內部制度有何特徵？

（一）差序格局的正式制度

根據田野發現傳產台商雇用方式多強調「信任」，同時因為對當地族群的不信任與不安全感，所以族群考量、台幹優先還是雇用與否的原因，在正式制度上有明顯的差序格局特徵，在員工雇用與升遷上都有天花板效應。有關傳統台商的正式制度運作內容將論述於下。

1.雇用方式：信任考量、族群為先

華人強調「關係」的重要性，注重關係在資源配置中的主導性地位，藉由個體間關係網絡的聯繫，達到降低經營風險、組織運行所產生的成本。所以華人社會／台資企業在面對交錯縱橫的社會互動時，會有一套由內往外推的關係取向，形成差序格局、關係網絡的運作模式。而台資企業前進海外，當運用在人才在地化的過程中，便產生以種族／台灣人為主的取才標準。

在田野觀察中，發現母國原有的華人文化對台資企業仍有明顯的影響。因為那些移地後的台資企業，進用人才多半限於低階幹部，高階管理員依舊保有差序、信任同種族員工的現象。台商最常提出的論點就是：「三四個部級以上的幹部都還是台幹，像這邊的財務部經理是陸幹，但印章是我拿著，看你怎麼

去抓他們的權力，這就是所謂的內部控制。（0807253）」這個「內部控制」的意涵就是差別待遇。

　　因此，台商在雇用的管道上仍有偏頗，在台資企業內部員工的關係結構上，依然偏向隱形差別、待遇不平的狀況，作者發現在重要職務上仍重視族群身分，高階幹部幾乎都是台灣籍。

　　我會覺得台資企業的老闆比較相信台灣人，像我們公司的director都是台灣人，主要是信任上的問題，財務主管都是台灣人。（08080811）一級幹部的位置主要還是台灣人抓著。（08080811）這邊台幹三個、深圳一個，有四個台幹，主要階級都是副總……〔職位安排〕原則上再怎麼樣，阿六仔〔台語，大陸人〕還是不能太相信。（0808171）

　　作者進一步瞭解差異、不信任的原因為何？多數台商判斷是因為對陸籍幹部還是保持不信任的認知，明顯是以差序格局作為雇用的考量，認為關乎企業運作的事項與職務上，特別是攸關財務、核心技術等重要職位，還是以自己信任的台灣人為主，對於當地人還是需要有所保留與防範，避免台商自己受到利益上的損失。

　　財務沒有放給他們，是放給他們執行……（問：這是信任上的問題？）每一個地方都是這樣，財務上會牽涉到一些避稅等等秘密問題，當然放給自己人比較放心，一定是放給自己人，像我們這種規模，把命脈管好在說。（0808041）像我們錢這個部分絕對不會讓下面碰到，執行有，譬如審核、作帳等等會給他們做，但是發錢都還是台幹發，銀行都是陸幹去（0808171）。

　　總言之，台資企業高階重要幹部以雇用台幹為主，而當地人則多從事低階生產工作，或當地性的瑣碎事務，如台商便會利用當地人的社會資本，處理當地協調性事務，讓公司運作順利。

財務主管都是台灣人，但是執行還是會交給local的人，因為當地人懂得當地稅法有當地關係，處理起來自然就會比較好。（08080811）……一級幹部的位置主要還是台灣人抓著，只有像財會、藥物管理等是放給大陸人去執行的、因為他們熟悉當地法規也擁有當地關係。（0807281）

同時，在人事管理上，台商則會採用「以陸制陸」、「大陸人管大陸人」的管理策略，避免台陸籍幹部的誤會或衝突。

大陸人分很多什麼湖南幫、安徽幫，台灣幹部比較難把這些人調節好，大陸幹部可以，我把幾個幫的頭頭抓出來，用利益調節他們。要不然不爽，20幾個一起走。（0807251）

如上所述，台商在雇用員工上，仍舊以族群作為人力資源的任用標準。台資企業錄用當地人主要是看重其工具性的作用，作為管理當地員工和與當地環境互動的「代理者」，以盼能提高組織效率。那麼這對於員工升遷有何影響？將是下段主要探討的焦點。

2.升遷制度：「族群天花板」

「家父長制」是具有華人文化的企業中最明顯特徵之一。是指公司人才錄用、薪資待遇還是依照老闆的判斷、人治的思維，是以自己意見裁決、產生因人而異的結果（Redding, 1980）。對於公司領導人而言，要求員工對組織忠誠、對主管效忠，尤其是強調部屬對於領導者的偏私性忠誠（personalized loyalty）（Redding, 1990），並透過忠誠降低管理成本。但是田野資料顯示，這點可能就是陸幹永遠跨越不了台陸幹差異的鴻溝，形成升遷上的天花板。

〔公司〕高階台幹人數完全沒減少，公司十年前就喊要減少，但一直沒減，幹部福利有減少是真的，但人數沒減，像其他公司也是，一直喊要減也沒減。台商中階幹部可能有減，因為這部分要逐漸當地化是必然的，可以減少成本，不過高階

的是永遠不會被取代。（0808011）

　　主要原因就是台商認為許多大陸人還是無法信任，沒有忠誠度，除了自己管理、借助自身信任的人員外，還必須要諸多的控管手段，防止大陸人介入公司權力。依鄭伯壎等人（姜定宇等，2006：150-187）研究指出，忠誠通常展現在認同內化、犧牲奉獻、服從不貳、業務輔佐及主動配合等面向，但是作者在田野過程中，常聽到台幹對於大陸人計較工作時數、工作態度不佳、流動率過高等情況相當不滿，換言之，陸幹在台籍主管的心中還是缺乏信賴、忠誠度過低的情形。因此，即便公司因為聘任台幹成本過高，轉而任用當地人才從事管理幹部，但是不信任的隔閡仍是壓縮陸幹晉升的主要原因。

3.薪資福利：待遇落差

　　人治主義（personalism）與偏私主義（favoritism）是華人組織管理最大的特色（徐瑋伶等，2006）。台陸幹除了在管理職上有明顯區隔對待外，在薪資福利待遇上，台灣人還是較大陸人具有差別待遇的優勢，甚至對台資企業領導人而言，這是一個「必然且必要」的差距。簡而言之，這些台資企業內部的一把手還是由台灣人全權掌握，只有在非重要職務上雇用當地人。

　　　台陸幹的福利差距很大，就薪資來說大約差有兩倍，福利來說，台資企業基本上必須給台幹探親假，有些全包補助、有些一半，還有包吃包住。（0807261）

　　在幹部的管理上，傾向採取族群分治模式，台資企業會重視台灣籍幹部的生活條件與安全考量，認為台灣人與當地人是必須要分開，然而對於當地人則用另外一套如集中管理式的管理模式。就田野觀察可知，台資企業對台幹提供多項福利，不僅提供包吃包住，還有專職人員特為台商服務，相對陸幹則完全享受不到。

〔台陸幹〕分開還是比較好，台灣人和大陸人相處上還是有許多問題與矛盾、不習慣，像現在我們把兩邊分開之後就好很多，像我們這樣分開，派出所非常滿意，因為他們也覺得這樣比較安全、好管理，不用那麼麻煩。（0807253）

以上觀察顯示，具華人文化特質的台資企業在正式制度上，對待台幹與當地員工呈現出「差別待遇」的情況。換言之，台資企業延續過去在強調「特殊主義」、「關係理性」、「信任」的觀念，認為唯有「自己人」才能配與管理高職與相對的薪資報酬。

（二）區隔疏離的非正式制度

相較於正式層面，非正式層面主要著重於幹部「工作範圍外的生活互動」，因為聚焦在生活休閒面，本章不刻意界定指標，但期盼於田野調查過程中，透過親身訪談以瞭解幹部彼此間在食堂用餐（食）、宿舍設備（住）、休閒娛樂（育、樂）上是否相處融洽，抑或是彼此間存在區隔疏離。

華人文化的最大特徵，乃是強調個體間的親疏差異，其往往會影響雙方的交流情況，並形成一種以自己為中心，向外推出的差序關係，社會互動會傾向發生於有相似的生活方式和社會經濟之個體間（林南，2005）。台資企業內部的員工結構，亦受華人文化所影響，強調遠近親疏，非正式制度受到文化的影響，亦呈現出區隔疏離的關係。

因此，台灣人與當地人在個人條件上的差異，會讓彼此間在生產過程、空間管理上有明顯的差別，出現階級化現象。依照田野經驗發現，在食堂與居住環境等非正式制度中，台陸籍間的區隔差異甚大，下段就田野資料分析說明：

1.生活空間差異

誠如上述，員工活動的空間設計經常會受到公司制度的影響，尤其是生活起居的環境隨公司體制調整。以台資企業為例，首先，台資企業講求「距離的美感」，呈現出「疏離型」的管理模式，重視人事上的制度與秩序，認為內部

員工日常相處上，幹部與員工應該保持距離，才能在平常工作秩序上，達到管理、控制上的效果。因此以食堂和住房的例子來說，台幹與陸幹便有明顯的階級規範。

其次，台資企業優先照顧台灣幹部，包含日常飲食，如台幹的飲食習慣與當地有明顯的差距，因此公司多半會烹煮適合台灣幹部的料理，以符合台灣幹部的口味。

我們都是快餐，但是吃飯的時候台陸幹分開，主要是希望距離不要太近，因為管理上的方便，管理幹部一起吃，但是底下的人底下自己吃。（0808171）台陸幹保持距離，上下之間總是要有距離……要保持適度的距離，否則什麼東西都知道的話，你這個主管就會沒有威信。所以保持適當的距離，不是隔閡，而是必要的一種尊重。（0807253）

對此，一位中國大陸籍幹部就表示：「台灣人也習慣和台灣人吃、陸籍幹部則跟陸籍人員吃居多。公司台陸幹的吃住還是分開，我自己是已經到幹部階級，我可以到台幹的餐廳吃飯，但是我不太想要，通常都還是出來跟大陸人吃，因為比較好相處。（0807311）」從該名當地幹部的回應，我們可以瞭解台資企業在正式制度上的安排，對於非正式制度，包括宿舍、食堂等空間規劃造成影響，當地員工亦能感受差別的氛圍，使得公司成員間平日的互動相處模式呈現區隔疏離的狀態。

2.互動關係：台商圈浮現

華人的「關係」、「信任結構」文化中，認為唯有「強關係」（Strong ties）才容易擁有社會資本（Bian, 1997）。這樣的情況在台商身上就相當明顯，在「關係」與「信任結構」下，台商間的互動形成一個強關係的社會網絡（Social networks）。

　　話語權沒有變多少，台灣人還是比較相信台灣人，所以就是職位改變了，但話語權沒有變。（0808111）交往網絡？台灣人比較多……生活的朋友我發現我還是台灣人比較多，台灣的朋友比大陸的朋友還多，從打球、唱歌、喝酒、旅遊都很多。（0807302）

　　台商間相互溝通，進而達到扶持、合作，並且漸漸形成緊密的群體。華人社會常會用「自家人V.S.外人」、「熟人V.S.生人」的詞彙，說明個人面對社會時的情境；傳統上，「五倫」（君臣、父子、夫婦、兄弟、朋友）及「六同」（同學、同鄉、同宗、同好、同事、同個性）亦是說明及辨別關係高低遠近的指標。台商自然深受華人社會固有特徵所影響，在中國大陸生活上的台商，就很容易形成一個圈子，彼此擁有「自己人意識」（鄭伯壎，1995a）。

　　所以問台商與當地人的互動為何？多數受訪者多表示沒有大的差別，「聊得來的，就是朋友嘛！」那當能否轉強彼此的關係時，或是論及具利益性的資訊時，會產生怎樣的情況呢？可能就會出現：

　　台灣人比較歧視是有的，像以前開會的時候，台灣人會說台語，比較明顯就是不想讓我們〔大陸籍幹部〕聽到。（0807311）大陸人有不想讓我們〔台灣籍幹部〕知道的，肯定會說上海話，但是我們不想讓他們聽的，我們也會用台灣話，這很正常。（0808171）

　　此外，讓人消極拓展當地人私人人際網絡的原因，還有下面因素：

　　基本上大陸人對台灣人比較仇視，因為他們覺得台灣人來這邊賺我們錢，女人也被台灣人追走，陸幹表面上對你畢恭畢敬，但私下會罵你，他們翻臉跟翻書一樣，說不幹就不幹，馬上翻臉。（0807121）

　　類似這種因社會文化差異所衍生出來的問題，甚至是負面的評價，便會因為聲譽和形象，而導致彼此陌生的關係不易建立信任（張苙雲，2000）。因

此台商結合公領域的合作關係與私領域的互動過程後，可以感受到台商的社會
網絡中，在以身分作為辨別標準下，有意無意間浮現一道藩籬，分隔出「台商
圈」來。

「台商圈」的界線常會以語言作為主要的判斷，當台商討論關鍵性問題
時，即便有當地幹部在場，也會使用閩南語交談，以達到隔離資訊外流的效果
（Hsing, 1997: 104-107）。於是台商不容易融入當地環境與人的關係，產生了
「接近的距離」的情況（鄧建邦，2002）。

這樣的認知，代表即便台灣人與當地人在當地同一個環境，但卻具有無形
的隔閡，形成特有的「台商圈」，台灣人在中國大陸時，無論生活所需或是語
言都是以台灣原有習慣為主，以台灣人為主要互動對象。

透過上述的田野訪談，我們發現華人文化在台資企業內部，仍具明顯的特
徵。在正式制度上，台商採取「用人為親」策略，強調以種族做為任職標準。
相對應在非正式制度上，則重視區隔疏離的方式，認為這樣可以照顧到企業所
信任、倚重的台灣幹部。

二、跨國台商的廠內結構

不同於上述傳統台商的華人企業文化，本章認為在全球資本主義下，跨國
台商會受「效率優先」、「全球趨同」的力量所影響，並且反映在跨國台資企
業的運作上，從正式制度到非正式制度都會有明顯的轉變。取消組織內部不平
等的限制，使組織得以平等開放、一視同仁，則是跨國台商的主要目標。接下
來本節將探討全球資本主義下的台資企業，在移地之後企業內部制度有何轉變
與特徵？

1.經濟理性的正式制度

作者透過田野資料發現受經濟全球化的影響，台資企業歷經多地、長期的

跨國經營後，於全球資本主義趨同力量下，重視全球佈局的營運策略，連帶的正式制度亦受全球資本主義的影響，強調專業分工、平等對待。下段即對台資企業內部組織的情況進行探討。

(1) 雇用方式：專業、能力至上

在全球資本主義下的台資企業，具有在當地深耕、永續發展的考量，強調員工在徵聘、管理與升遷上，皆秉持一視同仁的模式，不以「局內人」或「局外人」進行分野，強調專業化、當地化、一視同仁、任人為才的組織文化，因此不同於過去只有台灣籍幹部才能掌握高層幹部的規範，開始雇用並且培訓當地人才，一些橫跨多國、多地區，且長期積極佈局全球的企業，更開始大幅著手建立並全面完善公司的人力資源制度。

一家大型電子零件製造商，目前製造與銷售點除了台灣與大陸外，更延伸至新加坡與美國，是標準的深耕兩岸、佈局全球的「跨國公司」，公司理念在用人為才的概念上，便積極進行當地化與專業化，透過訪談我們發現台灣籍幹部已經沒有過去的身分上的優勢，當地幹部只要有能力，便可拉近與台幹的差距：

> 公司總共18,500人，其中145人台幹，95%以上課長陸籍；70%經副理台籍，第一線百分之一百是陸籍，本土化是每一個深根企業的需要。（0807301）台幹現在福利愈來愈少，多是看能力而非哪來的。一開始過來的台幹薪資的確可能有大約多個兩倍，但是現在很多福利都開始縮減，薪資也不比以往優渥。（0808021）

進一步分析，如果是關乎組織生存命脈的財務或其他重要職務，是否會考量安全性與敏感性而放權予「自己人」？具全球資本主義思維的台資企業認為，這種用人為親的概念只會造成彼此間的藩籬、並無法融入當地，相反的，公司制度完善、理念開放、不區隔疏離則反而帶給企業額外的效益：

> 像我們的財務只有一個台灣人，那像行政部門需要處理一些保險事務，所以

就會用比較熟悉這些事務的大陸人。台灣人愈變愈少？大約五比一，大陸人五，台灣人一。台灣人的優勢愈來愈不明顯，因為很多事需要的是能力，有很多大陸人都是在外商公司待過，所以在能力上沒問題。（0808021）我們公司財務都放給當地人，不太會擔心他們侵佔，因為我們制度不錯，不會讓陸幹碰到錢，錢大部分都是直接轉到戶頭或從戶頭直接出去，不會有現金拿在手上的狀況。（0808071）

(2) 薪資福利：平等原則

在用人為才的邏輯下，台灣幹部與大陸幹部薪資福利開始拉近，跨國台資企業逐步建立以能力衡量薪資福利的標準，做為激勵與獎賞的制度，使員工得以遵守並達到公司要求目標，同時訂定出全球公平的獎勵報酬機制，讓企業各分公司進而遵循規則、增強營運績效。因此在福利上，過去給台灣幹部外派加給、眷屬補貼、住房補貼、往返機票也開始調降與刪減，當地幹部逐漸拉近與台灣幹部的距離。

〔台灣籍幹部〕福利變少，以前有配車、配房，現在沒有。不能單純來看取不取代的問題，只是福利少而已，現在全部砍掉，願意來的還是一大堆啊！（0808011）目前陸籍幹部的薪資已經和台籍差不多了，台籍只有多在所謂的外派加級、住房補貼等等，津貼也愈來愈少。（0807301）

同時當地政策對台商晉用當地人才，亦有明顯的影響。如勞動合同法的推行、「四金」[1]的補助等，台商為了留住在當地的人才，即便額外增加這些福利，但對企業而言，這樣的人事成本仍在可負擔的範圍內。

陸幹他們有當地的福利政策，他們有四金，就是如果大陸人是上海人，你要幫他繳四金，有點像台灣的勞健保，所以有一部分是公司幫他們付，有一部分是員工自己負擔，所以公司每個月要給他們的福利金也不少，但數字上還是有差啦！

---

[1] 「四金」分別為：養老保險金、醫療保險金、住院保險金、住房公積金。而這「四金」是政府公布的社會保險內容，且具有強制性。

所以如果你一個月領五千塊，你四金的支出大概兩千五，你等於說這個人你只付給他五千塊薪資，但你額外要幫他付兩千多，所以實際上的薪資大約要七千多塊。（0808211）

許多企業主亦認為，除了完善公司徵才制度、對當地幹部開放升遷管道外，在薪資福利待遇上，一樣必須講求同等報酬與尊重，不能因身分上的差別而有所差別對待：

台陸幹福利沒有差別，06年都沒有差別，台幹福利採一次補到你薪水的方式，調完之後就不會再調，只有職位上調才可以調整。（0808121）

目前以HR來說，之間的互動是沒有差別的，因為我們雖然本土化速度慢，但是本土化的成效還不錯，四年前我在南京有聽到大陸人的對話說不要去台資企業，因為他們連小職位都要給台灣人，我聽的覺得還蠻有趣的。我想人的意願跟尊重是有相當的關係。所以還是要給陸幹有所尊重。（0807301）

(3) 升遷制度：摒除天花板效應

一家全球化佈局高科技產業公司表示，台灣科技固然發達，但當地人才也不少，為達到培養、深耕的目標，現在公司台籍幹部降低至一位，未來勢必要再多培養當地人才：

現在公司這邊有一百多位，以前有七、八個台幹，但是後來因為組織發展的關係，就剩下我一個，現在很多IC設計公司在大陸這邊都有養人，現在我只管上海，其他地方〔深圳〕有台幹，剛來時台幹很辛苦，一個人要管很多工作，又要改系統〔資料不安全〕，相對的比台灣管理要難很多。（0808131）

於是乎台資企業在組織管理上，除薪資福利待遇追求平等外，亦力求排除關係網絡的雇用與升遷模式：

一級主管一部分是台灣人、一部分是大陸人，因為他們的當地關係相當強盛，而且現在大陸上海重點學校培養出來的人才都是相當優秀的，所以現在我們都會訓練一些忠誠的人當幹部、未來也會繼續找當地人來公司。（0807252）

除了一級幹部逐步採用訓練當地人才的方式，一些小規模但全球佈局、在地深耕理念的公司，即便是中低階的管理幹部，仍是強調能力優先、平等競爭、極力弭平差別待遇：

最近公司從台灣找來一個大學畢業的新鮮人，他是淡江大學畢業的，但是他沒有多餘的優勢，這個員工和大陸陸幹的薪資已經差不多了，大概是5000～6000RMB，我們甚至也發現他來的時間與經歷並沒有比這邊待久的陸幹好，所以自然公司給他的福利也沒有比較好，因為要顧慮到這邊的人事成本。（0808091）

亦即，全球資本主義下的台資企業，在追求經濟效率與成本考量上，運用人力資本時並不考量關係網絡，亦無以台灣人／當地人區別的「玻璃天花板」效應，所重視的是員工能力與效率，以達到生產績效。

2.一視同仁的非正式制度

上段說明跨國台商在正式制度上，轉變成重視專業、平等，進而摒棄天花板效應。同時，正式制度的規範也進而影響非正式制度的運作模式，下段作者繼續就田野資料觀察跨國台商的組織內部，探討其受到全球資本主義的影響後，台陸幹間的互動關係會從傳統的「區隔疏離」轉變成什麼型態？

(1) 融合的生活空間

透過田野資料，本章發現台資企業受全球化影響使得正式制度逐漸弭平局內人與局外人的差異，正式制度的平等原則，會漸漸反應在非正式制度上面。尤其是移地程度高的企業，差異度明顯降低。此類企業在組織非正式管理制度上傾向認為建立一定的制度規範，給予不同層級的幹部不同的空間規劃，這種階級式的管理強調職務上的一視同仁、而非族群上的差別待遇，亦即尊重來自

於階級上標準，而非身分上的區隔，一家大型台資企業公司在管理上特別強調這點的重要性：

住宿和吃飯經理以上的陸籍可以和台幹一起吃住，課長的話台籍也必須和陸籍一起吃住，我想管理上的respect是必須的，換言之，我們是以職位考量來決定的，沒有所謂的族群差別。（0807301）

一間規模小但跨國程度高的組織，同樣的，不論在住宿或食堂上也期盼能夠帶動成員間的融合與整合：

我們是沒有差別，食堂、宿舍都在一起，你說的不一起的情況是以前以及珠三角那帶，但是現在幾乎已經沒有隔閡，現在不能夠這樣子。住宿的話，只有台幹會住宿，大陸人在當地都有房子。你說的可能是工廠，現在時代不一樣，你在上海住個半年就知道為什麼。（0807252）

換言之，無論規模大小，擁有全球化思維的台資企業認為不僅在正式制度上應給予同等位階的員工有同等的尊重外，在非正式制度等方方面面應該也要有相同對待，因此不論在食堂安排、宿舍條件上極力講求平等，希望成員間能夠融合。

(2) 開放的互動關係

移地程度高的公司，在全球化影響下，並不會強調以族群做為空間的設計標準。「以前台幹全部回去吃，跟local切得很乾淨，現在不會了，要跟他們培養感情才知道他們需要什麼，以前是公司特意安排。（0808131）」而且即便有區別，也不再是以族群作為區分，而是以公司幹部級別劃分。所以在這塊非正式制度上，移地程度高的企業，便會產生全球化下「開放互動」的情形。

不會依照族群作分野，但因管理需要，通常管理與部屬食堂分開住宿和吃飯，經理以上的陸籍可以和台幹一起吃住，課長的話台籍也必須和陸籍一起吃住，

我想管理上的respect是必須的，換言之，我們是以職位考量來決定的，沒有所謂的族群差別。（0807301）捷安特也有食堂，他們按照自己的級別會在一桌吃飯，現在都落實本土化。捷安特的台陸幹比例當然是在縮小。（0808041）

因此，在日常生活相處上，因為工作上的需要、必須要融入當地、適應當地、瞭解團隊伙伴，因此不允許有空間上的隔閡與藩籬，並且許多台幹會特別強調，必須融入當地、和陸幹交朋友，不能有台灣人的「高度」與「心態」：

我在這邊和陸籍幹部相處的很好，像生活上或者工作上陸幹都會教我，平常下班之後我比較常待在家裡，但是特殊情況例如朋友結婚等，我也會跟大家一起出來吃飯，大致上來說公事公辦、私下就像朋友，沒有什麼隔閡。（0807261）

我覺得和這群人相處，慢慢的會融入他們，用他們的思考方式，用一樣的用語，開的玩笑、幽默的方式，或是我會和他們一樣用倒裝句，慢慢的去適應他們，像我和陸籍主任和經理相處的都很棒。我想會把愈來愈重要的東西慢慢交給他們。我們會給他們一個願景，讓他們知道自己努力是有成果的。（0807303）

可見，在團隊式、互動式的工作方式中，不僅在日常空間規劃上就必須強調融合外，這樣的氛圍也外溢到組織成員日常活動的相處方式上，產生更多的融合互動。

總結來說，依田野資料顯示，華人文化企業在正式制度上，仍強調關係網絡與差序格局的升遷與用人標準，然而，若企業受全球資本主義的影響愈深，則在正式制度上愈感受到華人文化強調關係網絡的羈絆，進而尋求轉型，在「雇用標準」、「升遷管道」與「薪資福利」上強調「弭平差序格局、力求一視同仁」的標準。而在非正式制度上，台灣籍員工與當地員工在兩岸思維不一的文化差異下，會讓同質的組織成員間互動仍陷「區隔疏離」的氛圍中，但具全球化思維的企業便會藉由弭平「差別待遇」的空間規劃，來達到「交流開放」的互動效果。作者就田野觀察所得，台資企業內華人文化企業與全球資本

主義兩者的特質整理如表9.1。進而，台資企業如何藉由在當地投資過程中，悄然轉變成全球資本主義的制度，便是本章下節所要探討的主題。

表9.1　全球化觀點與華人文化特質觀點之比較

	核心觀點	正式制度	互動關係
傳產台商	華人特殊、關係理性	差別待遇	區隔疏離
跨國台商	全球趨同、效率優先	一視同仁	開放互動

表格製作：筆者自行整理。

肆、走出孤島：汲取當地資源

上文中我們發現台資企業移地後，公司內部員工結構可以分為兩種，一種仍具有華人企業文化特徵，第二種則是轉變為全球資本主義的型態，而為何有些台資企業可以轉變為全球資本主義？而有些卻仍舊維持原貌？是本節所欲研討的主題。首先，作者認為台資企業移地後對於當地資源的汲取，可透過專業人員甄補和當地互動層次兩方面來探討。再者，台資企業對於當地資源有不同的汲取程度，而汲取程度的高低，進而則會影響企業組織內部的結構。

一、專業人員甄補：提升當地人才晉用

台資企業對於當地員工的聘用，最初多半以低階作業人員為主，然而隨著企業全球化程度提高，在雇用標準、升遷管道上逐步開放。換言之，台商在全球佈局的思維中，強調平等開放、一視同仁做為人才運用的標準，以追求降低台商移地生產的成本，提升公司的獲利。

（一）當地人力資本豐沛

首先，台商普遍同意中國大陸籍的幹部學習能力快、且好訓練。中國大陸

人才素質正快速提升，以名牌大學畢業的學生來說，其能力不見得比台灣差。台資企業西進主因便是當地具有豐富且便宜的人力資源，但是隨著人力資源要求不斷提升下，除了低階勞工外，台商開始設定中高階幹部的任用標準，希望未來能夠培育以當地人為主的管理幹部，並訂出明確的雇用與升遷標準，以作為人力資源的評量準則。

　　大陸人生活水平也在提高，所以薪資也有提高，這我對陸幹的工作能力和效益也有所提高，他們的素質和工作水平絕對不輸給台灣人，他們很能講，還很能做，素質水平都非常好。（0807302）他們〔大學畢業生〕學科好才藝也好，優秀的相當優秀。他們表達能力相當優秀，因為他們本科教育從進去後在學生會代表、社團也好，訓練都很好，表達能力都很好，他們看到人不緊張。（0808041）

　　再者，台資企業早期為了管理經營環境，多半從台灣調用台灣籍幹部管理大陸廠，但是這樣的人力成本過高，同時台灣原有的人力資源亦略顯不足，因此企業開始優先考量晉用當地優秀人才。如寶成鞋業，就是面臨擴廠時，台灣來的人手已經不夠，所以必須藉由擴大幹部當地化，以追求公司全球化經營的需求（劉鎮濤等，2007：287）。

　　台資企業雇用台灣自己人是可以理解，以前用自己人情況很普遍，現在比較好〔近兩三年〕，幹部階級、經理階級已經有陸幹慢慢進入，像我就是，幹部階級台陸幹比大約是七比三。（0807311）

（二）台幹優勢流失

　　相對於近期陸籍員工能力的提升，台幹原本的優勢已慢慢流失。台幹過去隨著公司西進，負責規劃、拓展中國大陸新據點的版圖，因此在公司的位置上佔有重要且核心的角色，然而隨著公司人力當地化的需求，加上台幹成本居高不下的壓力，台幹過去的優勢已慢慢流失，許多受訪者紛紛感受到這股壓力：

課長以下很少有台灣人，因為基本上現在要過來的條件應該就是領導，專業性的人員不太需要，中方這方面人才很多，成本上也有考量，例如以課長級來說這邊是四千塊RMB，台幣大概兩萬塊，在台灣有辦法用兩萬請到課長？不可能！（0808121）

很明顯的，台資企業現在就是重視人力資本，強調能力至上，台灣籍幹部要有明確突顯於中國大陸籍幹部所沒有的專業，才能夠繼續維持自己的地位，否則已經無法以台灣籍的身分獲得重視。

台幹主要還是看經驗能力，因為你必須瞭解大陸跟台灣的情況才有辦法handle大陸這邊的員工，必須要經驗豐富，一下去就看到成效，沒有時間慢慢等。（0807252）這邊的年輕人講話很精準，尤其是在present的時候，分秒不差，powerpoint完美，用詞很好、很有力、很會表現。台幹要有專業的價值，如果台幹沒有專業的水平的話，很快就會被幹掉。（0807252）所以在大陸這邊如果你的技術不夠，他們大學畢業又很優秀，因為念到大學都很不簡單，無法駕馭他你就不用來了，會被他們排斥，這種高技術的工作更是這樣，有的還會直接嗆你。（0808131）

換言之，員工在組織中的升遷機會，不再依照種族做為依據，而是以個人在教育、訓練、經驗的積累等能力，做為職位升遷的標準（Becker, 1975）。過去企業運用台幹目的是為了建立新據點、信任管理，但隨著企業走向一視同仁的管理制度後，企業的考量，不再是過去親疏關係所衍生的差別對待，而是強調個人對公司的貢獻，因此即便是陸幹，只要有能力為公司獲得更大利益，企業便願意給予高階管理職位。

（三）重塑激勵機制：開放升遷、提高忠誠

過去台商大量外派台灣籍幹部，除了借重台幹具有豐富的管理經驗與專業技能外，主要是因為對當地員工的忠誠仍有所懷疑，認為其可能隨時離職，並

且對公司做出不利的事情。但是隨著台資企業全球化經營制度的逐步完善，監督與激勵制度均可有效發揮作用下，中國大陸及幹部已經可以在忠誠度上，達到台商的要求。舉例來說，如有台商就用制衡的管理方式達到監督效果：

　　管理陸幹要用政戰策略……不可以讓他們團結，要讓他們互相鬥爭搞矛盾，如果團結起來老闆就糟了。（0807121）我用陸幹，用文化大革命的方式，你來制衡他、他來制衡你，他就幫你做事情啦，大陸人分很多什麼湖南幫、安徽幫，台灣幹部很難把這些人調節好，大陸幹部可以，我把幾個幫的頭頭抓出來，用利益調節他們。要不然不爽，20幾個一起走。（0807251）

　　除了監督之外，台資企業必須提出不同的激勵方式，如提出願景、信任員工、內部升遷等機制吸引人才，進而提出一些待遇讓人才願意從原來的工作換到台資企業，藉由激勵機制讓員工願意為公司盡力。換言之，透過物質或精神上的報酬，使得員工能夠採取與公司目標一致的行為（徐聯恩譯，2001）。

　　台灣人的忠誠度與純樸會對老闆與主管擁有強烈信任度，但中方所受的教育已經強烈要求對等，付出與代價要對等，這跟我們不一樣，台灣人可能先吃完飯再付錢，這邊先付錢再吃飯，所以這邊管理上必須要提出一個願景，也要讓他有實踐的，他才會去做，所以他們這邊的激勵模式跟台灣是不一樣。（0808121）

　　很多人把大陸人與台灣人分得很清楚，像我就用大陸人當財務，我就交給大陸人去作，只要機制是對的，管理手段到位，激勵機制有的，他們是很忠心的。（0807302）公司台籍幹部超過150個，全中國加起來，全中國有七個總廠，員工有四萬多人。經理階級也是有大陸人，都是從下面升上來，沒有一個從外面來的，完全沒有。（0808121）

　　綜上所述，台資企業在跨界治理下，必須尋找出一套方法，針對不同個人、不同工作、不同層級的監督與激勵機制均有所不同，而不是以族群做為區別的標準。簡言之，透過人才甄補方式的轉變，達到使當地人力資源可發揮最

高功效，進而提升台資企業獲利能力。而台資企業為了人力資源當地化做調整外，是否還有其他的因素，將進一步說明如下。

二、重視當地鑲嵌與互動

筆者在進行田野調查時發現，台資企業在移地過程中，決定是否願意深耕的關鍵因素是「當地因素」，特別是中國人的人治社會裡，關係更是讓企業能否融入當地的指標，以及能否運用當地資源追求擴大內銷的關鍵。

（一）人治、灰色地帶的當地社會

中國大陸隨著經濟持續的發展、法治觀念亦在逐步提升，特別是在具有後發優勢的上海當地，諸多過往不法的政企勾結，逐步由檯面上轉向檯面下，但大體而言，當前的中國依舊處在人治與法治並軌的轉折中，因此許多法規制度下的灰色地帶。依舊需要「當地關係」去修補與潤滑：

中國大陸目前還是一個人治，所以你的公共關係一定很重要，另外自己公司體制也很重要，不能作違法事情，如果作違法事情，誰都保不了你，像陳良宇，關係再好也不能逃漏稅、走私，在法律允許範圍內經營，也不能跨太大步，否則資金趕不上會信譽受損。現在環境已經很制度化，現在要落實到制度化，以前打通電話就可以，隨時去機場接人，但現在有關係還是要走制度化。現在是雙軌制，人治與法治，所以還是有矛盾，但是這情況慢慢在轉。人際關係很重要，可以幫你忙，用擦邊球幫你擋一下，但因為人治社會，關係還是在第一位置上，譬如說沒關係，罰五十萬，有關係罰五萬。（0808041）

吳介民就以台資企業與當地企業合作為例，說明台商為了降低在當地的風險，採取「同床異夢」似的合作，認為台商只是藉由當地企業的「關係政治學」來解決當地結構性問題（吳介民，1996；2000；2005）。同時，因兩岸政

治的不確定性，無法讓台商享有主權規範下的制度保障，因而必須追求「關係政治學」的短暫效益，以降低交易成本（許源派，2003；高長、許源派，2004）。就此而言，大環境的需要，促使企業發展即便不想要走非法管道、隱形手段，卻還是不得不顧及當地關係的有無。

（二）陸幹在地優勢

台灣籍幹部即便在膚色、語言上看似與當地人無異，但因為長時間養成諸多不一的習性、經濟發展內容的文化差異，不論就台灣人本身、抑或是當地人來說依然存在彼此間難以跨越的隔閡：

> 台灣老闆的痛是，我想用台灣人，但台灣人又不能深入到民心，台灣人又不能從基層做起，每個地區性的性格台幹又不瞭解。（0807251）

首先在處理當地事務上，諸多台商老闆無奈指出，囿於當地多如毛牛的法規、潛規則、特殊習性，他們不得不選用陸籍幹部輔助企業執行當地法規、接洽機關事務、處理當地交易，否則台籍幹部宛如「待宰的羔羊」般，派出去不但無法解決事務、亦可能吃大虧、危害公司利益：

> 台幹主要是在公關、客戶高層人際關係、企劃。陸幹主要是在設計、執行方面。財務也是交給當地，這種法規一天到晚在變，像你認為是避稅、這邊說是逃漏稅，這很麻煩，所以執行面上交給他們去打交道，像上海人跟上海人就是老鄉見老鄉，台灣人去就是會被宰。（0808041）

於是，台商深感人才當地化的必要性，因為台幹並非完全無阻的在當地環境下做生意，在文化差異下，經常會有跨文化的衝突出現，如一名台商所言：「如果我要開拓大陸的市場，我怎麼可能要用台灣人，用大陸人是有和當地的連結。例如外面的手機銷售員，怎麼可能用台灣人？（0808011）」而為了防止這樣的情況發生，便會任命當地人從事對外相關的職位，以為了減少誤會與

衝突的產生。畢竟跨文化中語言落差與知覺差異，也會形成台商與當地關係的衝突與誤會，進而影響台商商業經營上的損失，所以運用相同文化背景的當地人，以他過去與當地人相同的生活經驗，和同族群內的信任關係，讓公司交代的任務可以順利完成，爭取公司最大的福利。一台商就舉一個特別的例子，說明台資企業幹部當地化後與陸幹的特殊關係：

南京一家有名的電子貿易商一開始是用大陸人當幹部，最後變成台灣人進不去，大陸人因為有關係，所以做得可以比較低價，客戶的關係和大陸人連在一起，最後這間公司連台北的總公司的幹部都進不去，但他還是得靠陸幹賺錢。（0808011）

整體而言，台資企業針對晉用台灣籍幹部的成本過高的情況下，開始計畫性培育大陸籍幹部，以取代台幹的職務與工作。同時，台幹在面臨文化與制度上的差異，容易產生落差、溝通不良的情況，因此，開始採用大陸籍幹部來管理當地員工，處理當地員工間的「省籍情節」。換言之，不再單純工具性的採用「以陸制陸」的管理方式，而是以長期教育幹部的態度，培訓當地幹部的管理能力，進而提升公司營運。

（三）建立行銷當地策略

台資企業多半看中中國大陸內需潛力，因此為了拓展更大的內銷市場，力求建立廣泛的商業網絡與行銷通路，使產品能夠在中國大陸市場佔有一席之地，進而擴張企業版圖，所以台資企業，為了打進當地市場，必須要瞭解當地的消費習慣與文化性格，而這樣的專業行銷手法，通常也需要當地人的配合才能達到最好的效果：

在上海要拓展市場當然要用當地人比較好，因為當地人有關係，像我們這邊上海的據點，通路都是當地人在做的，當地人也比較接受當地人來溝通，很多是就可以減少很多麻煩，所以在不影響銷售的情況下，比較喜歡用當地人，當地人的興

趣還是當地人知道。有親切的感覺。（0808072）不管在應對方面，案子的目標詞彙，如果說台灣來的設計，你根本不瞭解這邊的運作，你講出來的標語這邊也不會接受，我們講最簡單的例子哇哈哈的產品爽歪歪，你這個除非是這邊的人，否則怎麼會懂，所以說這種詞彙、意識型態的東西很難說。（0808041）

然而，企業進行人才當地化策略，固然可以培養陸籍幹部，但是，進而讓當地幹部能夠具有企業內部文化，以達成公司目標，這是最重要也是最難達到的目標。捷安特總經理鄭寶堂就解釋道：「中國員工習慣於計畫經濟下的企業運作，要把員工訓練成市場經濟體制下的企業管理人員，培養市場觀念、按照市場經濟的規則形式，涉及觀念的轉變與不斷學習，培訓體系需要企業長期的投入和努力。」（劉鎮濤等，2006：121-122）因此，必須藉由細緻的公司規定，讓員工能夠服膺於公司的規範，進而成就出公司所打算形塑的企業文化。

用大陸人主要是以夷制夷的概念，大陸人對大陸人比較好溝通……所以執行面就是請大陸人，台灣人就是負責把服務的精神傳給他們。（080871）

這裡提到的服務的精神，就是一套公司的文化，唯有將企業內部文化傳遞到當地員工，擁有完整教育人才的制度，才可以培訓出屬於自己的人力資源，並配合公司的升遷激勵制度，讓當地員工可以不斷成長，並且願意繼續留在公司裡發展。

全球化提供跨國企業在各地投資的機會，但相對的也改變跨國企業原有組織與文化，隨著全球化的延展，國家與企業會隨著過去最好的國際經營經驗，逐步發展出相同的經營模式，但同時國家與企業又會基於原有的發展途徑，衍生出一套與眾不同的營運策略（Guillen, 2001）。此外，全球化並非「地理學的終結」（The End of Geography），而是與在地化形成一體兩面的關係，強調地方的重要性，認為在地化的過程中，因當地經濟社會環境的差異，會對跨界企業產生不同的投資、生產的策略（王振寰，1999；徐進鈺、鄭陸霖，2001）。

整體而言，「特定在地因素」（location-specific factors）（Dunning, 1993）常是台商前往中國大陸投資當地化的重要考量，如豐沛勞動力、龐大內需市場等（黃凱政，2003；劉孟俊、陳靜怡、林昱君，2006），但同時間也產生意識型態、文化、政治、習慣等差異。使得台資企業在大量且長期移地的過程中，原本跨國營運的模式亦受改變，為應變企業所處社會在地條件（local conditions）的差異，台資企業亦醞釀出新的營運模式，藉由分化與分權的方式，並運用在地條件以增加企業在全球的競爭優勢，形成「在地性同化的」（locally assimilated）過程（Cooke & Wells, 1992）。換言之，原有的華人企業特徵已沒有辦法持續而必須開始轉變。

伍、結　論

本研究主軸為：「華人企業文化中差序格局的關係網絡特質成功帶領企業通過現代化的考驗，幫助企業減少經營過程中的交易成本，則面對全球化的考驗，全球資本主義的力量是否重塑華人企業文化特質？」「全球化效應」與「華人文化」觀點的辯論起於「關係網絡」是不是一種輔助企業發展的「社會資本」力量？

首先，華人文化如同著名學者費孝通所言具有「差序格局」的特色，亦即人際信任圈的範圍是以自己為中心所畫出去的同心圓網絡，然而，根據研究顯示，此種關係網絡特質反映於華人組織中，使得組織內部管理架構、關係結構呈現出「差序格局」、「區別對待」、「局內局外」、「玻璃天花板」等諸多「差別待遇」的特徵。

再者，華人組織研究者多認為這種「關係文化」將有助於企業發展：主要原因在於企業主透過與關係親近部屬間的信任架構，降低企業運行過程中必須面對的管理、溝通、監督等人事成本，如此降低成本、提高經營利潤的效用無疑是幫助組織挺進現代化發展的最大功臣。

然而，持「全球化效應者」則認為，透過經濟全球化的傳遞，許多關於

「全球化理念的思維」將一併得到傳佈，亦即著重國際視野與全球佈局的跨國企業強調組織內部結構必須打破各式不平等的藩籬、取消歧視的制度，一切以組織目標為依歸，如此組織績效方可達到利潤最大化的境界。就此可知，針對「關係網絡是不是一種輔助企業發展的力量？」的思考，「華人文化」觀點認為答案是無庸置疑，但「全球化觀點」卻認為唯有掃除「不平等制度」，才能推動企業發展。

延續上述辯論的焦點，筆者透過具有「移地特質」與「華人組織特色」的台商組織，重新思考「全球化效應是否得以弭平組織內部不平等的關係網絡？」因企業移地後汲取當地資源程度，會調適、轉換企業面對當地環境的行為與模式，如果企業與當地互動愈多，則愈能磨合出一套適合企業佈局全球的營運方針，反之，若企業不重視當地資源、自成一格，形成「飛地」、「孤島」的企業性格，因不需形塑大量運用當地資源的制度，則多維持原有華人企業的特質。於研究過程中透過「正式制度」：雇用標準、薪資福利、升遷管道與「非正式制度」：空間規劃、日常互動作為衡量全球化效應的各項指標。本章最後得出下列結論：

一、跨國程度愈高企業，組織正式制度愈「偏向」「一視同仁」

依據筆者田野資料的分類、分析、整合後，筆者發現，當移地時間愈長、全球佈局愈廣的跨國企業程度高組織，在組織雇用標準、薪資福利、升遷管道等正式制度愈偏向「一視同仁」。

首先，過往華人組織因為忠誠感、信任感、親疏遠近的原因，常常在組織諸多職位以及要職上只雇用自己人，甚至在組織資源分配上依舊如此，然而，在「西進台商」的身影中，筆者卻發現，原有的關係網絡隨著移地過程的改變與需要，產生「侷限性」與「階段性」的障礙。換言之，以「信任感」與「忠誠感」來換取組織穩定發展的策略，受到當地人才素質逐步提升、台幹與當地

文化有所隔閡、陸幹有強勢的當地關係，以及致命的陸幹忠誠感隨著組織制度的完善與建立而逐步獲得改善後，使得原來的「關係網絡」、「任人為親」成為組織發展的最大障礙，因此面對移地環境的挑戰後，華人組織中「玻璃天花板」效應逐漸打破，以往在一級主管職務、公司重要職務管理幾乎是台籍幹部的天下，現今開始雇用、升遷陸籍幹部，「任人為親」的模式逐步轉換為「用人為才」。

再者，隨著組織玻璃天花板效應的逐步消失，在組織成員的薪資福利上也逐漸邁向平等。在跨國程度愈高的企業中，強調的是深耕當地、佈局全球的需要，因此考量公司長遠發展，必須完善企業人事制度、建立完整模式，就此諸多公司特別提出，既然雇用標準已逐步開放，「薪資福利」上將給予相等的尊重，現今許多台籍企業給予相等職位幹部的同等薪資待遇、如福利上台籍幹部有外派加級、陸籍幹部有地方四金福利，以往台陸幹間巨大的薪資差異已逐步消失。

二、跨國程度愈高企業，組織非正式制度愈「強調」「一視同仁」

同時，組織在規劃企業內成員的空間安排上，亦強調「公平化」、「相等性」的待遇。以往台資企業因為員工差異性，在組織諸多空間規劃，譬如「食堂」、「宿舍」、「工作地點」、「進出企業方式」都有非常不平等的待遇，不僅台灣人與大陸人吃不在一起、住不在一起，甚至無職位高低差別的，只要台灣人就有相異於大陸人的特權，這種差別待遇是相當令人詬病，但是這種區別對待在跨國程度高的公司幾乎看不見，他們強調的是「階層式」、「平等性」的管理，換言之，只要員工根據專業達到某一水準、階級，將會受到同等的待遇福利，企業內部管理由「族群管理」轉為「階層管理」，希望藉由平等的制度、給予成員相對的尊重、建立對組織的認同感與向心力。

綜觀上述，筆者透過上述理論與實際的對話發現，華人企業中差序格局的

關係網絡模式，固然在經濟發展初期、組織創立之際，發揮強韌的社會資本優勢，不論在融資、管理、監督等各方面降低許多企業經營的成本，但是在全球化過程中，卻形成阻礙組織發展的絆腳石，倘若企業愈邁向全球化、跨國企業模式，則差序格局文化將逐步消失。

參考書目

中文文獻

甘勝軍，2006，〈中國家族企業的侷限性及對策〉，《大連海事大學學報》，5：63-67。

石友蓉，2006，〈家族企業成長制約因素與突破對策〉，《理論月刊》，9：164-166。

吳介民，1996，〈同床異夢：珠江三角洲外商與地方之間假合資關係的個案研究〉，載於李思名等編，《中國區域經濟發展面面觀》：174-217，台北／香港：台灣大學人口研究中心與浸會大學林思齊東西交流所。

吳介民，2000，〈虛擬產權與台商的「關係政治學」〉，載於鄭赤琰、張志楷編，《台商與兩岸關係研討會論文集》：220-240，香港：嶺南大學族群與海外華人經濟研究部、香港海峽兩岸關係研究。

吳介民，2005，〈「關係政治學」：台商的生存處境策略與台灣社會的倫理處境〉，載於台灣中社編，《危機時代認識中國》：37-63，高雄：春暉出版社。

李宛容譯，1996，《民族國家的終結》，台北：立緒。譯自 Kenichi Ohmae. *The End of the Nation State: The Rise of Regional Economies*. New York: Simon & Schuster. 1995.

周鴻勇，2007，〈社會資本與中國家族企業成長研究〉，《中洲學刊》，159：61-63。

林南，2005，《社會資本：關於社會結構與行動的理論》，上海：上海人民出版社。

金曉瑜、李平、沈衛平，2007，〈家族企業的缺陷及其完善〉，《南京師大學報》，6：52-56。

姜定宇等，2005，〈主管忠誠：華人本土概念的美國驗證〉，《中華心理學刊》，47（2）：141-142。

姜定宇等，2006，〈組織忠誠〉，載於鄭伯壎、姜定宇編，《華人組織行為：議題、作法及出版》：150-187，台北：華泰文化出版社。

徐偉傑譯，2000，《全球化》，台北：弘智出版社。譯自 Malcolm Waters. *Globalization.* London; New York: Routledge. 1995.

徐瑋伶等，2006，〈差序式領導〉，載於鄭伯壎、姜定宇編，《華人組織行為：議題、作法及出版》：84-120，台北：華泰文化出版社。

徐聯恩譯，2001，《人力資源管理II——人力資源管理經濟分析》，台北：五南出版社。譯自 Edward P. Lazear. *Personnel Economics for Managers.* New York: John Wiley & Sons. 1998.

耿曙、林瑞華，2007，〈制度環境與協會效能：大陸台商協會的個案研究〉，《台灣政治學刊》，11（2）：93-171。

高長、許源派，2004，〈制度環境衍生的交易成本與大陸台商因應策略之探討〉，「展望兩岸經貿關係」研討會，台北：致理技術學院。

高湘澤、馮玲譯，2001，《全球時代：超越現代性之外的國家和社會》，北京：商務印書館。譯自 Martin Albrow. *The Global Age: State and Society Beyond Modernity.* Stanford, Calif.: Stanford University Press. 1996.

張苙雲，2000，〈制度信任及行為的信任意涵〉，《台灣社會學刊》，23：179-223。

許源派，2003，〈大陸台商非制度化交易成本之分析〉，《中山人文社會科學期刊》，13（1）：95-124。

陳千玉譯，1996，《組織文化與領導》，台北：五南出版社。譯自 Edgar H. Schein. *Organizational Culture and Leadership* (*2nd ed.*). San Francisco: Jossey-Bass. 1992.

陳介玄，1994，《協力網絡與生活結構：台灣中小企業的社會經濟分析》，台北：聯經。

陳介玄，1998，《台灣產業的社會學研究：轉型中的中小企業》，台北：聯經出版社。

陳介玄，2001，《班底與老闆：台灣企業組織能力之發展》，台北：聯經。

陳介玄、高承恕，1991，〈台灣企業運作的社會秩序：人情關係的法律〉，《東海學報》，32：219-232。

費孝通，1991，《鄉土中國》，香港：三聯。

黃光國，1988，〈人情與面子：中國人的權力遊戲〉，載於黃光國編，《中國人的權力遊戲》：7-55，台北：巨流圖書社。

黃光國，1999，〈華人的企業文化與生產力〉，《應用心理學》，1：163-185。

黃宏義譯，1985，《企業文化三版》，台北：長河出版社。譯自 Terrence E. Deal & Allan A. Kennedy. *Corporate Cultures: The Rites and Rituals of Corporate Life.* New York: Perseus Books. 1982.

楊中芳，2001，《如何理解中國人》，台北：遠流出版社。

楊中芳，2001，〈有關關係與人情構念化之綜述〉，載於楊中芳編，《中國人的人際關係、情感與信任》：3-25，台北：遠流出版社。

楊振富、潘勛譯，2005，《世界是平的》，台北：雅言文化。譯自Thomas Friedman. L. 2006. *The World is Flat: A Brief History of the Twenty-First Century.* New York: Farrar, Straus and Giroux.

楊國樞，1990，《中國人的管理觀》，台北：桂冠出版社。

劉鎮濤等，2006，《台商企業的中國經驗》，台北：培生教育。

樂國林、張玉利、毛淑珍，2006，〈社會資本結構演變與我國家族企業發展演化〉，《當代財經》，256：65-69。

蔡繼光等譯，2000，《了解全球化：凌志汽車與橄欖樹》，台北：聯經出版社。譯自 Thomas Friedman. *The Lexus and the Olive Tree.* New York: Farrar, Straus, Giroux. 1999.

鄭伯壎，1991，〈家族主義與領導行為〉，載於楊中芳、高尚仁編，《中國人、中國心：人格與社會篇》：365-407，台北：遠流出版公司。

鄭伯壎，1995a，〈差序格局與華人組織行為〉，《本土心理學研究》，3：142-219。

鄭伯壎，1995b，〈家長權威與領導行為之關係：一個台灣民營企業主持人的個案研究〉，《中央研究院民族研究所集刊》，79：119-173。

鄭伯壎，2005，《華人領導：理論與實際》，台北：桂冠出版社。

鄭伯壎，2006，《家長式領導模式與證據》，台北：華泰文化出版社。

鄧建邦，2002，〈接近的距離：中國大陸台資廠的核心大陸員工與台商〉，《台灣社會學》，3：211-251。

諶新民，2006，《企業內部勞動力市場：一個綜合分析框架及其在中國企業的運用》，北京：中國社會科學。

謝國興，1999，《台南幫：一個台灣本土企業集團的興起》，台北：遠流。

謝婉瑩譯，2009，《華人資本主義精神》，上海：上海人民出版社。譯自 S. Gordon Redding. *The Spirit of Chinese Capitalism.* Berlin; New York: W. de

Gruyter. 1990.

鍾祖康譯，1991，《中共的商業談判作風：一個文化心理的剖析》，香港：田園書屋。譯自 Lucian Pye. *Zhong Gong Di Shang Ye Tan Pan Zuo Feng: Yi Ge Wen Hua Xin Li Di Pou Xi.* Xianggang: Tian Yuan Shu Wu. 1991.

英文文獻

Becker, G. 1975. *Human Capital.* Chicago: University of Chicago Press.

Bian, Y. 1997. "Bringing Strong Ties Back in: Indirect Ties, Network Bridges, and Job Searches in China." *American Sociological Review* 62(3): 366-385.

Cooke, Philip & Peter Wells. 1992. "Globalization and Its Management in Computing and Communications." In *Towards Global Localization: The Computing and Telecommunications Industries in Britain and France*, ed. Philip Cooke. London: UCL Press.

Dicken, Peter. 2003. *Global Shift.* Beverley Hill, CA: Sage.

Dunning, John. 1993. *The Globalization of Business.* London & NY: Routledge.

Friedman, Thomas L. 2006. *The World is Flat: A Brief History of the Twenty-First Century.* New York: Farrar, Straus and Giroux.

Fukuyama, F. 1989. "The End of History?" *The National Interest* 16(4): 3-18.

Gold, Thomas, Douglas Guthrie & David Wank. 2002. "An Introduction to the Study of Guanxi." In *Social Connections in China - Institutions, Culture and the Changing Nature of Guanxi.* ed. Thomas Gold. Cambridge: Cambridge University Press.

Hsing, You-Tien. 1997. *Making Capitalism in China: The Taiwan Connection.* New York: Oxford University Press.

J. Baron & T. Bielby. 1980. "Bringing the Firms Back in: Stratifications, Segmentation, and the Organizations of Work." *American Sociological Review* 45: 737-65.

Keohane, Robert O. & Joseph S. Nye. 2000. "Globalization: What's New ? What's Not ?" *Foreign Policy* 118: 104-119.

Lin, Hsin-Mei. 2004. "Social-Embedding Role and Network Logic of Small-size Chinese Family Firm." *Pan-Pacific Management Review* 7(5): 61-81.

Redding S. 1990. *The Spirit of Chinese Capitalism.* Berlin: Walter de Gruyter.

Redding, S. 1980. "Cognition as An Aspect of Culture and Its Relation to Management

Process: An Exploratory Review of the Chinese Case." *Journal of Management Studies* 17(2): 127-148.

Ross, Robert & Keng Trachte eds. 1990. *Global Capitalism- The New Leviathan.* Albany, NY: State University of New York Press.

Sathe, Vijay. 1985. *Culture and Related Corporate Realities.* IL: Irwin.

Schein, Edgar. 2004. *Organizational Culture and Leadership.* San Francisco: Jossey-Bass.

Tseng, Yen-Fen. 2002. "The Mobility of Entrepreneurs and Capital: Taiwanese Capital-Linked Migration." *International Migration* 38: 143-166.

Waddington, David. 2004. "Participant Observation." In *Essential Guide to Qualitative Methods in Organizational Research*, eds. C. Cassell & G. Symon. London: Thousand Oaks, Calif..

Wong, S. L. 1985. "The Chinese Family Firm: A Model." *The British Journal of Sociology* 36(1): 58-72.

國家圖書館出版品預行編目資料

台商研究／耿　曙，舒耕德，林瑞華著. －－
初版. －－臺北市：五南，2012.03
　面；　公分
ISBN 978-957-11-6504-2（平裝）
1.經濟發展　2.投資　3.文集　4.中國
552.207　　　　　　　　100024862

1PS3

台商研究

主　　編 ― 耿　曙　舒耕德　林瑞華

發 行 人 ― 楊榮川

總 編 輯 ― 王翠華

主　　編 ― 劉靜芬

責任編輯 ― 李奇蓁

封面設計 ― P.Design視覺企劃

出 版 者 ― 五南圖書出版股份有限公司

地　　址：106台北市大安區和平東路二段339號4樓

電　　話：(02)2705-5066　　傳　　真：(02)2706-6100

網　　址：http://www.wunan.com.tw

電子郵件：wunan@wunan.com.tw

劃撥帳號：01068953

戶　　名：五南圖書出版股份有限公司

台中市駐區辦公室/台中市中區中山路6號

電　　話：(04)2223-0891　　傳　　真：(04)2223-3549

高雄市駐區辦公室/高雄市新興區中山一路290號

電　　話：(07)2358-702　　傳　　真：(07)2350-236

法律顧問　元貞聯合法律事務所　張澤平律師

出版日期　2012年3月初版一刷

定　　價　新臺幣450元